古典文獻研究輯刊

十三編

潘美月・杜潔祥 主編

第7冊

龍坡書齋雜著
——圖書文獻學論文集（中）

潘美月 著

國家圖書館出版品預行編目資料

龍坡書齋雜著——圖書文獻學論文集（中）／潘美月 著 — 初
版 — 新北市：花木蘭文化出版社，2011〔民100〕
目 2+268 面；19×26 公分
（古典文獻研究輯刊 十三編；第 7 冊）
ISBN：978-986-254-628-4（精裝）
1. 圖書文獻學　2. 文集
011.08　　　　　　　　　　　　　　　　100015555

ISBN-978-986-254-628-4

9 789862 546284

古典文獻研究輯刊
十三編　第 七 冊　　　　　　ISBN：978-986-254-628-4

龍坡書齋雜著——圖書文獻學論文集（中）

作　　　者　潘美月
主　　　編　潘美月　杜潔祥
總 編 輯　杜潔祥
企劃出版　北京大學文化資源研究中心
出　　　版　花木蘭文化出版社
發 行 所　花木蘭文化出版社
發 行 人　高小娟
聯絡地址　新北市永和區中正路五九五號七樓
　　　　　　電話：02-2923-1455 ／傳眞：02-2923-1452
網　　　址　http://www.huamulan.tw 信箱 sut81518@gmail.com
印　　　刷　普羅文化出版廣告事業
初　　　版　2011 年 9 月
定　　　價　十三編 20 冊（精裝）新台幣 31,000 元

龍坡書齋雜著
——圖書文獻學論文集（中）

潘美月　著

目
次

中國歷代圖書發展概況

　　任何一個國家民族，其圖書的歷史，都是圖畫先於文字。在文字發明以前，古人有所見聞，都用圖畫來表達。等到文字發明以後，文字的記述居於首要的地位，圖畫成爲文字的附庸，但仍襲用了「圖書」這一名辭。中國是一個文明古國，文字起源很早，相傳五千年前黃帝的史官倉頡就發明了文字，也有傳說是三皇之一的伏羲氏所創造的。當文字發明以後，首先必然是尋找寫刻文字的材料；但遠古渺茫，已難考知。現存最古的文字記載是商朝後期的甲骨文。甲是龜甲，骨是獸骨，特別是牛的肩胛骨。文字刻在這上面，所以把這種文字叫做甲骨文。因爲是在殷朝首都地點發現的，所以又稱爲殷墟甲骨或殷墟文字。甲骨是有一定的用途的，它們是占卜的用具。無可懷疑，它所記載的資料對古史研究有極大的幫助，但這些記載不是爲了傳播知識，總結經驗，所以就其本質來說，它是檔案而不是書籍；但對我們今天來說，是具有書籍作用的。除了甲骨之外，古人也在青銅器上面刻字或鑄字，因而保存了許多文獻。青銅器是用銅錫合金鑄成的器具，它的種類很多，大體上可分爲禮器、樂器、兵器、食器及日用工具五類。青銅器在圖書發展史上的意義在於它具有銘文，銘文內容都是記事性質。由於青銅器本身有其固定的用途，銘文是附加的，銘文雖然是史料，但本身也是一種檔案。所以青銅器雖然有書籍作用，還不是正式的圖書。除了甲骨、青銅之外，古人還在石頭上刻字。現存最早的石刻要算陝西出土的石鼓，時代大約是在春秋戰國之間。由於早期石刻上的文字都是紀念性質，所以它和甲骨、青銅器的文字一樣，是研究那時期歷史的材料，但還不能算是正式的圖書。中國圖書的起源，當追溯到竹簡木牘，編以書繩，聚簡成篇，如同今日的書籍冊頁一樣。

一、中國最早的圖書

簡冊是中國最早的圖書。簡是用竹或木製成狹長的條片，單指一根稱爲「簡」，將若干根簡編連起來稱爲「冊」。竹簡的製作方法，是先將竹截成筒，再破成一根根狹長形的簡。這種新竹的簡尚不能馬上用來寫字，除了要打光它的竹節處外，還需要經過一番所謂「汗簡」、「殺青」的修治過程。所謂「汗簡」，即放在火上烤乾新竹的水分，因有水分則容易蛀蝕，水分被炙而出，凝在竹面，有如汗珠，所以稱爲「汗簡」。所謂「殺青」，乃是指刮削去青皮而言，因爲青皮不能固墨，文字容易磨滅。經過殺青汗簡以後的竹簡，才可以正式繕寫書，所以後代拿「殺青」一詞比喻著作完成。木簡的製作過程比較簡單，將木鋸成條片，一面磨光經乾燥後，即可用來寫書。

簡冊的長度，依古籍中的記載，分爲漢尺二尺四寸、一尺二寸、八寸三種規格。重要的書如儒家的經典（《六經》）都用二尺四寸的長簡，次要的書如《孝經》等用一尺二寸簡，《論語》則用八寸簡。二尺四寸的大冊，古人尊稱爲典，漢代特別尊崇《六經》，故用大冊來繕寫。後代習稱經典，即由此而來。武威漢墓中發現的幾篇王莽時代的寫本《儀禮》，簡的長度約在五十五至五十六公分之間。漢尺一尺約當二十三公分，五十五公分相當漢尺二尺四寸，可證古書的記載無誤。

古簡甚狹，所以每簡只能寫一行字，每簡所容的字數並無一定，根據記載及近代考古的發現，少的只有八個字，多的到一百二十餘字，武威漢簡大都以六十字爲常例。書寫時以右手執毛筆，左手執簡，一根簡寫完後，很自然的隨即用左手放置於書桌的左前方，再開始寫第二根簡，第二根簡寫完，很自然的也推放於前一根簡的左方並列，以下如此類推。一篇書寫完，將並列的各簡編連成冊，所以書的文字就形成上下直行，再由右而左了。

簡冊的編連法，依據居延所出永元兵器簿來看，是先將書繩兩道連結，將最初一簡置於二繩之間，打一實結，復置第二簡於結的左旁，將二繩上下交結，像編竹簾一樣，至書篇最末的一簡爲止，然後再打一實結，以使牢固。收檢的方法是以最末的一根簡爲軸，將字向內捲成卷軸形，這樣一捲古人稱爲一篇或一冊。古代的圖書，每篇可以單行。所以爲了查檢的方便，則在第二簡的背面寫上篇名，第一簡的背面寫上篇次。如此，捲起來以後，所寫的篇名篇次則題在外面，由右向左順讀，即成爲「某某篇第幾」。因爲這種竹簾式的編連法，所以簡與簡之間都有了空隙。紙發明以後，取代了竹木簡冊，

但書的形式仍保留前代的傳統，在每行文字之間往往用鉛劃上界欄。將紙書卷軸展開以後，因為有了界欄，就好像許多根簡排列的形式一樣，這就是後代圖書有界欄的淵源。

永元兵器簿木簡

（民國十九、二十年間在居延所發現，此係東漢和帝永元五年至七年（93～95）間所寫廣地兵器冊末端，兩端編以麻繩，可以看出古代編連簡冊的方法。）

古代書寫的工具，一般常用的有毛筆、墨、書刀、鉛等。筆字是一個象形字，從甲骨文中的筆字也可清楚地看出是毛筆，也就是說自有簡冊，即用毛筆書寫。古墨大概是用松烟製成丸墨，蘸水研磨，以供書寫。鉛是供臨時記錄或打草稿用的，有如現代的鉛筆，不過古人用鉛塊。書刀又名削，古人用來刮削簡牘上誤寫的錯字。《史記》稱孔子作《春秋》，筆則筆，削則削，筆指記述，削指刪削，書刀並不是用來代替筆刻字的。

竹木應用於書寫的起源已不可考，且戰國時代以前的簡冊，早已湮滅；但由古代文字及典籍的紀錄中可以推知，至遲在西元前 1384 年盤庚遷都到殷以後就已經開始使用了。它最盛行的時期是從春秋到東漢末年（西元前八世紀末葉到西元二世紀）。自東漢以後逐漸為紙所代替，到東晉時（西元四世紀）才絕迹。

　　我國現存最古的著作都是經過孔子（西元前 551～479 年）的整理或編定的。這些書就是《詩》、《書》、《易》、《禮》和《春秋》，還有一部已經失傳的《樂》，後人稱它們為《六經》。而《六經》原來就是寫在簡冊上的。孔子以後，由於社會形勢的轉變，私人著作不斷地出現，尤其在思想方面出現了諸子百家的學說，這就是戰國「百家齊鳴」的時代。在這一時期內，除了哲學，中國的文學、科學各方面都獲得極其光輝燦爛的發展，成為中國文化的源泉。而這時期的著作，同以前的春秋時代一樣，都是寫在簡冊上的。

武威漢簡士相見禮篇　　　　　　　　帛書老子乙本

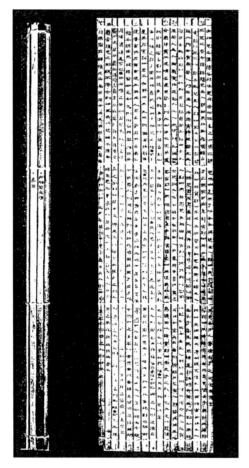

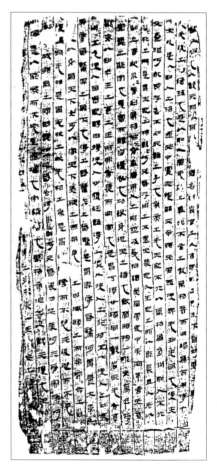

（仿製模型及卷軸形式）

右：展開，係用四道麻繩編連。

左：卷起，第二簡背面寫「士相見之禮」，第一簡背面寫「第三」。

（民國六十二年在長沙馬王堆漢墓中發現，字為隸書，大概是惠帝或呂后時所抄，約西元前 195～180 年間，折疊的邊緣出土時已殘斷，分成三十二片。）

用竹木製作簡牘來作為書寫的材料，固然廉價易得，但過於笨重。於是又出現了一種新形式的書——帛書，就是寫在絲織品上的書。由於縑帛質地輕軟，便於攜帶保管，且吸收墨汁，更優於竹簡，所以在紙發明以前，便成為最佳的書寫材料。在春秋末年已有帛上寫字的事情，《墨子》書中也提到「書之竹帛」，可以看出戰國初年用帛寫的事，已經相當普遍了。古代的帛，其標準的尺度，據近代學者的考訂，每匹四丈，幅寬二尺二寸，故帛書長度在四十尺以內者，都不需縫接。寫書時，視字數的多寡，隨意裁截一段來抄寫。寫畢後，在末端附一根軸捲起來，稱為一卷。

將簡冊的書轉寫成帛書，大概是一篇為一卷；但書篇過短的，也有將數篇合寫為一卷，如《漢書・藝文志》記載《爾雅》三卷二十篇，即是將二十篇寫成三卷。但也有一篇文字過長的，則可分成幾卷，如《尚書》歐陽章句三十一卷，即《尚書》二十九篇，其中的〈盤庚篇〉文字較長，故分成三卷，而成為三十一卷。古書篇卷的分合，大體類此情形。因為帛書係自簡冊轉寫，所以往往在帛上劃界欄，展卷就好像簡冊一樣。

帛雖然是紙發明以前最好的書寫材料，但古代縑帛的價值較為昂貴，得之不易，孟子曾說：「五十者可以衣帛」，可見帛的產量不夠。所以用帛寫書雖然有許多優點，終不如竹木簡冊來得普遍。西漢末年內府的藏書，據《漢書・藝文志》記載，以卷計者，僅為全部藏書的四分之一，這些大都是重要的典籍，或是有附圖的書。即使貴為皇室，所藏的書也並不能全部用帛抄寫。所以到了紙發明以後，逐漸漸取代了縑帛抄寫；但以絹帛作為繪畫的材料，晉以後仍沿用不絕。

春秋戰國時代由於私人著作的出現，書籍生產比較方便，於是私人藏書也就有了可能。《莊子・天下篇》說：「惠施多方，其書五車。」可以看出此時的圖書已經不是貴族的專利品了。但是到了秦始皇三十四年（西元前 213年），從李斯的建議，下令燔滅詩書，禁止博士官以外的人藏書，談論詩書以及藏書不燒的都要處死。於是中國古代的典籍，為之蕩然不存。這是中國圖書史上第一次的大浩劫。但是人民對圖書的愛好不是暴力所能禁絕的。許多人把書籍收在山洞裡或藏在牆壁中。漢代統一天下，一改秦國的弊政，大收篇籍。漢惠帝廢止了藏書的禁律。漢武帝時才第一次由政府下令徵集書籍，在宮內建立了收藏圖書的館舍。漢成帝河平三年（西元前 26 年）再一次下令陳農到各地徵集書籍，同時還令劉向主持整理這些已經零亂的書籍。劉向的

工作是搜集眾本，校定文字，編定內容，分類編目。和他一起工作的還有任宏、尹咸、李柱國，分別擔任兵書、術數、方技三類書的校定工作，而劉向獨任六藝、諸子、詩賦三類的書。劉向每校完一書，則撰寫一篇敘錄，集合眾錄而別行，稱為《別錄》。劉向死後，漢哀帝又令他的兒子劉歆繼續工作。於是劉歆根據劉向所編的敘錄，完成了第一部圖書分類目錄，叫做《七略》。這是中國圖書第一次的大整理。《別錄》與《七略》二書到南宋以後，都已經失傳了。不過班固曾經刪節《七略》，編入《漢書・藝文志》，這是中國現存最早的圖書目錄。兩漢末年王莽篡位，由於長安大火，國家圖書館的藏書遭到焚毀。當時沒有副本在外流傳的書，就從此消失了。

這個時代的書籍材料已經是簡帛並用了，《漢書・藝文志》計算書籍數目有的稱「篇」，有的稱「卷」，就是一個證明。由於帛貴而簡重，都不是書寫的理想材料；而在當時文化發達，書籍需要增長的情況下，就需要一種價廉易得，既可以保持縑帛和簡牘的優點而又沒有它們各自的缺點的東西，這樣紙便被發明了。紙的發明使中國圖書進入了一個新的時代。

二、紙發明以後的寫本書

造紙術是中國對於世界文化的一項重要貢獻。根據《後漢書》的記載，紙是蔡倫在東漢和帝元興元年（105）發明的。但根據其他的文獻，「紙」這個名辭在蔡倫以前就已經通行了。雖然各種纖維造成的紙，在蔡倫之前早已存在，但與正史所載蔡倫對於造紙的貢獻，應無牴觸之處。本來任何文化上的重要發明，都不是一蹴可幾，都是經過無數人的試驗改良。所以，雖然蔡倫不是植物纖維造紙的最先發明者，但他造意用新的原料及特殊的方法，製成一種書寫材料，使原料無缺，而應用得以更加普遍，這才是對於文化貢獻的重要處。因此《後漢書》的記載，以紙的發明歸之於蔡倫，應是符合史實的。紙的發明促使典籍的增多與文化的推廣，而圖書的形制也逐漸改變。竹與帛在紙發明及普遍以後，雖然在中國歷史上仍沿用了一段不算太短的時期，但終歸於淘汰。

紙寫圖書在形式上承襲了簡冊與帛書。漢晉時代的紙幅大小如何，已不可考。唐代以前的紙幅，就前代的記載及近代發現的遺物來看，大抵高不過一呎，長度不過一呎半至兩呎，古紙的幅度，大概也與之相若。為了模仿帛書的形制，於是將若干張紙以漿糊黏成長幅，紙與紙的接合處，通常有押縫

或印章，在末端附一根軸捲起來收藏。每一卷是一單位，一本書可能是一卷或數卷，視內容長短而定。為了便於直行書寫，使行與行有間隔空隙，用鉛將紙上下劃線分別界欄，寬度與簡牘相仿，恰好能容一行，即唐人所謂的「邊準」，宋人所謂的「解行」，明清以來所謂的「絲欄」，展開卷子，一行行的文字，就好像簡冊的編連一樣。

卷子書寫有一定的格式，通常每卷起首寫篇名，如果一書不止一卷，還要寫明卷次。下面空數字，再寫全書總名，再空數字，寫撰人姓名，這就是所謂「小題在上，大題在下，撰人姓名又在大題之下。」全書末尾，往往有一行寫著抄書姓名、年月和地點，有時還記有寫書的原因。這些都為印刷術發明後的雕版書籍承襲了下來。

卷　軸

卷子中間的軸，通常是用竹木製的，露在外邊的兩端，往往有用琉璃、玳瑁、象牙、珊瑚、紫檀、雕漆，甚至金玉等貴重材料來裝飾。軸是在卷子的左端，也就是末端，經常捲在裡面。卷子的右端開首的部分常露在外面，容易汙損破壞，所以較重要的書籍，就用其他質料黏連於卷首，以資保護，叫做「褾」，俗稱「包頭」。褾的材料通常用紙，也有用絲織品的，如綾羅絹

錦等等。當卷軸演變成冊葉形式後，這褾便成為書冊的封面。褾的前端，又繫上一種絲織品的東西，以便捆紮之用，叫做「帶」。卷子平放在書架上，軸端向外，便於抽出或插入，叫做「插架」。但這樣就看不見書名了，所以古人為了便於檢取，在卷軸上懸掛上寫明書名卷數的籤牌，以資識別，叫做「籤」，有如後代的書籤。為了保護卷軸以防磨損，則在卷外包裹以「帙」；「帙」即書衣，通常以布或綢製作，敦煌所出唐代卷軸中也偶有用細竹簾為書帙的。古書卷數較多的，大概以十卷為一帙，小部頭的書也可以三、五卷或僅一卷為一帙。

古人得書不易，故對書愛護備至，為了防止蛀蝕，多用黃蘗樹木的汁來染紙，叫做「裝潢」。黃蘗是芸香料的喬木，皮外白，內呈黃色，其效用能避蠹殺蛀蟲，故古人用來染紙，所以古紙多呈黃色。古人有「黃卷青燈」之語，對此卷軸，始知其言之親切。因為古紙多呈黃色，古人抄寫書的時候遇有寫錯的地方，恐怕刮洗傷紙，貼紙又容易脫落，於是用雌黃塗抹在寫錯的字上面。由於它的顏色與裝潢過的紙色相似，可以塗滅字跡，所以古人用來校書，將改正的字寫在所塗的雌黃上面。就像現代作水彩畫，在畫錯的地方塗上鉛粉，然後再畫的情形一樣。

在東漢到南北朝的期間，雖然是社會非常動盪的時代，但著作的範圍和數量比以前擴大了。首先是紀傳之書日漸增多，流別亦較龐雜，《春秋》一類，難以包括史書。西晉初年荀勖整理國家藏書，重編分類法，把圖書分為甲、乙、丙、丁四部，其中丙部是《史記》等書。從此歷史書籍就成了圖書分類法中一個基本大類。其次是文集的誕生。東漢以前沒有個人的文集，當時的文學著作都是以單篇流傳的；到了東漢才有個人文集（別集），三國以後，逐漸增多，晉以後又有總集。

在這時期內文化上另一新因素的發展就是佛教的傳入。佛教在兩漢之間（西元一世紀）傳入中國，到了漢靈帝時代（168～189）開始了譯經事業。荀勖《中經》、《新簿》，四部之外，還附有佛家經典。為了對抗佛教，中國民間又創立了一種宗教，就是道教。道教是東漢順帝時張陵所創立的，在南北朝之間非常流行。劉宋王儉的《七志》，已經為道經佛經闢了專部，列為附志。而梁阮孝緒則將佛經道經列為外篇，在《七錄》之內。

紙發明以後，書籍的生產與流傳比起以前要容易多了。但因社會動亂，戰爭不息，所以這一時期的書厄也相當多。初唐所編的《隋書‧經籍志》，總

結了這個時期的著作和這個時期所存留的古代著作。

隋唐時期（589～906）是中國寫本書的極盛時期。隋文帝即位，開皇三年（583）從牛弘的建議，派遣使者搜訪遺書，收集了許多民間的異本。當時秘閣藏書凡三萬餘卷。隋煬帝時把秘閣的書限寫五十副本，又大加搜集，藏於洛陽。這些書在隋唐之間大半散佚。唐太宗時令狐德棻、魏徵等人又請太宗下令購募遺書，並派學者校定群書，於是國家藏書數目大增。唐玄宗開元三年（715）命褚無量等校正內庫所藏各書。七年下令「公卿士庶之家，所有異書，官借繕寫」，藏於東都乾元殿。據毋煚所撰《古今書錄》，當時藏書共五萬一千八百五十二卷。此外有佛經、道經九千五百餘卷。長安、洛陽各有藏書，以甲乙丙丁為次，列經史子集四庫。這些書有正本、副本，都是寫本書。但是安祿山亂後，散失殆盡。文宗開成年間重行搜集，達到五萬六千四百七十六卷。但自黃巢之亂後，戰爭不絕，長安屢經兵亂，到了唐末，這些書又散佚無存。

清光緒二十六年（1900）有一位王道士在敦煌千佛洞發現了一大批四世紀到十世紀末的寫本書籍，這些珍貴的寫本，大部分留存在國外。敦煌所保存的寫本，不過是古代難以數計的寫本書中的極小部分，其餘的都已燒毀了。可見書籍僅靠抄寫流傳是不能夠長期保存的。

自從後漢和帝時蔡倫發明了造紙的方法，直到唐代以前，中國的圖書都作卷軸形式。紙寫卷子圖書比起簡冊來固然要輕便得多，然而經過長時間的使用，也漸漸感到不便。主要是卷子的本身很長，往往長達數丈，反覆誦讀，舒捲都相當麻煩費事，假如從頭到尾順讀，舒捲的麻煩倒也可以忍受。倘若僅需檢查一件記載，或是一個字的查對，必須把全卷或大半卷軸都展開，在時間上實在很不經濟。所以到了唐代，不得不謀求改良。中國卷軸圖書的改良，第一步就是模仿印度的「貝葉經」，不再將一張張的紙黏成長幅，只要保持原來的單紙積起來收存，這就是所謂的「葉子」，中國的圖書為什麼稱一張為一葉，即源於此。「葉子」比起卷軸來，無疑地是進了一步，查檢起來要方便得多；但是它不像卷子黏連在一起，當然比較容易散失錯亂。所以葉子在唐代並不太流行，只有常備檢閱的書，才用葉子來寫。於是又從而改進，中國的圖書又由葉子演進成經摺裝及蝴蝶裝，所謂冊葉形式。這時雕版印刷術早已發明，並且相當地普遍。於是書籍就進入了一個完全嶄新的時代——印本書的時代。

三、初期的印本書

從唐代末期（西元九世紀）起，印本書籍在中國已經出現。從此以後，印刷術成為製造書籍的主要方法，由中國傳播到全世界。印刷術是中國對於世界文化四大貢獻之一。我們可以斷言，如果沒有印刷術的發明，書籍就不能大量生產，知識就不能普及，那麼我們的學術和文化絕不能像今天這樣的光輝燦爛，人類的生活內容也不能像現在的豐富多彩。

印刷術就是將文字製成印版，在它上面加墨，印到紙上而成為讀物的方法。印刷術通常可分為兩種：一種是雕版印刷，也叫做整版印刷，就是將文字反刻在一塊木版上，在這整塊本版上加墨印刷的方法；一種是活字印刷，就是先刻成一個個反的單字，將每個單字拼湊成一塊塊版，再就版上加墨印刷的方法。這兩種印刷方法，都是中國人發明的，我們先發明了雕版印刷，後來又發明了活字印刷。雖然活字印刷是現代印刷術的主要方法，絕大多數的現代書籍是用活字印刷術印成的，所以它的發明對現代文化的關係更加重要；但是沒有雕版印刷術作為先驅是不會有活字印刷術的發明的。

印刷術能夠在中國最先發明，則不能不歸功於中國已有的兩項技術基礎——鈐印與拓石。中國至遲自殷商以來就已經習慣用印章作為憑信，把姓名或職銜寫成反文刻在木石玉銅或象牙上成為印章。無論是鈐在封泥或帛紙上，原來的反文則成為正字。到東晉時，印章發展到且有長至一尺二寸，寬二尺五分，以及上面刻的文字有多到一百二十字的，這種大印章幾乎與後來的雕版相似，只是那時僅知道鈐蓋，還不知道刷印的方法。

把文字正寫刻在石碑上，在中國可以說很早就有了。現存最古的石刻是先秦時代的石鼓文。

印　章

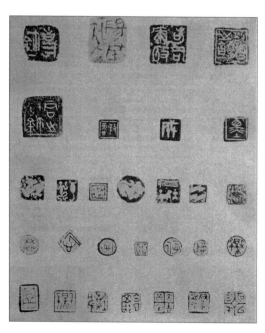

（紅底白字，為白文印：白底紅字，為朱文印）

秦始皇以後刻石紀功的事情更爲普遍。東漢且有將儒家的經典刻在石碑上，作爲官校的定本，豎立於洛陽太學門前，稱爲「漢熹平石經」，以供全國讀書人來校勘或傳抄。到了蕭梁時代（502～557），有人想出了用紙墨拓取石碑上文字的方法。將紙覆在碑文上，用棉球醮墨在紙上細打，然後揭下，即成爲黑底白色的拓本，這種方法就叫做摹揚。摹揚在技術方面雖然與雕版印刷不同，但對於墨的使用多少可以提供一點技術。中國雕版印刷術的發明，無疑地就是在上述兩種技術聯合運用下所產生的。

東漢熹平石經春秋公羊傳殘石

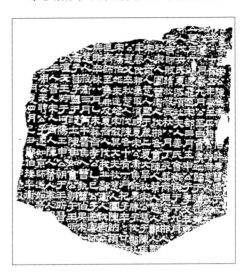

（民國二十三年在河南洛陽出土）

雕版印刷的書版

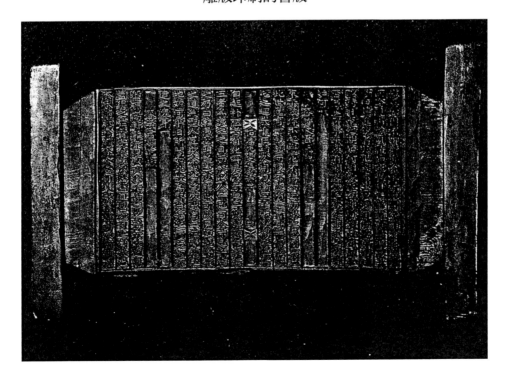

中國印刷術究竟起始於什麼時候？史冊上沒有明白的記載。在中國現存的文獻中，敘及印書的事，最早不過九世紀初期的中唐時代。現存記有年代

唐咸通九年刻本金剛經卷首

金剛經卷尾

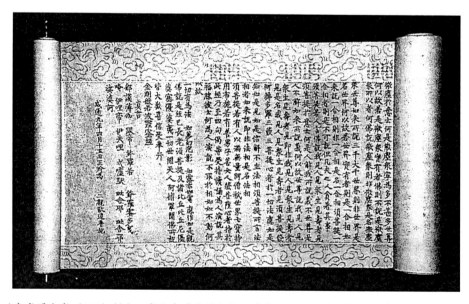

（唐咸通九年（868）刻本。卷尾有「咸通九年四月十五日王玠爲二親敬造普施」題記一行）

最早的印刷品，是敦煌所出，現藏大英博物館的唐懿宗咸通九年（868）王玠刻印的《金剛經》。根據《金剛經》雕印之精美，可以證明當時的印刷術已經經歷了長期的演進，至少可以往前推一百年以上。還有鄰近中國的日本與韓國，是接受唐代文化薰陶最深的兩個國家，都曾派遣許多學生到當時的首都長安留學。日本現存最早的印本，是由稱德天皇於西元 764 年下令著手，迄770 年印畢的《百萬塔陀羅尼經》，而由曾在長安留學達十九年之久的東宮學士吉備眞備所主持。吉備眞備之建議以印刷來代替手寫，極可能是由於他在留學期間曾目睹這種新方法，而回國仿效。韓國現存最早的印本是西元 1966年 10 月 13 日在慶州市佛國寺釋迦塔中所發現的《無垢淨光大陀羅尼經》。據考證此經卷雕印於西元 704～751 年。以新羅與唐代文化關係之密切，則此經之雕印也極可能是受中國的影響。由此旁證來推測，中國印刷術的起源，至遲不會晚至八世紀初葉盛唐以後。

從各種文獻的記載及現存的實物來看，在西元九世紀中晚唐時代，雕版印書的風氣，已經相當普遍了。當時雕印的書籍，有曆書、文集、字書、小學、佛經，還有與道教有關的《劉弘傳》以及陰陽占卜等等，刊刻的範圍是相當的廣泛。這些刊印的書籍大多數是人民日常所需要的。當時刻書的地點包括今四川、江蘇、安徽、江西、湖南、河南等處，且遠至西陲敦煌，也有雕版印刷的事。

不幸的是，唐代的刊本在現在已成鳳毛麟角了。除了上面所提到的咸通九年本《金剛經》外，在敦煌只發現有乾符四年（877）及中和二年（822）的殘本曆書，可惜都藏在大英博物館中。唐代刊本藏於中國的，僅有成都卞家所刻的《陀羅尼經咒》，在研究中國圖書發展史上，可以說是很珍貴的資料。

唐代利用新發明的印刷術出版圖書，尚只限於私人。官府的雕印書籍，要到五代時才開始。五代後唐明宗即位以後，由於宰相馮道的建議，開始雕印儒家的經典。這項工作，從明宗長興三年（932）起，直到周太祖廣順三年（953）才畢工，前後經歷了唐、晉、漢、周四個朝代，費時二十二年。所雕印的除《九經三傳》以外，還刻了《五經文字》、《九經字樣》二書。稍後，在周顯德六年（959）又刻了陸德明所著的《經典釋文》。由於這次刊刻事業是由國子監所主持，書版也藏在國子監，所以稱為「監本九經」。這是官刻圖書之始，也是儒家經典有印本之始，在中國圖書史上是一件值得大書特書的事。

　　五代時期，不但有了官刻的經典，並且在士大夫階層內也有了出資刻書的人。後蜀毋昭裔在成都令門人勾中正、孫逢吉寫《文選》、《初學記》、《白氏六帖》鏤版，還請當時割據四川的蜀主孟昶刊刻《九經》。和凝也刻了自己的文集，計有一百卷之多。還有貫休和尚也雕刻了自己的文集《禪月集》。可見知識分子已經開始利用這新興的印刷技術了。另一方面，民間及佛教徒的刻書事業仍然向前發展。敦煌發現的書籍中有五代刊刻的韻書殘本，還有許多上圖下文的佛像畫，都可作為證明。

觀世音菩薩像

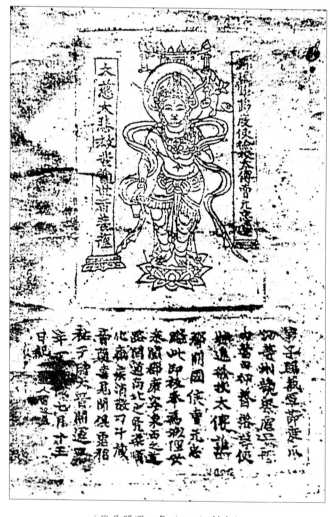

（後晉開運四年（947）刻本）

　　五代刻本，像唐代刻本一樣，流傳到現在的非常得少。「監本九經」雖然極受當時讀書人的重視，但一本也沒有保存下來。敦煌所發現的幾種殘本，均藏於國外。中國現存的五代刻本，只有吳越國王錢俶於宋乾德三年（965）及宋開寶八年（975）所刻的《陀羅尼經》。至於後周顯德三年（956）所刻的經卷，則藏於瑞典斯德哥爾摩（Stockholm）博物館。

寶篋印陀羅尼經

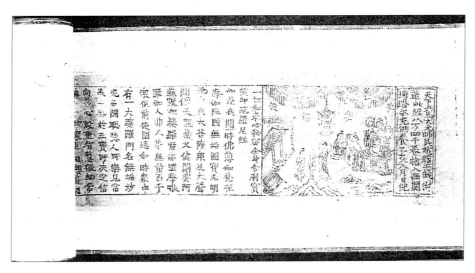

（北宋開寶八年刻本）

唐代經摺本

　　唐代的葉子，由於容易散失錯亂，於是唐五代時期，中國的圖書在形制上便演變為經摺裝。其裝置的方法是將紙黏成長幅，每隔五行或六行為一摺，再在前後加上兩張硬紙板，作為封面封底，又稱為摺疊本或梵夾本。經摺裝的缺點是容易折斷散開，於是就想辦法，用一張大紙對摺起來，一半黏在書的最前頁，另一半從書的右邊包裹背面，黏在書的末頁。如果從第一頁翻起，重翻到最後，仍可接連翻到第一頁，這樣迴環翻閱，不會間斷，因此又稱為旋風葉。

四、兩宋時代的圖書及出版事業

　　兩宋時代（960～1279）是雕版印刷的黃金時代，這個時期所出版的書籍是有名的「宋版書」。宋朝統一中國之後，經過一段恢復時期，國民經濟得以進一步的發展，生產力提高，社會逐漸富裕，商業繁榮，文化事業因而也得到相當的發展，於是著作種類增多，出版範圍也擴大了。

禮　記

（南宋淳熙四年撫州公使庫本）

　　宋代的學術發展範圍很廣，譬如說北宋初年就編纂了幾部大的類書，如《太平御覽》、《冊府元龜》、《文苑英華》、《太平廣記》；在經學方面，出了幾位有名的理學家；史學方面有最著名的編年史《資治通鑑》。除此之外，這個時期也開始出現了目錄學的著作。鄭樵的《通志校讎略》是現存最早的目錄學理論的著作。尤袤的《遂初堂書目》是開始記錄各種不同版本的藏書目錄。而官修的《崇文總目》及晁公武的《郡齋讀書志》、陳振孫的《直齋書錄解題》都以提要著名。文藝方面的著作，如詞集、詩文集、白話小說更是豐富。所有這一切都要求印刷術的發展，而印刷發展所帶來的便利也刺激了更多人從

事著作。宋代的著作保存到現代的遠比宋以前爲多，這不能不說是由於印刷發達的關係。宋代的出版物遍及當時所有的各個知識部門，如儒家經典、歷史、地理、醫學、農業、工業、天文曆算、詩文集、詞集、小說、佛教及道教經典、民間文學等都陸續有刻本，不僅當代人的著作多半付諸印刷，連宋以前的著作也都陸續出版。

周易正義　　　　　　　　纂圖互注荀子

（南宋紹興間國子監刻本）　　　　　（南宋建陽書坊刻本）

　　宋代刻書地點幾乎遍及全國，其中以浙江、四川、福建最有名。在北宋初年，刻書以四川爲最盛，這是沿襲唐五代的風氣；到北宋末期，杭州刻書最爲精美，四川刻書逐漸退化，福建刻書最多，但質料最差。到了南宋，因爲建都臨安，所以杭州就成了刻書業的中心。

　　宋代所刻的書可分爲官刻本、家刻本及坊刻本三大類。官刻本指的是政府各機關所刻的書，有中央所刻和地方所刻的區別，中央所刻的書以國子監所刻爲最有名。北宋初年正經、正史陸續付刻。地方政府所刻的書有種種不同的名目，用地方政府公庫錢刻印的總稱爲公使庫本。又可依其官署名稱分

爲各路茶鹽司、漕司、轉運司、安撫司、提刑司等等。此外，有州軍學、郡齋、郡庠、郡學、縣齋、縣學、學宮、頖宮以及各州府縣書院等，都有刻本。家刻本指的是私人出資校刻的書，由於校刻人對於本書進行精細的校訂，所以這種書在質量上一般都是很可靠的。其中以岳珂相臺家塾所刻《五經》爲最著名，後代推爲模範善本。其他如廖瑩中世綵堂刻《五經》及《韓柳集》、蜀廣都費氏進修堂刻《資治通鑑》、建安黃善夫家塾刻《史記》及《漢書》、眉山程舍人宅刻《東都事略》，皆極有名。坊刻本指的是一般書商所刻的書。兩宋書坊刻書，以浙江、福建、四川三處爲最盛。三處坊肆甚多，浙江最有名的是臨安府棚北大街陳宅書籍舖，所刻的書稱爲「書棚本」。福建最有名的是余仁仲萬卷堂，雕版時間最長，所刻《春秋三傳》，爲坊肆刻本中之上品，至今爲學者所重視。福建書坊大多集中在麻沙、崇化兩鎮。這些書坊爲了引人購買，他們對許多通行的經史文集進行了加工，編刊了許多所謂纂圖互注重言重意的經書和子書，以及科舉考試需要的書，例如字書、韻書、類書、《文選》等等。四川刻書業的中心在成都，南宋中葉以後，漸漸轉移到眉山。當時眉山刻了不少唐宋詩文集總集。

南宋群賢小集

六家文選

（南宋臨安府陳宅書籍舖刻本。卷末有「臨安府棚北大街陳宅書籍舖印行」牌記一行）

（南宋開慶至咸淳間廣都裴氏刻本）

　　兩宋時代，政府對於刊刻佛經相當重視。北宋開寶四年（971）宋太祖命張從信到成都籌刻全部漢文《大藏經》，歷十三年，至太平興國八年（938）才全部完成，共計一千零七十六部，五千零四十八卷，這是歷史上第一部刊印的大叢書。此後，神宗時福州東禪寺、徽宗時福州開元寺、高宗時潮州思溪圓覺禪院都曾重刻《大藏》，卷數都在六千左右。最後，平江府磧砂延聖院從宋理宗紹定四年（1231）重刻《大藏》，至元順帝至正九年（1349）才完成，共計六千三百零一卷。

　　由於印刷書籍的產生，藏書就更加便利了。宋代出現了很多私人藏書家，藏書多者至十萬卷，且編有藏書目錄，今尚傳世的有晁公武《郡齋讀書志》、尤袤《遂初堂書目》及陳振孫《直齋書錄解題》。至於公家藏書，也比前代豐富。北宋官修的《崇文總目》以及南宋官修的《中興館閣書目》是考訂宋代藏書的主要參考資料。

　　宋版書前期多白口，四周單邊；後期多白口，左右雙邊，上下單邊。版心上方鐫刻大小字數，上下魚尾之間鐫刻書名、卷數、頁碼，下魚尾下方鐫刻刊工姓名。但南宋以後，開始有在版心上下的正中留一細黑線，即所謂的「小黑口」，後來又偶有「大黑口」出現，即版心的上下方全部為墨印。在宋版書中，左欄外上方往往一小格子，內記書中的篇名，稱為「耳子」或「書耳」。宋代刻書的字體，大多模仿唐代的書法家。由於各地所宗的書家不同，又形成了各種不同的特色。兩浙多用歐陽詢字體，福建用柳公權字體，四川用顏真卿字體。

　　唐代以前長期採用的卷軸式，唐代出現的旋風葉和經摺裝，對於一版一版刷出來的書籍來講，都不盡適用。於是兩宋時代出現了蝴蝶裝。蝴蝶裝的裝訂方法，是將一版一版印好的書頁，以魚尾或中縫作為摺疊的準心，將有文字的一面向裡對摺，形成版心在內，四周朝外的形式。然後把若干如此摺好的書頁，均從反面版心處相互黏連，再用一張厚紙對摺之後黏於書脊作為書衣或叫做書皮。從表面看來，蝴蝶裝很像現在的精裝書；但翻開後書葉朝兩面分開，狀似蝴蝶展翅飛翔，所以稱為蝴蝶裝。蝴蝶裝因為書脊處只用漿糊黏連，容易脫落，所以我們今天所能看到的宋版書，多數已由後人改裝成線裝形式了。

　　宋代除了雕版印刷以外，又發明了活字版印書。北宋仁宗慶曆間（1041～1048），有冶金工人畢昇發明了膠泥活字印刷術。根據宋沈括《夢溪筆談》

蝴蝶裝

 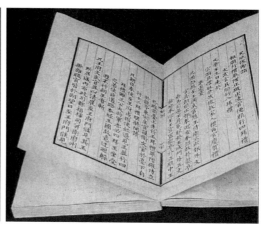

卷十八的記載，它的方法是用製造陶瓷的黏土雕刻若干常用單字的字印，字印甚薄，放在火中燒使其堅硬。另預備兩塊鐵版，先在上面舖滿一層松脂、臘及紙灰之類的東西。要印書時，則取一鐵製的匡範放置鐵版上，乃檢膠泥字印排滿鐵範為一版，持往火上烘，等臘脂稍熔軟，再用一平版放在字印上壓按，使字印的表面平整，下部則為臘脂所凝固不動。一版印刷，另一版排字。等第一版印畢，第二版字已排好，如此循環交替。印畢的版，又放置火上使藥熔；用手將字印拂下，可供再排版之用。每一字皆有數印，如「之」、「也」等字預備二十餘印，以備一版內有重複者。不用的字印，依韻分別以木格貯放。倘排版時遇有稀見而未具備的字，亦可隨時雕刻，用草火燒製。這是中國用活字印書之始，比歐洲（德國）約翰‧古登柏（Johann Gutenberg, 1400～1468）要早四百年。可惜宋代活字印書一本也沒有流傳下來。

五、元代的圖書及出版事業

元代繼承宋代之後，在圖書出版方面，都沿著南宋的風氣而更推進了一步。雖然元朝政府對於文化事業比較不予以重視；但一般人民，特別是漢族人民，在文化事業方面仍然作出了卓越的貢獻。元曲是這時期文學上傑出的成就，小說也有了相當的發展。這一時期在中國文化史上還是有重要地位的。由於著作的增加，因此，圖書和出版事業也有相應的發展。

元代雕印的書籍，正如宋代一樣，可以分為官刻本、家刻本及坊刻本三大類。官刻本以興文署的刻本最有名，其中刊刻最早而最好的是《胡三省注

資治通鑑》。興文署以外有藝文監，其中有藝文庫，職掌藏書；廣成局，職掌刻書；但是藝文監所刻書流傳很少。其他中央官署如國子監、太醫院等也有刻書傳世。元代地方官署刻書亦極興盛。大德間九路所刻的《十七史》最爲著名。此外各州府縣刻書更多。但是元代地方刻本中要以書院刻本爲最好，因爲書院有豐富的學田收入作爲刻書資本，而主持書院的山長又多半是有學問的人，他們親自校勘，所以書院刻本頗爲後人所稱道。元代私家刻書風氣，亦不讓於兩宋。與兩宋最大不同的是北方刻書業逐漸發達，而浙刻、蜀刻已不如宋時之盛。元代書坊刻書較官刻及家刻爲多。福建建寧府是書坊聚居的地方，刻書最多，而建陽、建安兩縣尤爲有名，這是沿襲南宋風氣發展下來的。其中建安崇化鎮及麻沙鎮，有許多著名的書坊，都繼續到明代。

文獻通考　　　　　　　　　大德重校聖濟總錄

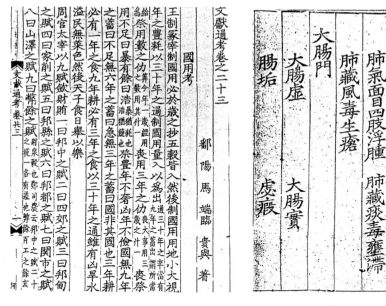

（元泰定元年西湖書院刻本）　　　（元大德四年太醫院刻本）

　　元代所刻書籍，除當時士大夫所誦讀的正經正史之外，纂圖互注本的經書和子書、字書、韻書、各種經書的新注、史書節本、科舉應試的參考書等爲數最多。類書的刊刻也很多。當代人的詩文集以及戲曲小說等等爲數亦不少。

　　元版書最顯著的特點是版心作黑口，而且元版書有很多是闊黑口。元代

與宋代一樣，書籍的形制是蝴蝶裝，所以元刻本往往在左欄外有書耳及耳題。元版書另外有一顯著的特點是字體，元初書刻字體，浙江福建兩處尚存南宋遺風，後來就相率模仿趙孟頫的字體，趙體字透逸柔軟之中，具有剛勁之氣，甚覺可愛；不過今世流傳的元本，大都爲建安所刻，故雖有松雪筆意，仍保留宋時氣習。元代刻書，最常用的是竹紙，比宋紙稍黑；也有用皮紙，極薄而粗黃，但也有極好的。

元代在圖書印刷方面有兩件值得注意的事情。第一是活字印刷術的改進。首先，在元初就有了錫活字，這是記載中最早的金屬活字；但金屬活字難以刷墨，往往印壞，故錫活字未能推廣。其後有安徽旌德縣尹王禎在元大德二年（1298）製成全套木活字三萬餘個，費時二年。完成後用以試印《旌德縣志》，全書六萬餘字，未及一月即印成一百部，可惜它早已失傳了。王禎把他所作的造活字印書法附錄在他的著作《農書》之後，這是中國印刷史上記錄最詳細的活字印刷術。王禎可以說把中國活字印刷術向前推進了一大步。可惜元代的活字本至今一本也沒發現過。第二是套印圖書的發明。宋代的出版雖盛，但出版的圖書大都用單色印刷。用兩種顏色配合刷印一部圖書，始於什麼時候？創始於何人？尚無可考。從前的人都以爲朱墨套印是明萬曆

金剛般若波羅密經

（元至正間資福寺刊朱墨套印本）

時發明的，其實現存最早的套印圖書，是國立中央圖書館所藏的元至正元年
（1341）中興路（湖北江陵）資福寺所印的《金剛般若波羅密經》，為經摺裝，
經朱大小，印以丹朱，元釋思聰的注釋作雙行小字，印以墨色，燦爛醒目，
益增書的美觀。書籍套印一般要兩種方法：一種是將兩種顏色全塗在一塊版
上，然後覆紙套印。一種是將幾種顏色分塗在大小相同的幾塊木版，然後依
次逐色套印。這部《金剛經》，從它印刷的情形來看，是用一塊版分兩次印成
的。印朱色時將注文蓋貼，印墨色時則將經文蓋貼，這就是明代所謂的「雙
印」，用的是前一種印刷方法，尚不是後代的「套版印刷」。後一種方法才是
真正的套版印刷，這要到明萬曆間才被廣泛應用。

六、明代的圖書及出版事業

永樂大典

明代上承兩宋，近接胡元，三百年間，圖
書出版事業之盛，遠超過宋元兩朝。明初由於
明太祖大興文字獄，且定出了八股取士的科舉
制度，因此文化方面的活動是憾憾無生氣的。
到了明成祖才下令編纂了《永樂大典》，建立
了文淵閣藏書。《永樂大典》是中國最大的百
科全書，在世界上也是一部很大的著作。這部
書在明成祖永樂四年（1407）編成，計有二萬
二千九百一十七卷，寫成一萬一千九百十五
冊，參加編纂工作的有二千一百六十九人。在
這部書中保存著很多現已失傳的古書，並且還
收有很多民間創作，如戲曲、小說之類，實在
是一部極為珍貴的文獻。這部書當時只抄了一
部，嘉靖年間又重抄了一部。現在原本早已完

（明嘉靖隆慶間重寫本）

全失去。重抄本到了清朝藏在翰林院裡，已經遺失不少，也不十分完全。但
清代學者還在其中輯出了四百九十餘部已經失傳的著作。西元 1900 年八國聯
軍侵佔北京時，這部書全部燒毀散失，剩下八十幾本，後來歸京師圖書館（今
北平圖書館）保存著。政府遷臺以後，有一部分就運到臺灣，現在分別藏於
國立故宮博物院及中央圖書館。

文淵閣是當時中央政府的藏書庫，它接收了元秘書監的藏書，而元秘書
監的藏書又以宋金兩國的藏書的殘餘為基礎。因而文淵閣保存著許多宋元時

代的舊本，當然其中也有明代所刻的書。當時所藏書籍大約二萬餘部，近百萬卷。到英宗正統年間，楊士奇等人編有《文淵閣書目》，可以查考當時藏書的情形。自正統以後，因爲保管不善，文淵閣中的舊籍日漸殘缺流散。至神宗萬曆時，張萱等人將閣中所藏圖書重加檢校，於萬曆三十三年（1605）撰《內閣藏書目錄》，將此目與《文淵閣書目》相較，舊目所錄十不存一，所增書目都是明代歷朝編撰的書。文淵閣藏書在清朝歸入了內閣大庫，散失很多，最後的殘餘在清宣統二年（1910）歸京師圖書館。

但是《永樂大典》和文淵閣藏書在當時都深藏在宮廷之中，對於一般人是不起作用的。當時一般人的著作都還是沿著政府所提倡的方向，理學書籍居多。八股文幾乎是一切讀書人所鑽研的東西。但是到了嘉靖前後，便有了很大的變化，首先是小說、戲曲的盛大發展。到了萬曆以後，戲曲、小說、小品文等成爲當時文藝的特色。而文藝書籍中的插圖尤其在中國圖書史上大放異彩。總之，明代後期的著作活動的範圍比起前期要活潑而廣泛得多了。

明代雕印的圖書也和宋元時代一樣，大體上分爲官刻本、家刻本及坊刻本三大類。明代官刻本乃由中央政府、藩府及地方政府三處所刻。而明代中央政府刻書，最重要的有三處：南京國子監、北京國子監及司禮監。南京國子監的刻書工作，主要在修補監內所儲宋元舊板。北京國子監刻書，自明代中葉才逐漸興起，到晚明更爲興盛。北監刻書最著名的是《十三經注疏》及《二十一史》，爲清代殿本所從此。明代內府刻書，多由司禮監主持，經廠爲司禮監刻書之處，其所刻書，稱爲「內府本」或「司禮監本」或「經廠本」。司禮監經廠刊刻之書很多，其中以皇帝御製書居大半，又有臣子奉敕編撰之書以及明代的重要官書。司禮監刻書，多黑口，趙體字，紙潔如玉，字大如錢，然校勘不精，爲自來藏書家所詬病。明代官刻本中有一特別之點，即藩府所刻之書。藩府既有餘財，又有招賢之力，而且所刻的書多半以中央賞賜他們的宋元版爲底本，故校勘精審，刊印也很仔細，因此諸藩刻書，頗爲士林所重。在明代圖書版刻史上，確實值得大書特書。明代地方政府刻書乃沿襲宋漕司郡齋刻書之風氣，所以非常興盛。明代有一種風氣，凡官吏奉使出差，任滿回京，必刻一書，以一書一帕贈送長官及朋友，稱爲「書帕本」。明代私家刻書在嘉靖以前尚屬不多，嘉靖以後才逐漸興盛，萬曆崇禎更加發達。正德嘉靖間，覆刻宋本之風氣頗盛，而以吳中私家刻書爲最著名。明代私家刻書，凡能據宋元舊本，精審校讎者，至今仍爲藏書家所珍視。至於書坊刻

書，在弘治正德以前仍沿著元代風氣發展下來，以福建地區為最盛。嘉靖以後，湖州、歙縣的刻書事業急遽發達，出品精美。萬曆崇禎之間歙縣刻工多半移居南京、蘇州一帶，因此南京、蘇州、常熟的書坊刻書盛極一時；然大抵慎校精刻者少，而割裂臆改者多。明代書坊刻書最多者，當推崇禎年間常熟毛晉汲古閣，毛氏刻書，自天啟開始，迄於清初，共刻六百五十餘種，至今尚遍天下，其中最著名的是《十三經注疏》、《十七史》、《津逮秘書》、《唐宋元人別集》、詞曲及《道藏》。

五倫書

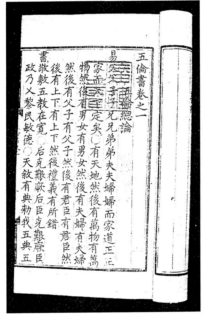

毛詩註疏

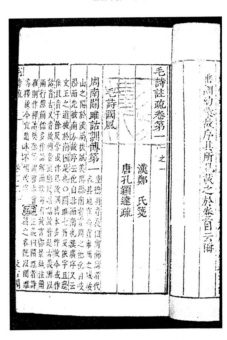

（明正統十二年經廠本）

（明崇禎三年虞山毛氏汲古閣刻本。
版心上方有「毛詩疏」，此即花口。
版心下方有「汲古閣」牌記）

　　明刻本的形式，在嘉靖前後，有顯著的不同。嘉靖以前完全沿襲元代的風氣，版式全是黑口，多半是大黑口，字體都是趙體字，刊刻精美，幾乎與元刻本沒有區別。嘉靖以後，風氣改變，刊印書籍以宋刻本為模範，黑口本絕無僅有，一般都是白口，版心上方往往有字數，下方有刻工姓名，而字體亦一變而為方體字，整齊嚴謹，但缺乏流利生動之態。此外，正德嘉靖間又開始將書名改刻在上象鼻內，且書名全刻，成為花口。萬曆以後，版心花口已成定

式，字體又一變而爲橫輕豎重、板滯不靈的匠體字，而成爲現在鉛字的標準。明人印書紙以永豐棉紙爲上，棉紙價高，坊刻罕有用者。嘉靖以前印的，棉紙爲多，故明版書人多重視棉紙印的。竹紙價廉，萬曆以後印的書，以竹紙爲最常見。明人印書，用墨佳者罕見，惟萬曆間徽版書，墨色亦有極佳者。

　　明代在印刷技術方面，有了極重要的新發展，這可以從版畫、套色印刷及銅活字印刷三方面來說明：

（一）版　畫

　　中國古代的書籍往往有附圖，書中附圖，不僅增加美觀，更能將文字的意義藉生動的畫面表達出來，予人以深刻的印象。中國的版畫起源很早，唐懿宗咸通九年雕印的《金剛經》，卷首就有一幅〈祇樹給孤獨園〉圖，這是現存的中國最早的一部雕版書，也是最早的版畫。從唐末到五代，我們所看的版畫，都是宗教性的。宋代以後，版畫逐漸普遍，已不限於宗佛的作品。明

牡丹亭還魂記

（明萬曆四十五年刻本）
右：寫眞第十四齣插圖，左：珍崇第十八齣插圖

代版畫的發展，到了嘉靖以後，便逐漸盛行，特別是在萬曆、天啓的五十多年間，大放異彩，呈現出十分蓬勃的氣象，成爲中國版畫史上的鼎盛時期。明代的版畫，在戲曲小說的插圖上顯得特別的豐富。當戲曲小說興起時，便擴展了版畫創作的園地，也提供了版畫創作的新內容。換言之，木刻插圖的興起，木刻插圖在創作上的成就，也加強了戲曲小說在民間的影響。明代中葉以後，坊間所出版的戲曲小說，幾乎沒有不加插圖的，如《西廂記》、《水滸傳》、《琵琶記》、《牡丹亭》、《玉玦記》、《漢宮秋》、《拜月亭》、《荊釵記》、《金瓶梅》、《西遊記》、《燕子箋》、《四聲猿》等等，都有精美的木刻插圖。而書商推銷書籍，也往往以有精美的插圖來做廣告，而這種書籍在當時銷路也特別廣。這些豐富而多彩的戲曲小說的插圖，生動地反映了不少有關歷史的，或者是現實社會中種種有意義的生活面貌。人生的悲劇、喜劇，種種可歌可泣的以及悲歡離合的故事，都在木刻插圖中表露無遺。除了戲曲小說的插圖，明代版畫還有一種，我們稱爲「畫譜」。這種畫譜有專刻山水的、有專刻人物的、有專刻翎毛花卉的、有專刻兵器法器的、有專刻譜錄的、有專摹刻前人名畫的。這些畫譜儘管它的刊印意圖各有不同，但其性質都是以木版來刻印，並且有一定的藝術性，在版畫的發展上，它豐富了版畫的內容，使得明代的版畫更爲多彩多姿。

（二）套色印刷

吳興在嘉靖以後漸漸成爲明代刻書業的中心。萬曆間閔齊伋、閔齊華、閔昭明等與同邑凌濛初、凌瀛初、凌汝亨等，都採用套印方法，刊刻了許多帶有批註評點的古書，據統計，他們所套印的圖書，不下三百種。閔凌二家刻印的套色書，開始是兩色，後來發展爲三色、四色、五色。這些套色印刷的書籍，五色繽紛，光彩炫爛。他們的用意是爲了便於學習，所以在書的內容上並沒有什麼特別價值；但是印刷技術卻因此大大的向前邁進了一步。把套色印刷術和版

十竹齋畫譜

（明萬曆天啓間刊彩色套印本）

畫技術結合起來，就成了彩色版畫印刷術，爲中國雕版印刷術放射出極其輝煌燦爛的光彩，到這時候，木刻版畫已經不是書中插圖而是獨立的藝術了。明代套色版畫得到最高評價的就是明末胡正言的《十竹齋畫譜》與《十竹齋箋譜》。《十竹齋畫譜》完成於天啓七年（1627），此書初印本傳世極罕，國立中央圖書館藏有一部。全書八冊，分爲書畫譜、墨華譜、果譜、翎毛譜、蘭譜、竹譜、梅譜、石譜八種，每種十幅，一圖一文，互爲輝映。全書採用餖版印刷術，精麗無比。《十竹齋箋譜》完成於崇禎甲申（十七年，1644），此書所畫內容有商鼎、周彝、古陶、漢玉等，或以山水畫古人詩意，此外還繪

文心雕龍

（明吳興凌雲刊朱墨紫藍綠五色套印本）

刻歷史故實。這些作品，從作風上來說，是具有一種圖案性質的繪畫，此書各圖，均彩色套印，採用餖版與拱花。十竹齋的套色版畫，是明代版畫的輝煌成就，也是版畫史上一個劃時代的創作，對中國的套色印刷來說，已經提高到前所未有的程度。

（三）銅活字印刷的應用

明代的版畫及套色印刷，可以說是中國雕版印刷方法的改進；銅活字印刷則是印刷材料及技術方面的改良及革新。宋元用活字印刷的書籍，世已無存。有傳世印本可徵者，則始於明代弘治迄萬曆年間之銅活字本，其使用年代約當西元十五世紀末至十六世紀末，雖較朝鮮及歐洲之金屬活字版稍晚，但在中國印刷史上乃屬創舉。明代自弘治以後，銅活字印刷非常盛行，而最著名的有錫山華燧、華煜之會通館，華堅、華鏡之蘭雪堂及安國之桂坡館。華燧會通館於弘治三年（1490）印《宋諸臣奏議》，為中國現存最早的銅活字本，現藏國立中央圖書館。明代銅活字本種數最多者為唐人集，約近百家，然未知印於何處何家。

會通館印正宋諸臣奏議

（明弘治三年錫山華燧會通館銅活字印小字，每葉版心下方有「會通館活字版印」字樣）

宋元時代盛行的蝴蝶裝，因為時間一久，書頁容易脫落。所以明代初葉，又改為包背裝。包背裝是將書頁正摺，版心向外，即有文字的一面，完全露在外面，書頁左右兩邊黏連在書脊上，並在書脊部分，用紙捻或線釘牢，在外面用書皮以漿糊黏連包裹書脊，其外形與蝴蝶裝相同。到了明代中葉，線裝興起。線裝與包背裝摺疊方法相同，惟不用漿糊包裹書脊，改在空白書邊打孔，穿紙捻，用線訂成書冊。包背裝封面封底為一張紙，線裝書改為兩張半頁的軟紙，分置書身的前後，連同書身一起打孔穿線，如此則封皮不致脫落。線裝書在明代中葉出現以後，直到現在都還在應用，是中國流行最久的一種裝訂法。

包背裝

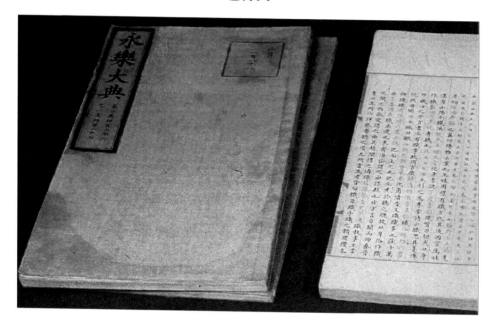

線　裝

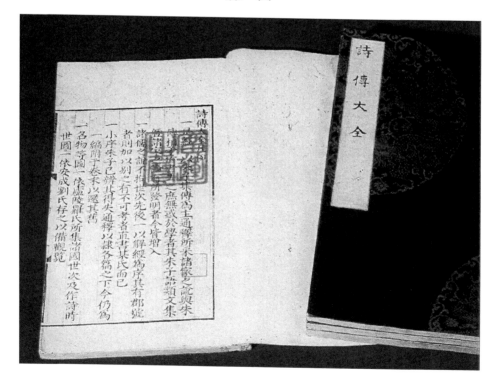

七、清代的圖書及出版事業

　　清代三百年間，出版圖書之多，超乎前代，而且考證校讎之學，至乾嘉而極盛，故出版圖書，多精審可靠。只因時代較近，傳本易得，收藏家往往不甚重視。再過數百年，其價必高，可以預測。

　　清代在圖書出版方面最值得大書特書的是《四庫全書》的編纂。清乾隆三十七年（1772）高宗詔求遺書，令各省訪求採進。四方之書既集，乃開四庫全書館於翰林院，以紀昀為總纂官，挑選儒臣校讎編纂。當時共抄了七部，分儲七閣，第一部藏北京宮廷內文華殿後之文淵閣，現藏國立故宮博物院。第二部藏遼寧瀋陽奉天行宮之文溯閣，現藏瀋陽圖書館。第三部藏北京圓明園之文源閣，毀於英法聯軍。第四部藏熱河承德避暑山莊之文津閣，現藏北平圖書館。以上稱為北四閣，僅供乾隆皇帝御覽之用。第五部藏江蘇鎮江金

四庫全書封面之絹色及楠木書函

（封面經部綠色，史部紅色，子部藍色，集部灰色，簡明目錄黃色）

四庫全書

（清乾隆間文淵閣鈔本）

山寺之文宗閣，毀於洪楊之亂。第六部藏江蘇揚州大觀堂之文匯閣，亦毀於洪楊之亂。第七部藏浙江杭州西湖孤山之文瀾閣，現藏浙江圖書館。以上稱為南三閣，可以公開閱覽。《四庫全書》從著作類型來看，是一部大叢書，內容包括經、史、子、集四大部分，共編集了古代直到當時的著作三千四百五十七種，計七萬九千零七十卷，於乾隆四十七年（1782）完成。當時編纂《四庫全書》時，每書皆校其得失，撮舉大旨，敘於本書卷首，名曰《提要》，綜各書之提要，合為《四庫全書總目》二百卷。由於這部目錄編製得法，成為當時及後代研究學問的指南，它所用的分類法——所謂「四庫分類法」，幾乎成

全唐詩

全唐詩

相和歌辭

前苦寒行二首

漢時長安雪一丈牛馬毛寒縮如蝟楚江巫峽冰入懷虎豹哀號又堪記秦城老翁荊揚客慘慘冰霜歲暮寒玄冥祝融氣或交手持白羽未敢釋去年白帝雪在山今年白帝雪在地凍埋蛟龍南浦縮寒刮肌膚北風利楚人四時皆麻衣楚天萬里無晶輝三足之烏足恐斷義和送將安所歸

後苦寒行二首

南紀巫廬瘴不絕太古已來無尺雪蠻夷長老怨苦寒

（清康熙四十六年揚州詩局刻本）

爲當時統一的分類法。《四庫全書》在中國學術上的影響是相當大的。

清代官刻書幾乎全集中在內府。內府刻書處稱爲武英殿刻書處，是康熙十二年（1673）所設，所以清代內府刊印的書，一般都稱爲「武英殿本」或簡稱「殿本」。所刻的書除正經、正史外，多是「御撰」、「御批」、「欽定」的書。但內容則遍及經、史、子、集四部書。刻書之數，以康熙、乾隆兩朝爲多。道光以後，隨著清室的衰微沒落，刻印圖書的數量，大爲減少。殿本書籍以康熙一朝所印爲最精美，其中有許多是用軟體字（楷書）刻的，紙張都是最潔白堅韌的上等開化紙，如《御定全唐詩》和《七經》等是。其實根據

勸善金科

（清乾隆間內府刊五色套印本）

御製避暑山莊詩

（清康熙五十一年內府刻本）

康熙皇帝命令編製的書，如《康熙字典》、《淵鑑類函》、《經籍纂詁》、《駢字類編》、《數理精蘊》等，雖是宋體字，但刊刻精工，紙精墨妙，並不失爲印本中之上品。清代內府還刊印了不少極精美的套色印本，有二色、三色、四色、五色等，在刊印工藝上有極高度的水準。清代殿版有極精美的版畫，如《避暑山莊詩》、《御製耕織圖詩》、《御製圓明園四十景詩》等，都是由著名畫家和優秀刻工合作而成的。殿本書傳世者較多，大部分藏於國立故宮博物院。

　　清代地方官署刻書，漸趨冷落，遠不如前朝。而專設書局刻書，則始於洪楊亂後。曾文正感慨兵燹之餘，公私藏書蕩然無存，乃於同治三年（1864）擬好書局章程，正式設金寧書局於安慶。在振興文教必先刊刻書籍的大前提下，各省皆有反應。於是杭州浙江書局、蘇州江蘇書局、武昌崇文書局、長沙思賢書局、濟南山東書局、廣州廣雅書局，以及江西、河南、天津、蘭州等

官書局，相繼而起。所刊刻之書籍，以《四書》、《五經》、《欽定七經》、《御批通鑑》、《御選古文淵鑑》、《十三經》、《說文》、《文選》之類爲多。就以《十三經》而論，當時刊刻的書局就有七處之多。此外，同治光緒年間，五局還合刻了《二十四史》。官書局的開設，都是由各省重臣慎重主持其事，並且聘請博學之士來從事校讎工作，因此局刻本校勘精審，嘉惠學林者甚多。各官書局所刻圖書，並無一定版式，版心或白口、或黑口，邊欄或單欄、或雙欄，字體或宋體、或軟體。一般而言，局刻本皆有刊刻時間及書局名稱，較易辨認。

校刊史記集解索隱正義札記　　　　　通志堂經解

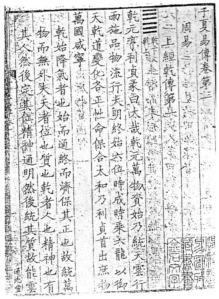

（清同治十一年金陵書局刻本）　　　（清康熙十九年通志堂刻本）

　　清代之雕版書籍以私家刻本爲最有價值，此乃中國私家刻書之極盛時期。當時刊刻之書籍，遍及經、史、子、集四部。零星散刻，不勝枚舉，較具特色者，一爲寫刻本，一爲覆刻宋元版。而刊刻叢書乃清代私家刻書之最大特色。清代學者除藏書、讀書外，特別獎勵刻書，當時私家刻書，都能訪求善本，廣羅祕笈，故清代刊刻叢書之數量，遠非前代所能相比，其中較著名者就有一兩百部之多。刊刻叢書對於保存古代文獻，爲功甚鉅。對於學術研究，提供了最方便的途徑。清代刊刻叢書以古今著述合刻叢書最具價值，故刊刻數量亦最多。徐乾學所主持校刻的《通志堂經解》是清初第一部大叢書。乾

嘉以後，由於考證校勘之學興起，私家刊刻古籍之風更爲興盛。當時刊刻叢書有以較勘精審著稱者，如盧文弨之《抱經堂叢書》、畢沅之《經訓堂叢書》等。又有以覆刻宋元善本著稱於世者，如黃氏《士禮居叢書》、楊守敬《古逸叢書》等。又有以刊刻罕見之本著稱者，如鮑廷博之《知不足齋叢書》，便是這一類叢書的代表。又有以廣羅舊籍著稱者，如張海鵬之《學津討原》等。此外，又有「輯佚叢書」、「郡邑叢書」、「氏姓叢書」及「獨撰叢書」。總之，各式各樣叢書的出現是清代出版事業的特色之一，而這些叢書校勘精審，刻印俱佳，紙墨都是上乘的。但因時代較近，傳本易得，故不被收藏家所珍視。

　　活字印刷在清代也有相當的發展及應用。清代內府在康熙、雍正年間已經用銅活字印成《星曆考原》、《數理精蘊》等書。其中最著名的當推《古今圖書集成》，這是繼《永樂大典》之後最大的一部百科全書，完成於康熙末年，而在雍正四年（1726）用銅活字印刷出來。全書共一萬卷，約一萬萬字，分爲六編、三十二典、六千一百零九種。當時擺印了六十六部，每部五千二百冊，書中附有許多精美的插圖。清代所存各種活字版，當以木活字印本爲最多。其中最著名規模最大的是《武英殿聚珍版叢書》。乾隆皇帝修《四庫全書》時，想把從《永樂大典》內輯出來的佚書，刊印流傳，於是金簡建議用木活字來擺印，先後共印《武英殿聚珍版叢書》

欽定古今圖書集成

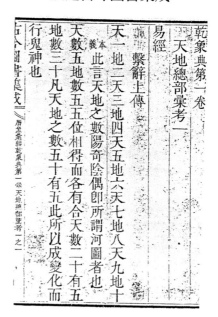

（清雍正四年武英殿銅活字本）

一百三十四種、二千三百多卷，每種用連史紙與竹紙印刷，前者印二十部，專備大內等處陳設，後者印三百部左右，頒發定價通行。金簡並選《武英殿聚珍版程式》，附有插圖，分別敘述這個方法的各種手續，這比王禎的造活字印書法更爲明瞭具體，是中國印刷史上的重要文獻。其後地方官署、書院、各省官書局，以至民間私人及書坊亦採用木活字印書。經、史、子、集、小說、類書、叢書以及京報無所不備，尤以家譜採用活字版最多。據估計，現在知見的木活字本不下二千種。

武英殿聚珍版程式

（清乾隆四十一年武英殿聚珍版印本）

西洋的印刷術從清末以來陸續傳到中國，逐漸取代中國固有的雕版及活字印刷。最先傳到中國的是鉛字排印法。清嘉慶十二年（1807）英國倫敦佈道會的馬禮遜（Robert Marrison）來廣州傳教，後來馬氏在馬六甲設立印刷所雕鑄鉛字，於嘉慶二十四年（1819）印成第一部新舊約中文本《聖經》，是為西洋鉛字活字排印中國文字的首創。中國人澆鑄鉛字排印書籍，始於同治年間，此後用鉛字印書逐漸推廣而成為印書的主要方法。其次傳來中國的是石印法，用特製的墨將文字寫在特製的紙，再翻印到石版上以供印刷。此法是奧國人施納飛爾特（Alois Senfelder）在 1796 年所發明。中國最先採用此法印書的，是上海徐家匯土山灣印刷所。清內府則於光緒十六年（1890）用此法印《古今圖書集成》一百部，由上海同文書局承印。此後上海開設書局專用石印法印書的，風起雲湧，曾盛極一時。民國以來，西洋各種新的印書法如珂玀版、影寫版、照相銅鋅版及各種平凹版等相繼傳來中國後，石印法遂廢。大抵在四十年代以後，中國傳統的印書方法，便全部廢棄。至於圖書的裝訂，西式的平裝及精裝，亦利用機器以代手工，生產迅速，逐漸取代了線裝。

（本文原載《中華民國臺北第一屆國際書展中華民國館專輯》，臺北：幼獅文化事業公司，1987 年 12 月）

附錄：護書的函套

夾　板

（用兩片木板，穿上帶子，把書夾在當中，結上帶子即可）

四合套

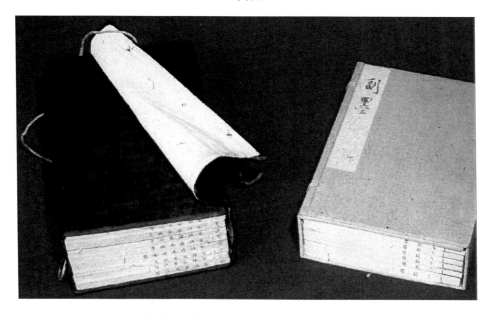

（用硬套或木板爲裡，外敷以布，圍繞書的四面而成）

六合套

（用硬紙爲裡，敷上布或綾錦，將書的六面全部包起。開函處挖成雲鉤狀）

木　匣

（一端可以開閉，內有夾板，先將書放在夾板間，連同夾板置於匣內）

中國古代的雕版印刷

　　我們都知道在印刷術還沒有發明以前，一切書籍全靠抄寫來流傳，一本書如果我們需要一百部，就得抄寫一百次，所以在那個時期，書籍的傳佈就非常的緩慢，讀書人想得到一部書也就非常的困難。但是自從印刷術發明以後，只要將書籍雕成版片，就可以從版片上成千成萬的刷印出來，這樣，書籍可以大量的生產，讀書人不用自己抄寫，就可以得到他所需要的書了。我們生在印刷事業發達的時代，把印刷書籍看作很平常自然的事情，很難想像印刷術發明以前讀書的艱難困苦，也就不容易體會到印刷術對世界文化的貢獻是如何的偉大了。但我們可以斷言，如果沒有印刷術的發明，那麼我們的學術和文化絕不能像今天這樣的光輝燦爛。

　　印刷術是中國人發明的，已經爲世界所公認。印刷術通常可分爲兩種，一種是雕版印刷，也叫做整版印刷，就是將文字反刻在一塊木版上，在這整塊木版上加墨印刷的方法；一種是活字印刷，就是先做成一個個單字，把單字拚成一塊塊版，再用這排成的版來印書。這兩種印刷的方法，都是中國人發明的，我們先發明了雕版印刷，後來又發明了活字印刷。本文討論的僅限於雕版印刷方面，這種印刷術可以說是我國古代的人民在長期使用印章和石刻的基礎上發明出來的。

　　至於雕版印刷術是什麼時候發明的呢？歷來研究這個問題的人，有三種不同的看法：

一、雕版印刷術是隋代發明的。

二、雕版印刷術是唐代發明的。

三、雕版印刷術是五代發明的。

主張雕版印刷術是隋代發明的，發端於明朝的陸深。他的《河汾燕閒錄》卷上說：

> 隋開皇十三年十二月八日敕：廢像遺經悉令雕造。此印書之始。

明胡應麟不但認爲陸深的話係指印書之始，而且把「雕造」改爲「雕版」。《少室山房筆叢·經籍會通》卷四說：

> 載閱陸《河汾燕閒錄》云：隋文帝開皇十三年十二月八日勅廢像遺
> 經，悉令雕版，此印書之始。據斯說則印書實自隋朝始。

又說：

> 偏綜前論，則雕本肇自隋時，行於唐世，擴於五代，精於宋人，此
> 余參酌諸家確然可信者也。

他們所根據的是隋費長房的《歷代三寶記》。但《歷代三寶記》卷十二的原文是：

> 開皇十三年十二月八日，隋皇帝佛弟子姓名敬白：「……屬周代亂
> 常，侮懷聖跡，塔寺毀廢，經像淪亡……弟子往籍三寶因緣，今膺
> 千年昌運；作民父母，思極黎元。重顯尊容，再崇神化。頹基毀跡，
> 更事莊嚴；廢像遺經，悉令雕撰。」

因爲隋以前，北周武帝大毀佛教，很多經像被毀壞，隋文帝承北周武帝之後，乃大興佛教，雕佛像，撰佛經，大建寺廟。此處雕撰即指雕像撰經，陸深誤以撰爲造，而認爲是雕造經板，到了胡應麟又改爲雕版，從陸深以後，明清有許多記載，都說雕版印刷隋朝已開始，其實《歷代三寶記》的「廢像遺經，悉令雕撰」與雕版印刷毫無關係。而且《隋書·經籍志》卷四說：

> 開皇元年，高祖普詔天下任聽出家，仍令計口出錢營造經像。而京
> 師及并州、相州、洛州等諸大都邑之處，並官寫一切經，置于寺內。
> 而又別寫，藏于秘閣。天下之人，從風而靡，競相景慕，民間佛經
> 多於六經數十百倍。

根據這段記載，我們知道那時佛經仍須靠抄寫，如果隋朝已經發明了印刷術，又何必令寫一切經，一版雕成，千百部馬上風行全國，宣揚佛教，這辦法是最好的了，可見隋時尚未有雕版印刷之事。

孫毓修在他的《中國雕版源流考》裡，曾引敦煌石室書錄，說有宋太平興國五年翻雕隋刊本〈大隋求陀羅尼經〉，因而說雕版印刷開始於隋朝，其實這是錯誤的，因爲這陀羅尼經原是法國人伯希和（Prof. P. Pelliot）於敦煌千佛

洞中所發現的，現藏巴黎圖書館。「大隋」僅是「大隨」的另一寫法，「大隨求」乃佛教成語，就是陀羅尼的意思，並非指隋朝，而且經末有「太平興國五年六月二十五日雕版畢工手記」一行，並無翻雕的字樣，所以這完全是北宋刻本，而不是翻刻隋朝的。

此外，斯坦因（M. A. Stein）在西元 1913 年至 1916 年曾在吐魯蕃發現一張殘紙片，上有「……官私……延昌三十四年甲寅……家有惡狗，行人慎之」兩行殘文。延昌三十四年，當隋開皇十四年（595），這一殘片，現藏英國。那時英國人認為這是中國的印刷品，因而認為那時期以前中國就已經發明印刷術了。但後來秦德萊利用紫外光及紅內光將此紙張照相，用顯微鏡檢查，並與大英博物館所存最古印本《金剛經》及其他寫本分別作比較研究，研究的結果證實這不是印刷品；而且根據這張紙片的文字像是貼在門口或牆上的，似乎沒有雕印許多份的必要。總之，無論文獻或實物，全找不出隋朝已經發明雕版印刷的證據。因此，我們現在可以作一結論，就是唐朝以前尚無雕版印刷。

現在許多學者都認為雕版印刷的發明是在唐朝，但是唐朝經歷了三百人之久，究竟雕板印刷的發明在哪一時期呢？我們只好從唐人文獻去尋找可靠的資料。現存唐人文獻中提到雕版印刷的有好幾處，最明確而有年月可考的是馮宿所上的奏文。《全唐文》卷六二四馮宿〈請禁印時憲書疏〉說：

> 準勅禁斷印曆日版，劍南兩川及淮南道皆以板印曆日鬻於市，每歲
> 司天台未奏頒下新曆，其印曆已滿天下，有乖敬授之道。〔註1〕

馮宿於唐文宗太和九年（835），出為劍南東川節度使，他指出當時劍南兩川及淮南道的人民常用木版印刷日曆，在市場出賣，每年司天台（即天文台）還沒有頒發新日曆，這種印刷的日曆已經佈滿天下了，這個奏文可能就在這一年上的；恰好《舊唐書·文宗本紀》這樣說：

> 太和九年十二月丁丑敕諸道府，不得私置曆日板。

由此可知在此時已有印刷的日曆。元稹在長慶四年（824）替白居易的《白氏長慶集》作序說：

> 然而二十年間，禁省觀寺郵候牆壁之上，無不書；王公妾婦牛童馬
> 走之口無不道。至於繕寫模勒衒賣於市井，或持之以交酒茗者，處
> 處皆是。

〔註1〕此奏文又見《冊府元龜》卷一六○〈帝王部革弊第二〉。

元氏又自注說：

> 楊越間，多作書，模勒樂天及予雜詩，賣于市肆之中也。

「模勒」就是印刷，可見在那個時候不僅有印刷的日曆，而且已有印刷的文集。《司空表聖文集》卷九〈爲東都敬愛寺講律僧惠確化募雕刻律疏〉說：

> 今者以日光舊疏，龍象弘持，京寺盛筵，天人信受。□迷後學，競扇異端；自洛城罔遇，時交乃焚；印本漸虞散失，欲更雕鎪。

這裡所謂「洛城罔遇，時交乃焚」之語，是指唐武宗會昌（845）毀佛像的事情而言，可見在會昌以前就有印刷的佛經了。范攄《雲溪友議》卷下〈羨門遠篇〉說：

> 紇干尚書泉，苦求龍虎之舟，十五餘稔。及鎮江右，乃大延方術之士，作《劉弘傳》，雕印數千本，以寄中朝及四海精心燒煉之者。

考紇干泉在唐宣宗大中年間（847～859）爲江西觀察使，雕印《劉弘傳》，當在此時，可見那時已有印刷的道教作品了。王讜《唐語林》卷七說：

> 僖宗入蜀，太史曆不及江東，而市有印賣者，每差互朔晦。貨者各征節候，因爭執。

唐僖宗逃入成都是在中和元年（881），僖宗入蜀，因交通不便，所以太史曆書不頒發江東，而日曆乃民間所急切需要的，因而私印售者甚多，因爲印得多，所以各家印的，朔望就有不相合者，於是發生了爭執，可知那個時候江東的印刷業已經非常興盛了。隨著唐僖宗到成都的柳玭，在他的《家訓‧序》裡說：

> 中和三年癸卯夏，鑾輿在蜀之三年也。余爲中書舍人。旬休，閱書於重城之東南。其書多陰陽、雜記、占夢、相宅、九宮、五緯之流；又有字書、小學。率雕版印紙，浸染不可盡曉。〔註2〕

中和三年即西元 883 年，重城即今蓉城，唐代成都書肆大都在蓉城東南。從這段記載，我們知道那時成都不僅有印刷的曆書，而且有其他的書籍。難怪後唐長興三年馮道上奏請刻經書的奏章中曾說：「嘗見吳蜀之人，鬻印板文字，色類絕多，終不及經典。」〔註3〕根據唐人的記載，我們知道自中唐以來，刻書之風已經非常盛行，而且也可以知道我國最早刻書的地方是吳蜀；因爲這兩處都是盛產森林的地方，也是當時生產紙張的地方，並且唐代自安祿山

〔註 2〕據《舊五代史》卷四十三〈唐明宗紀〉第九注引。
〔註 3〕見《冊府元龜》卷六〇八。

之亂以後，黃河流域連年爭戰，可以說殘破不堪，生產力因而衰落，而吳蜀一帶比較安寧富裕，文化水準較高。四川似乎是當時刻書業的中心，根據柳玭《家訓・序》的記載，當時成都刻的書有陰陽、雜記、占夢、相宅、九宮、五緯、字書、小學。再看宋人記載，《國史藝文志》說：

> 唐末益州始有墨版，多術數、小學、字書。

朱翌《猗覺寮雜記》卷下說：

> 雕印文字，唐以前無之，唐末益州始有墨版。

益州就是成都，墨版就是雕版印刷。此外，唐懿宗咸通年間在長安留學的日本和尚宗叡攜帶回國的書籍目錄《新書寫請來法門等目錄》，有西川印子《唐韻》一部五卷，《玉篇》一部三十卷，所謂「西川印子」就是「四川刻本」的古稱。可見四川印書之多，雕版印刷之盛，很可能四川就是雕版印刷的發源地。

根據唐人文獻，我們知道印刷術到中唐已經相當發達，我們可以猜想在中唐以前就已經發明印刷術了，只是早期的印刷術可能只流行於民間，因此沒有史料記載。惟杜工部詩有「嶧山之碑野火焚，棗木傳刻肥失眞。」當時既知以木代石，必已知刻版印書；還有日本存有寶龜元年（唐代宗大曆五年，770）的印本《百萬塔陀羅尼經》，當時日本文化都從我國傳去，印刷術既然不是日本發明的，當然是由我國傳去的，因此，在 770 年以前我國一定已經發明了印刷術。總之，我國雕版印刷術的發明至遲也應該是在盛唐，因為當時我國的國力和文化都已發展到鼎盛狀態，很可能發明了印刷術，後來因安祿山之亂，唐朝逐漸衰微，又經唐武宗會昌五年的禁佛，以及唐末的黃巢之亂，所以許多唐代珍貴的印刷品便毀於兵火，難以保存，因此，盛唐的印本也就沒有流傳下來。

金剛經的發現

十九世紀末葉，西洋考古之學大盛，於是有些外國考古學家到新疆甘肅一帶來，1907 年在英國印度政府做事的匈牙利人斯坦因（M. A. Stein）發現了敦煌千佛洞莫高窟石室的祕藏，向王道士賄購經卷、圖畫及其他古物，帶回英國，藏在倫敦不列顛博物院。1908 年法國漢學家伯希和（Prof. P. Pelliot）也到敦煌石室取得寫本十餘箱，運往法國，藏在巴黎圖書館。餘下的部分到 1909 年歸北平京師圖書館。敦煌石室所藏大部分是寫本，印本很少，其中有咸通本《金剛經》，現藏倫敦，就是斯坦因所得到的，可以說是現存中國印本

書之最古者，此咸通本《金剛經》印於唐懿宗咸通九年（868）四月十五日，《金剛經》的發現，使過去認爲雕版印刷始於五代或宋代的說法都不攻自破，而且根據《金剛經》雕印之精美，可以證明當時的印刷術已經經歷了長期的演進，至少可以往前推一百年以上，那麼印刷術發明於盛唐，這也可以說是一個旁證。根據卡特《中國印刷術之發明及西傳》，知《金剛經》全書正文六葉，每葉約長二呎半，高近一呎，各頁黏合成一長十六英尺的卷子，書末刊有年月一行：「咸通九年四月十五日王玠爲二親敬造普施。」是最早標有年代的唐刻本。

此外，還有唐僖宗乾符四年（877）及中和二年（882）劍南西川成都府樊賞家刻曆書，也是出於敦煌石室，現藏倫敦不列顛博物院。

唐印本陀羅尼經咒的發現

民國三十三年四月四川大學修築校內的道路，於抵達江邊約五六十米的地方發現了小型墳墓四座，其中三座（相連的）爲小型南宋墓，另外的一座就是發現印本《陀羅尼經咒》的唐墓。《陀羅尼經咒》就裝置在骨架右臂上戴著的銀鐲裡面，最初發現時並不知道裡面有東西，後來因銀質已朽，小處有破損，覺得其中裝有彈性的物品，將銀鐲剖開，才知道是紙。此印本匡高三十一厘米，廣三十四厘米，印本中央爲一小方框，框中刻一菩薩像坐於蓮座之上，六臂手中各執法器，框外圍繞刻一種梵文，咒文外又雕雙框，其中四角刻菩薩像各一，每邊各刻菩薩像三，而間以佛教供品的圖像。印本右邊首題漢文一行：「成都府成都縣□龍池坊□□□近卞□□印賣咒本□□□……」等字。字體圓活秀勁，饒具唐人書法的風格，雖係雕版，不若北宋本之方板而顯示雕鑿的痕跡。從字體及刻法論，亦當係唐代的印刷品。

「成都府」三字已漫漶其半；唐代成都稱府，始於唐肅宗至德二年（757），因爲唐代的慣例，凡是天子行幸之地，則改稱爲府。天寶十五年（756）玄宗逃到成都，第二年回到長安遂改蜀郡爲成都府。五代時成都爲前後蜀的都城，故仍稱府；宋初屢有變動，如太平興國六年（981）降爲州，端拱元年（988）又復爲府等。「龍池坊」今不可考，大概在今成都的東北部。

我們根據這印本出土的情況及印本的本身來推斷，它可能是中唐或晚唐的印刷品，這從四川當時雕版發展的情況來看，亦可得到一些旁證。在唐朝末期，四川刻書的風氣既十分興盛，佛教徒利用雕版來印刷經咒，也是極爲可能的，而論印刷史者，以爲雕版之起其始多爲印刷宗教上的宣傳品，以現

今所發現的最早的印刷品多爲佛教經咒及佛像可證。果眞如此，蜀中在唐末能刊刻比較大部的「曆日、陰陽、雜記、占夢、相宅、九宮、五緯」之流和「字書小學」之書，那麼比較簡短的佛像經咒的刊刻應在其前，亦是自然之勢。此印本中詳記有雕版及印賣的地方，在研究中國印刷史的掌故上，自是一種很珍貴的資料。

五代的雕版印刷

從前有些學者認爲雕版印刷是五代發明的，根據前面所引的資料，我們知道這個說法是不可靠的，不過國子監刻書倒是從五代開始。五代刻書的風氣極盛，最有名的是國子監刻的九經三傳，《舊五代史・後唐明宗紀》說：

> 長興三年二月辛未，中書奏請依石經文字刻九經印板。從之。

我們知道儒家經典從後唐長興三年（932）開始，而提倡刻經典的是後唐宰相馮道，《冊府元龜》卷六〇八〈學校部〉說：

> 後唐宰相馮道李愚重經學，因言漢時崇儒，有三字石經，唐朝亦於國學刊刻。今朝廷日不暇給，無能別有刊立。嘗見吳蜀之人，鬻印板文字，色類絕多，終不及經典。如經典校定，雕摹流行，深益於文教矣。乃奏聞，敕下儒官田敏等考校經注。敏於經注，長於詩傳，考訂刊正，援引證據，聯爲篇卷，先經奏定，而後雕刻。

宋王溥《五代會要》亦說：

> 後唐長興三年二月，中書門下奏請依石經文字刻九經印板。敕令國子監集博士儒徒，將西京石經本，各以所業本經，句度抄寫注出，仔細看讀。然後催召能雕字匠人，各部隨帙刻印板，廣頒天下。……
> 其年四月敕差太子賓客馬縞、太常丞陳觀、太常博士段顒、路航、尚書屯田員外郎田敏充詳勘官，並委國子監於諸色人選中，召能書人，端楷寫出，旋付匠人雕刻。〔註4〕

可知五代刻九經是根據開成石經的，且刊刻非常謹愼，未刻之前，先將石經抄出校勘，校勘人又皆爲所業專經之士，初步校勘之後，又設詳校官五人，皆當時有名的學者，校勘之後，再選能書人端楷寫出，付匠雕版。《冊府元龜》卷六〇八〈學校部〉又說：

> 廣順三年六月，田敏獻印板九經、五經文字、九經字樣各二部一百

〔註4〕又見《冊府元龜》卷六〇八〈學校部〉。

三十策。奏曰：「臣等自長興三年，校勘雕印九經書籍，經注繁多，年代殊邈，傳寫紕繆，漸失根源。臣守官膠庠，職司校定，旁求援據，上備雕鐫，幸遇聖朝，克終盛事。播文德於有截，傳世教以無窮，謹具陳進。」

根據這段記載，知九經三傳從後唐長興三年（932）開始刊刻，此一浩大的工程到後周廣順三年（953）才全部完成，歷時二十二年之久。這就是宋人所稱的舊監本，可惜後來都失傳了。

五代後蜀宰相毋昭裔刻書事，更為書林佳話，故書記其事者甚多。《十國春秋・毋昭裔傳》說：

蜀中自唐末以來，學校廢絕。昭裔出私財營學宮，立黌舍，且請後主（後蜀孟昶）鏤板，印九經，由是文學復盛。又令門人孫逢吉、勾中正書《文選》、《初學記》、《白氏六帖》，鏤板行之。

《宋史》卷四百七十九亦說：

昭裔性好藏書，在成都令門人勾中正、孫逢吉書《文選》、《初學記》、《白氏六帖》鏤板。守素齋至中朝，行於世。

宋王明清《揮麈餘錄》卷二亦說：

毋丘儉〔註5〕貧賤時，嘗借《文選》於交遊間，其人有難色，發憤異日若貴，當板以鏤之遺學者。後任蜀為宰，遂踐其言刊之。

根據以上資料，知毋昭裔刻有九經、《文選》、《初學記》、《白氏六帖》，可惜都沒有流傳下來。

五代刻書，除長興九經及毋昭裔所刻諸書外，其他刻書掌故，記載的很少。只有和凝和貫休刊刻了自己的文集。《舊五代史・和凝傳》說：

平生為文章，長於短歌艷曲，尤好聲譽。有集百卷，自篆於版，模印數百帙，分惠於人焉。

貫休《禪月集》，有蜀乾德五年（923）曇域後序說：

尋檢藁草，及暗記憶者，約一千首，乃雕刻版部，題號《禪月集》。

還有，當馮道的官方雕印進行期間，佛教徒也從事雕印《大藏經》。

五代刻書，流傳甚少，年代久遠，固為主要原因。然而，五十餘年之間，轉換五個朝代，戰亂太多，書籍當然容易毀壞。清光緒二十六年（1900），在敦煌發現的五代刻本，有《唐韻》、《切韻》二書，現藏於巴黎圖書館。

〔註 5〕丘儉乃昭裔之誤。

　　民國十三年（1924）杭州雷峰塔忽然倒塌，發現經卷，乃吳越國王錢俶刻的《一切如來心祕密全身舍利寶篋印陀羅尼經》，薄麻紙印，裹以黃綾，高一寸二分，板心高六分，長六尺三寸五分，凡二百六十八行，並前後題記六行，共二百七十四行，行十字。卷首題曰：「天下兵馬大元帥吳越國王錢俶造此經八萬四千卷，捨入西關磚塔，永充供養。乙亥八月日紀」三行，計首行十三字，次行十二字，末行十二字。乙亥歲當宋太祖開寶八年（975），而其時錢氏猶未納土，視作五代刻本亦可，這是我們所能發現的最早的浙刻本。〔註6〕

兩宋的雕版印刷

　　兩宋時代是雕版印刷的黃金時代，這個時期所出版的書籍是有名的「宋版書」。宋朝統一中國之後，經過一段恢復時期，國民經濟得以進一步的發展，生產力提高，社會逐漸富裕，商業繁榮，文化事業因而也得到相當的發展，於是著作種類增多，出版範圍也擴大了。

　　宋代的學術發展範圍很廣，譬如說北宋初年就編纂了幾部大的類書，如《太平御覽》、《冊府元龜》、《文苑英華》、《太平廣記》；在經學方面，出了幾位有名的理學家；史學方面有最著名的編年史《資治通鑑》。除此之外，這個時期也開始出現了目錄學的著作，如《崇文總目》、《遂初堂書目》、《郡齋讀書志》、《直齋書錄解題》及《校讎略》。文藝方面的著作，如詞集、詩文集、白話小說更是豐富。所有這一切都要求印刷術的發展，而印刷術發展所帶來的便利也刺激了更多人從事著作。宋代的出版物遍及當時所有的各個知識部門，如儒家經典、歷史、地理、醫學、農業、工業、天文曆算、詩文集、詞集、小說、佛教及道教經典、民間文學等都陸續有刻本，不僅當代人的著作多半付諸印刷，連宋以前的著作也都陸續出版。

　　宋代刻書地點幾乎遍及全國，其中以浙江、四川、福建最有名。在北宋初年，刻書以四川為最盛，這是沿襲唐五代的風氣；到北宋末期，杭州刻版最為精美，四川刻書逐漸退化，福建刻書最多，但質料最差。到了南宋，因為建都臨安，所以杭州就成了刻書業的中心。

　　宋代所刻的書分為官刻本、家刻本及坊刻本三大類。官刻本指的是政府

〔註6〕詳莊嚴先生〈雷峰塔藏寶篋印陀羅尼經跋〉，《圖書館學季刊》第一卷第二期。

各機關所刻的書，其中以國子監刻書為最有名。家刻本指的是私人出錢刻的書，這種家刻本通常都比較可靠，最有名的是相台岳珂所刻的九經三傳，廖瑩中世綵堂所刻的《春秋》、《論語》、《孟子》及《韓柳文集》，建安黃善夫所刻的《史記》、《前漢書》、《後漢書》。坊刻本指的是一般書商所刻的書，他們刻的書較多，往往以營利為目的，錯誤較多，所以不能跟官刻本及家刻本相比。

宋版書歷來都為學者所重視，到明末，已經以葉論價，這是因為宋版書最接近原書，錯誤較少，在學術研究上是很重要的，而且宋版書的雕印技術非常精美，你可以把它當作藝術品來欣賞。雖然宋代刻了許多書，但是流傳到現在已經很少了，今日在臺灣保存宋版書最多的是中央圖書館，其次是故宮博物院、中央研究院，然而所保存的大部分是南宋刻本，北宋刻本極少。據我所知現存最早的有日期的北宋本是北宋《開寶藏》，宋太祖開寶四年（971）命張從信到成都雕印了全部的佛經，即《大藏經》，又稱《開寶藏》，全書共一千五百二十一種，五千零四十八卷，共十三萬餘頁，現在僅存《佛說阿惟越致遮經》卷上，典籍保藏之不易亦由此可見。

如何鑒別宋版書

鑒別古書版本和鑒別古器物、古書畫一樣，是很難的事情，鑒別宋版書，要彙合各種條件來看，單憑一種或幾種是靠不住的，所以我們必須從字體、版式、行款、牌記、紙張、諱字、刻工等各方面來鑒別。

（一）字　體

各代版刻的字體，各有不同，所以鑒別舊刻本，字體是很重要的。北宋刻本的字體是學顏真卿的，間雜有歐陽詢的筆意。南宋刻本，論其字體，可分為三類：浙本、蜀本、閩本。浙刻字體仿歐陽詢，字體方整古厚。蜀刻字體遒斂，在顏柳之間，而橫畫落筆處，間有瘦金氣習。閩刻字體雖然也學顏柳，而與蜀刻字體不同。明代正德嘉靖年間，翻刻宋本風氣極盛，字體亦仿宋本，然形貌雖然相似，但神態還是有差別。

（二）版　式

前人都說宋刻單邊白口，但事實並不盡然，據我所看到的宋版書，大部分都是上下單邊，左右雙欄。宋版書雖然大都為白口，但南宋末年也有黑口本，惟黑口本入元以後才盛行。宋刻最普遍的版式是版心上記字數，下記刻工姓名。

（三）行　款

宋代官府及各家所刻的書，行款往往是有一定的。北宋單疏本羣經義疏，每半葉十五行；小字本正史每半葉十四行，中字本十行。南宋覆刻北宋本也是一樣，還有南北朝七史每半葉九行，浙東茶鹽司所刻羣經注疏、蜀刻羣經注疏都是八行本，建刻羣經注疏都是十行本。光靠行款來鑒別版本是不太可靠，但是多少有點幫助。

（四）牌　記

鑒別古書版本，牌記最爲可靠，有些書的牌記在書名葉的背面，有些在目錄的後面或序的後面，牌記往往記載刊行年月地點或刊行人。但書中的牌記有時也不足爲憑，因爲翻刻古書的人把原有的牌記也照樣翻刻出來。

（五）紙　張

宋版書最常見的是用桑皮紙，質薄而堅韌；四川刻書多用麻紙，亦堅厚耐用，福建刻書所用的紙，品質最差。大概宋紙多有羅紋，與後代不同。還有，宋時紙貴，所以常用廢紙印書，因爲那時的紙厚，又兩面光滑，所以用紙背印書。不過舊版流傳很久，後人重印，當然用後世的紙張，所以光憑紙張鑒別宋版書也是不太可靠。

（六）諱　字

宋版書避諱甚嚴，凡皇帝廟諱，皆缺末筆以避之，所以我們看它避諱到那一個皇帝，就可以確定這本書的刊刻年代。不過，明正德嘉靖年間翻刻宋版書，不但字體模仿宋版，乃至於原本之避諱字都不改，這一點是要特別留意的。

（七）刻　工

宋版書往往於版心下記刻工姓名，我認爲這是鑒別版本的重要條件，如果某書已經審定爲宋刻本，則另一書版心刻工姓名，多與已審定者相同，我們可以據此審定這本書亦是宋版，甚至可以知道它的刊刻時間與地點。對於一部序跋不全，本身又沒有任何標記的書，要決定它的版刻時代，只能從書籍的現存條件著手，而刻工姓名是一個很好的線索，是決定版刻時代的有利條件，如果與其他資料互相對照起來，可以幫助我們順利的解決版刻時代和刻書地點的問題。

（本文原載《孔孟月刊》第十九卷第三期，1980 年 11 月）

唐五代時期四川地區的刻書事業

　　印刷術的發明是中國對於世界文化的四大貢獻之一。我們都知道在印刷術還沒有發明以前，一切書籍全靠抄寫來流傳，所以在那個時期，書籍的傳佈就非常的緩慢，讀書人想要得到一部書也就非常的困難。但是自從印刷術發明以後，只要將書籍雕成版片，就可以從版片上成千成萬的刷印出來，這樣書籍可以大量的生產，讀書人不用自己抄寫，就可以得到他所需要的書了。我們生在印刷事業極度發達的今天，把印刷書籍看作很平常自然的事情，很難想像古時候的人讀書的艱難困苦。我們可以斷言，如果沒有印刷術的發明，那麼我們的學術和文化絕不能像今天這樣的光輝燦爛，人類的生活內容也不能像現在的豐富多彩。

　　四川地區的刻書事業在中國雕版印刷史上佔著極重要的地位，換句話說，四川的刻書業在唐代印刷術發明以後就非常興盛。現存唐人文獻中，最早談及雕版印刷而有年代可考的，是朝廷禁止印行曆日的詔令。《舊唐書·文宗本紀》云：

　　　　太和九年十二月丁丑，敕諸道府，不得私置曆日板。

這道詔令是唐文宗於太和九年（835）依據劍南東川節度使馮宿之奏請而頒佈的。《全唐文》卷六二四馮宿〈請禁印時憲疏〉云：

　　　　準勅禁斷印曆日板。劍南兩川及淮南道，皆以板印曆日鬻於市。每
　　　　歲司天臺未頒下新曆，其印曆已滿天下，有乖敬授之道。〔註1〕

這是記述四川地區刻書的最早資料。由此可知，當時四川民間雕印曆日售賣

〔註1〕 案此奏文又見《冊府元龜》卷一六〇〈帝王部革弊第二〉。

於市，以爲傳播文化的有效工具，並在政府未頒行新曆之前「其印曆已滿天下」，可知其印量之大，流通之廣。關於四川民間印行曆書，還有一段記載，《唐語林》卷七云：

> 僖宗入蜀，太史曆本不及江東，而市有印貨者，每差互朔晦，貨者各徵節候，因爭執，里人拘而送公。執政曰，爾非爭月之大小盡乎？同行經紀，一日半日，殊是小事，遂叱去。而不知陰陽之曆，吉凶是擇，所誤於眾多矣，云云。

僖宗逃入四川成都是在中和元年（881），此事雖說晚於馮宿之時將近五十年，但又未嘗不是唐代四川刊印曆書的一個旁證。四川刊刻的曆本今尙傳世的，有乾符四年（877）刻本曆書及中和二年（882）樊賞家刻本曆書，可以印證以上各文獻中的記載，確然可信。

唐代自安祿山之亂以後，黃河流域爭戰連年，殘破不堪，生產力因而衰微。四川地區較爲安寧富裕，人口叢集，文化水準較高，刻印書籍，條件具備，刻書之事，應運而生，也是自然之理，所以四川成爲當時刻書業的中心。

根據日人木宮泰彥《日支交通史》卷上的記載，日本僧人宗叡於清和天皇貞觀四年（唐懿宗咸通三年，862）隨眞如法親王入唐，於貞觀七年（865）歸國，歸國時攜回之書籍載於宗叡《新書寫請來法門等目錄》，中有西川印子《唐韻》一部五卷，《玉篇》一部三十卷，西川印子即四川刊本之古稱。二書唐本現俱不存，然三十卷之《玉篇》及五卷之《唐韻》，俱屬鉅帙，在咸通時代已經流傳到海外，則當時四川刻書之盛亦可想見。

唐末，黃巢作亂，橫行天下，廣明元年（880）黃巢入長安，中和元年（881）僖宗避亂到四川，成都一躍而爲當時政治經濟的中心。其地盛產麻紙，構成刻印書籍之有利條件。柳玭〈家訓序〉〔註2〕云：

> 中和三年（883）癸卯夏，鑾輿在蜀之二年也。余爲中書舍人，旬休，閱書於重城〔註3〕之東南。其書多陰陽、雜記、占夢、相宅、九宮、五緯之流。又有字書小學，率雕版印紙，浸染不可盡曉。

據柳玭所言，足見當時成都刻書之盛，雕印範圍之廣。五代後唐宰相馮道雕

〔註2〕《舊五代史‧唐明宗紀》注引。
〔註3〕所謂重城，當屬乾符六年（879）高駢所築之羅城，即今蓉城，唐代成都書肆大都聚集在蓉城東南。

印九經，就是受了四川刻書的影響。《冊府元龜》卷六〇八〈學校部〉云：

> 後唐宰相馮道、李愚重經學，因言：漢時崇儒，有三字石經，唐朝
> 亦於國學刊刻。今朝廷日不暇給，無能別有刊立。嘗見吳蜀之人鬻
> 印板文字，色類絕多，終不及經典。如經典校定，雕摹流行，深益
> 於文教矣。

柳玭、馮道時代相去不過三、四十年，馮道所謂蜀人刻書，當即柳玭在成都
所見之書。馮道所言之吳，即馮宿所指之淮南道，柳玭所說的成都，當即馮
宿所指的劍南兩川。綜觀上述三人的說法，吳、蜀兩地乃中國最早刻書的地
區。因此宋人記載多以雕版印刷始於益州。〔註4〕朱翌《猗覺寮雜記》卷下
云：

> 雕印文字，唐以前無之，唐末益州始有墨版。

王應麟在其《困學紀聞・經說篇》引《國史藝文志》亦云：

> 唐末益州始有墨版，多術數，小學字書。

無名氏《愛日齋叢鈔》卷一亦云：

> 大概唐末漸有印書，特未能盛行，遂始於蜀也。

據上述諸家記載之資料，則四川地區可能就是中國雕版印刷的發源地。

　　五代時期，內亂綿延，中原屢次的改朝易代，五十餘年間換了五個朝
代。惟遠處西陲的四川，獨保安寧，物阜民豐，文物稱盛，故當時成都成為
西南文化的重心。而四川的雕板印刷所以能迅速發展，則歸功於後蜀宰相毋
昭裔大規模的刻印書籍。毋氏為了復興四川的文化，出私財百萬，經營學
館，培養士子，又奏請蜀後主孟昶之特許，採用石經作底本，刊印了九經及
諸多史書。又令門人勾中正、孫逢吉書寫《文選》、《初學記》及《白氏六
帖》，命工日夜雕刻三書，予以印行。毋氏刻書可以說為兩宋四川的刻書事業
奠定了良好的基礎。宋太祖在乾德三年（965）平定四川後，四川刻書遂與汴
梁合而為一。毋氏在四川刊印圖書多年，且以刊行士人易於獲得之書籍為己
任。宋平定四川時毋氏雖已年老退隱，朝廷仍加以榮寵，詔徵入京，並且將
他在四川雕印的書版運往汴梁，繼續刊行，所以北宋初年，四川刻印的書籍
傳佈全國。

　　根據文獻的記載及實物的發現，以下將分別敘述唐五代時期四川地區刊
印的圖書及其傳世的情形。

〔註4〕宋人所指的益州，即今成都。

一、唐　代

（一）《唐韻》五卷、《玉篇》三十卷

日僧宗叡（Shuyei）撰《新書寫請來法門等目錄》載：

《都利聿斯經》一部五卷；

《七曜穰災決》一卷；

《七曜二十八宿曆》一卷；

《六壬名例成歌》一部二卷；

《明鏡聯珠》一部十卷；

《秘錄藥方》一部六卷，兩策子；

《削繁加要書儀》一卷，元和年中者；

西川印子《唐韻》一部五卷；

同印子《玉篇》一部三十卷。

右雜書等雖非法門世者所要也。大唐咸通六年（865）從六月迄於十

月，於長安城右街西明寺日本留學僧圓載法師院求寫雜法門等目錄

如右也。日本貞觀七年（865）十一月十二日卻來左京東寺重勘定。

入唐請益僧大法師位爲後記之。〔註5〕

宗叡爲唐代日本僧人，於唐咸通三年（862）到中國留學，咸通六年（865）返回日本時攜去經卷凡一百四十三卷；經卷之外，復攜去西川印子《唐韻》及《玉篇》。

「西川印子」即四川刻本，據此則咸通三年以前，四川地區已刊印了《唐韻》五卷及《玉篇》三十卷。二書唐刻本，今已失傳。

（二）乾符四年（868）曆書（圖一）

十九世紀末葉，西洋考古之學大盛，於是有些外國考古學家到新疆、甘肅一帶考古，1907 年在英國印度政府做事的匈牙人斯坦因（M. A. Stein）發現了敦煌千佛洞莫高窟石室的秘藏，向王道士賄購經卷、圖書及其他古物，帶回英國，藏在大英博物館。1908 年法國漢學家伯希和（Prof. P. Pelliot）也到敦煌石室取得寫本十餘箱，運往法國，藏在巴黎圖書館。餘下的部分到 1909 年歸北平京師圖書館。敦煌石室所藏大部分是寫本，印本很少。

〔註 5〕大正新修《大藏經》，No. 2174A（Tai-sho Dai-zokyo 55, Mokuroku-Bu）, pp. 1108~1111。

圖一：曆書

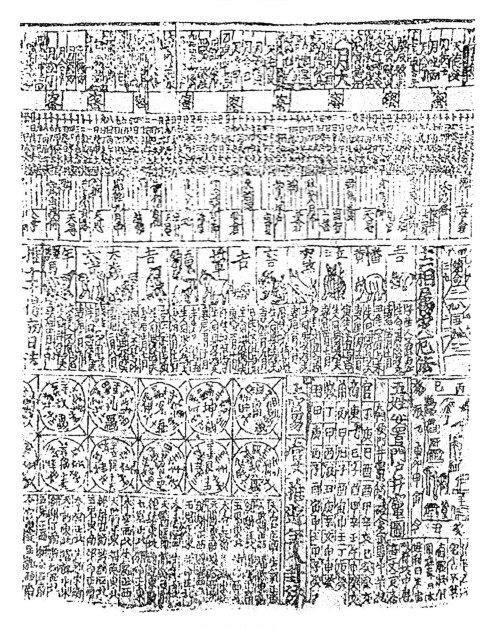

（唐乾符四年刻本）

　　小翟理斯（Leonel Giles）在大英博物館所存斯坦因敦煌蒐集品（The Stein Collection）中，發現不完全的印版日曆一捲，長約三英尺半，寬約十英尺點八。此日曆上印月日節氣，如六月小、大暑六月中、八月大、秋分等等。

附有乾坤八卦等；並有鼠（子）、牛（丑）、虎（寅）、兔（卯）、龍（辰）、蛇
（巳）、馬（午）、羊（未）、猴（申）、雞（酉）、狗（戌）、豬（亥）等圖。
鼠、蛇、猴上註有「吉」字。此日曆上未載刊刻年代，但日曆爲丁酉年，且
有閏月。又日曆中附有年表，由興元元年（784）起至乾符四年（877）止。
小翟理斯由這些線索考訂此日曆爲乾符四年的印曆，這是世界上現存最古的
印本曆書。〔註6〕

（三）中和二年（882）樊賞家曆（圖二）

斯坦因敦煌蒐集品中，又有淺黃色紙殘曆一張，
長二十六公分，寬八公分，係一印曆，亦爲小翟理斯
在該蒐集品中所發現者。此印曆上印字粗黑，印刷技
術較乾符四年印曆爲佳。刊刻年代爲「中和二年」，標
明爲「劍南西川成都樊賞家曆」。〔註7〕

蘇瑩輝先生謂「此印曆上墨色深黑，字蹟渾古，
頗有顏魯公筆意，惜已殘損不全。」〔註8〕

（四）《陀羅尼經咒》（圖三）

民國三十三年四月，四川大學修築校內的道路，
於抵達江邊約五十六米的地方發現了小型墳墓四座，
其中三座（相連的）爲小型南宋墓，另外的一座就是
發現印本《陀羅尼經咒》的唐墓。《陀羅尼經咒》就裝
置在骨架右臂上戴著的銀鐲裡面，最初發現時並不知
道裡面有東西，後來因銀質已朽，小處有破損，覺得
其中裝有彈性的物品，將銀鐲剖開，才知道是紙。此
爲唐代繭紙，爲繭、桑皮、麻加檀木漿所製，故在光
線下視之，表面有光澤，甚薄而有韌力，雖然在潮濕
中浸潤千餘年之久，但仍能將其舒展。此印本框高三
十一公分，廣三十四公分，印本中央爲一小方框，框
中刻一菩薩像坐於蓮座之上，六臂手中各執法器。框
外圍繞刻梵文經咒凡十七周。咒文外又雕雙框，其中

圖二：曆書殘頁

（唐中和二年樊賞家刻本）

〔註6〕見李書華《中國印刷術起源》第八章及蘇瑩輝《敦煌學概要》上編第四章。
〔註7〕見李書華《中國印刷術起源》第八章。
〔註8〕見《敦煌學概要》上編第四章。

四角刻菩薩像各一，每邊各刻菩薩像三，而間以佛教供品的圖像。印本右邊
首題漢文一行：「成都府成都縣□龍池坊□□□近卞□□印賣咒本□□
□……」等字。知此經咒爲成都府卞家刻本。

圖三：陀羅尼經咒

（唐成都卞家刻本）

此經咒之字體圓活秀勁，頗具唐人書法的風格。雖係雕版，不若北宋本之方板而顯露雕鑿的痕跡。從字體及刻工而論，亦當係唐代的刻本，這是中國境內現存最古的印刷品，現藏於四川省博物館。

唐代成都稱府，始於唐肅宗至德二年（757），依唐代的慣例，凡是天子行幸之地，則改稱爲府。天寶十五年（756）玄宗逃到成都，第二年回到長安，遂改蜀郡爲成都府。因推知此經咒板行，當在是年以後。根據文獻的記載，四川地區在唐文宗太和九年（835）前後已有「以板印曆日鬻於市」的事情，曆書乃農民大眾迫切需要的，能以板印，其數量當不在少數，而雕版技術亦必有相當的發展。既然在那個時期，四川刻書的風氣如此的興盛，佛教徒利用雕版來印刷經咒，也是極可能的。而論印刷史者，以爲雕版之始，多爲印刷宗教上的宣傳品，以現今所發現的最早的印刷品多爲佛教經咒及佛像可證。果眞如此，四川在唐末能刊刻比較大部的曆書、陰陽、雜記、占夢、相宅、九宮、五緯之流及字書小學之書，那麼比較簡短的佛像經咒的刊刻應在其前，亦是自然之勢。此印本中詳記有雕版及印賣的地方，在研究中國印刷史的掌故上，自是一種很珍貴的資料。〔註9〕

（五）《金剛般若波羅蜜經》

法國巴黎圖書館藏敦煌寫本《金剛般若波羅蜜經》後有翟奉達跋云：

> 布衣弟子翟奉達，依西川印出本內，抄得分數及眞言，於此經內添之，兼遺漏別也。

又奉達跋《持誦金剛經靈驗功德記》云：

> 於唐天復八載，歲在戊辰四月九日，布衣翟奉達寫。

這裡所說的天復八年或戊辰年，實際上就是梁開平二年（908）。根據以上二跋，知此《金剛經》爲奉達據印本所校，而奉達所據之本，則係 908 年以前刻於四川的。

北京圖書館所藏敦煌遺書中，有唐寫本《金剛般若波羅蜜經》殘本一冊，計十葉，末有「西川過家眞印本」七字識語，又有「丁卯年三月十二日八十四老人手寫流傳」字樣。所謂丁卯年，當係唐昭宗天祐四年（907）丁卯歲（是年三月二十七日昭宗禪位於梁，次月下旬梁改開平元年）。此殘本《金剛經》既爲八十四歲老翁抄自西川過家印本，則過家印本之雕印時代，當在

〔註9〕詳見馮漢驥〈記唐印本陀羅尼經咒的發現〉，《文物參考資料》，1957 年第五期。

天祐四年三月十二日以前。以此推之，天復八年（即開平二年）翟奉達據以校錄之西川印本《金剛經》，或即西川過家眞印本，亦未可知。此事雖不能遽定，然《金剛般若波羅蜜經》有唐末西川過家印本，則無庸置疑。〔註10〕

二、前 蜀

（一）《道德經廣聖義》

島田翰《古文舊書考》卷二〈雕板源流考〉一文中記載：

> 《道德經廣聖義》，蜀王建永平三年任知玄印板後序云：大蜀廣德先生細志十秋，編成三十卷，題曰廣聖義焉。蓋章軸既多，卒難繕寫；知玄遂月抽職俸，旋貲良工，雕刻印文，成四百六十餘枚。

由此可知，前蜀王建永平三年（913）任知玄曾雕印杜光庭的《道德經廣聖義》三十卷。此前蜀刻本《道德經廣聖義》，今已失傳。

（二）《禪月集》

貫休《禪月集》有蜀乾德五年（923）曇域後序云：

> 尋檢薰草及暗記憶者，約一千首，乃雕刻板印，題號禪月集。曇域雖承師訓，藝學無聞，曾奉告言，輒直敘事。時大蜀乾德五年癸未歲十二月十五日序。

由此可知，前蜀乾德五年（923）曇域和尚雕印其師貫休和尚詩稿一千首，題爲《禪月集》。此前蜀刻本《禪月集》，今已失傳。

三、後 蜀

（一）九 經

此所謂九經實指九經三傳而言，即《周易》、《尙書》、《毛詩》、《周禮》、《儀禮》、《禮記》、《春秋左傳》、《公羊傳》、《穀梁傳》、《論語》、《孝經》、《爾雅》。

《資治通鑑》卷二九一〈後周紀〉廣順三年五月載：

> 自唐末以來，所在學校廢絕，毋昭裔出私財百萬營學館，且請刻板印九經，蜀主從之，由是蜀中文學復盛。〔註11〕

宋孔平仲《珩璜新論》卷四亦云：

〔註10〕見《敦煌學概要》上編第四章。
〔註11〕清吳任臣《十國春秋・毋昭裔傳》亦有此段記載。

周廣順中，蜀母昭裔請刊印板九經。

母昭裔在蜀請刻板印九經，爲後周廣順三年（953），即後周田敏進印板九經之年。〔註12〕母昭裔之印九經，在馮道倡議印九經後二十餘年，母氏所刊當仿其制，此即蜀大字本九經，今已失傳。

（二）諸 史

明焦竑《焦氏筆乘續》卷四云：

> 蜀相母公……，復雕九經諸史。兩蜀文字，由此大興。

據此，則母氏除刻九經，又刻諸史。惟母昭裔刻諸史，未見他書記載，詳則不可知。

（三）《文選》、《初學記》、《白氏六帖》

《宋史》卷四七九〈母守素傳〉云：

> 父昭裔爲蜀宰相，……昭裔性好藏書，在成都令門人勾中正、孫逢吉書《文選》、《初學記》、《白氏六帖》鏤板。守素齎至中朝，行於世。

此段但記母氏刻書之事，宋王明清還說出母氏刻書的原因。《揮塵餘話》卷二說：

> 母丘儉（案丘儉乃昭裔之誤）貧賤時，嘗借《文選》於交遊間，其人有難色，發憤異日若貴，當板以鏤之遺學者。後任蜀爲宰，遂踐其言刊之。

明焦竑《焦氏筆乘續》卷四記載母氏刻書的始末更爲詳盡：

> 蜀相母公，蒲津人。先爲布衣，嘗從人借《文選》、《初學記》，多有難色。公歎曰：恨余貧不能力致，他日稍達，願刻板印之，庶及天下學者。後果顯於蜀，乃曰：今可以酬宿願矣。因命工日夜雕板，印成二書。復雕九經諸史。兩蜀文字，由此大興。泊蜀歸宋，豪族以財賄禍其家者什八九。會藝祖（宋太祖）好書，命使盡取蜀文籍諸印本歸闕。忽見卷尾有母氏姓名，以問歐陽炯。炯曰：此母氏家錢自造。藝祖甚悅，即命以板還母氏。是時其書遍於海內。初，在蜀雕印之日，眾多嗤笑，後家累千金，子孫祿食，嗤笑者往往從而

〔註12〕《冊府元龜》卷六〇八〈學校部〉載：「廣順三年六月，田敏獻印板九經、五經文字、九經字樣各二部一百三十策」。

假貸焉。左拾遺孫逢吉詳言其事如此。

根據以上資料，知毋昭裔刻有九經、諸史外，又雕印《文選》、《初學記》、《白氏六帖》，可惜都沒有流行下來。

唐五代時期，四川地區所雕印的圖書，可考的大抵如上所述，除唐乾符四年及中和二年的印曆，現藏於大英博物館；唐成都府卞家所印的《陀羅尼經咒》，現藏於四川省博物館外，其他四川所刻諸書，僅見於文獻記載，均未傳世。不過法國巴黎圖書館藏有殘本《切韻》，僅存數頁，乃伯希和在千佛洞所獲得的，上面沒有刊刻日期，伯希和鑑定是 900 年唐昭宗乾寧七年（案 900年為光化三年）雕印的。卡特在《中國印刷術的發明及其西傳》一書中，認為這部《切韻》是四川刊印的。此外，巴黎圖書館又藏有五代細書小板刻本《唐韻》及《切韻》二種，亦出敦煌石室，伯希和考訂為五代四川刻本。由於沒有可靠的證據，未敢遽信。

唐代四川地區不僅有安定的社會環境，而且有豐富的物質條件。安史、黃巢之亂，不僅沒有波及四川，反而因為這兩次的動亂，使四川的成都成為臨時的首都。換句話說，成都成為唐代的另一個政治、經濟、文化的中心，所以雕板印書事業首先在這個地區發展了起來。到了五代，又經後蜀宰相毋昭裔的提倡刻書，刻書事業日益發達，所以北宋第一部中央政府雕印的《大藏經》──著名的《開寶藏》，便全由成都工人擔任。到了南宋，四川更成為中國三大刻書中心之一，而眉山的刻書業在成都的影響下，亦逐漸發展起來，著名的《唐六十家文集》、《三蘇文集》，都是眉山地區的版刻傑作。可惜到了宋末，元兵入侵，成都眉山及四川其他地區，遭受元兵大肆焚掠，四川刻書業從此一蹶不振。因此，流傳到今天的四川刻本，遠較浙江刻本及福建刻本為少，相對的，四川刻本也就越發顯得珍貴了。

（本文原載《王叔岷先生八十壽慶論文集》，臺北：大安出版社，1993 年 6 月）

宋蜀刻唐人文集考

　　兩宋乃吾國雕版印刷之全盛時期，刻書地點雖遍及全國，然其中仍以浙、蜀、閩三處爲主。兩宋蜀中刻書，刊刻精美、刷印清晰、紙張潔白、字體遒勁、校勘精審。據宋代各家書目如晁公武《郡齋讀書志》、陳振孫《直齋書錄解題》、岳珂《九經三傳沿革例》、尤袤《遂初堂書目》所記，足見當時蜀中刻書之盛及蜀本流傳之廣。惟宋末元兵入侵，成都、眉山及四川其他地區，遭受元兵大肆焚掠，蜀中所刻書版，多毀於兵火，故傳世蜀本視浙本、閩本爲少。古籍淪喪，可勝嘆哉。

　　清代學者曾據傳世蜀刻唐人文集以校宋以後刻本之謬誤，今舉例以說明之。清陸心源《儀顧堂集》〈北宋本李太白文集跋〉云：

> 《李太白文集》三十卷，每葉二十二行，每行二十字，即吳門廖武子刊本所從出也。廖本摹刊精工幾欲亂眞，愚竊謂行款避諱及刊工姓名既一一摹刊宋本，即有誤處亦宜仍之，別爲考異註於下，廖本改易既多，譌誤亦不少，且有不照宋本摹刊者。

又清瞿鏞《鐵琴銅劍樓藏書目錄》〈宋刊殘本姚少監詩集五卷跋〉云：

> 案此本與毛刻本不同，卷一〈送別上〉毛本五十首，此則五十二，卷二〈送別下〉四十三首，此則五十，卷三〈寄贈上〉四十七首，卷四〈寄贈下〉四十四首，此皆作五十。

清黃丕烈《蕘圃藏書題識》〈宋刻本孫可之文集十卷跋〉云：

> 余友顧抱沖得宋刻本於華陽橋顧聽玉家，楮墨精良，首尾完好，眞宋刻中上駟，爰從假歸校於毛刻本上，實有佳處，悉爲勘定，內卷二卷三與毛刻互倒，自當以宋刻爲是，其脫落如卷八〈唐故倉部郎

中康公墓誌銘〉「楊巖」已下二十四字，宋刻獨全。

吾人研究唐代文學，蜀刻唐人文集自有其價值存在。

宋陳振孫《直齋書錄解題》〈王右丞集十卷〉下曾云：「建昌本與蜀本次序不同，大抵蜀刻唐六十家集多異于他處本。」據此，知宋代蜀中曾刻唐六十家文集。惟今據陳氏書錄所載唐人文集，其中言及蜀本者僅《駱賓王文集》、《曲江集》、《李太白文集》、《杜工部文集》、《王摩詰文集》、《元次山集》、《李文公集》、《會昌一品集》、《白氏長慶集》、《許用晦文集》、《笠澤叢書》、《司空表聖文集》十二種而已，世代遼遠，古籍殘缺，欲究其詳，已渺不可得。

傳世蜀刻唐人文集有兩系統，一為十一行二十字本，約刻於南北宋之際，今存駱賓王、李太白（見圖一）、王摩詰三集。此北宋蜀刻唐人集，均為最古刻本，最能保留原書之面目，亦可校正宋以後刻本之謬誤。一為十二行二十一字本，約刻於南宋中葉，此南宋蜀刻唐人集，刻印俱佳，且校勘精審，可以更正明正德本及毛晉汲古閣本之謬誤。此刻元時為翰林國史院官書，清初均為潁川劉體仁藏書，故書中鈐有「翰林國史院官書」朱文長方印、「劉印體仁」白文方印、「潁川劉考功藏書印」朱文方印、「公㦤」朱文方印、「公㦤文」白文方印（見圖二、圖三）。相傳當時尚有三十種，顧今世流傳絕罕，散見於清代以來各家書目者僅十餘種，而殘缺又居其半，求完帙不易得也。

據傅增湘〈校宋蜀本元微之文集跋〉所載，計所存者為司空表聖《一鳴集》、《李長吉集》、《許用晦集》、鄭元《雲台編》、《孫可之集》、《張文昌集》，皆完整無缺。外有殘帙三冊，為《權德輿文集》八卷、《元微之集》十六卷，此八種外，其藏者有《孟東野集》，所見者有皇甫持正、劉隨州、劉夢得、姚少監諸集，合之凡得十三種。據《中國版刻圖錄·鄭守愚文集》所載：計有孟浩然、李長吉、鄭守愚、歐陽行周、皇甫持正、許用晦、張承吉、孫可之、司空表聖為全本外，尚有孟東野、元微之、劉文房、陸宣公、權載之、韓昌黎、張文昌、劉夢得、姚少監等殘本，總得十八種。今據清邵懿辰《四庫簡明目錄標注·張燕公集三十卷》云：「劉燕庭有宋刊唐三十家集，如二張、權載之、《會昌一品集》等皆足本，係劉公㦤藏書，並有『元翰林國史院官書』長方印。」則傳世南宋蜀刻唐人文集除上述十八種外，尚有張燕公、會昌一品，總得二十種。此外尚有《笠澤叢書》乃北宋蜀刻本，每半葉十二行，行

二十一字，無「元翰林國史院官書」印，與上述兩系統均不盡相同。其餘尚有王無功、王子安、錢考功、盧仝、武元衡、文泉子、杜荀鶴、羅昭諫、竇氏聯珠、溫庭筠等集，或有蜀本，惟資料不足，無從詳考，付之闕如也。

今僅就此殘闕零散之資料，錄世有傳本及見於歷代各家藏書目錄或他書記載者，輯爲此編。各唐人集次第之先後，則依四庫全書總目。時間勿促，資料不足，疏漏之處，在所難免，俟日後再作補遺，以求臻於完善矣。

《駱賓王文集》十卷

唐駱賓王撰。北宋刻本，每半葉十一行，每行二十字。

宋陳振孫《直齋書錄解題》云：

> ……又有蜀本，卷數亦同，而次序先後皆異，序文視前本加詳，而云：「廣陵起義不捷，因致遁逃，文集散失，中宗朝詔令搜訪。」案本傳言：「賓王既敗亡命，不知所之。」與蜀本序合。

據此，知宋蜀刻唐人文集有《駱賓王文集》。

清黃丕烈《蕘圃藏書題識》云：

> 此宋板駱賓王集，余友顧抱沖小讀書堆藏書也，余欲假歸傳錄，非一日矣，歲丁巳抱沖下世，遺孤尚幼，一切書籍俱托季弟東京代司筦鑰，以余素與抱沖好，故時得借觀此冊，昨歲假錄至今始竣事而還之。檢汲古閣珍藏秘本書目有云：「宋板《駱賓王文集》二本，藏經紙面，八兩。」當即是書。近日書價踴貴，其視毛氏所估不知又添幾倍，阿和兄弟其善守之。嘉慶甲子十月十有四日菟翁黃丕烈識。

清顧廣圻《思適齋集·代秦敦甫撰駱賓王文集考異序》云：

> 《駱賓王文集》，余友顧澗蘋用汲古閣毛氏所藏本影寫，近從之借來，證諸《直齋書錄解題》，蜀本也。

據此，知毛氏汲古閣所藏宋板《駱賓王文集》乃蜀本也。

清楊紹和《楹書隅錄》云：

> 陳氏《書錄解題》言其卷首有魯郇雲卿序，又言蜀本序文云：「廣陵起義不捷而遁。」皆與此合，惟魯國下郇雲卿之名，毛鈔所據損失耳，然則爲蜀本駱集可知也。嘉慶丁卯九月廣圻審定并記。

又云：

> 此本與予藏《王摩詰集》，皆半葉十一行，行二十字，所謂北宋蜀本

也。卷中有「宋本甲毛晉私印」、「毛晉書印」、「子晉汲古主人」、「汲古閣」、「汲古得修綆」、「開卷一樂」、「魯可圭圖書」各印。卷第六至末汲古閣毛鈔補極佳。

據楊氏所云，知汲古閣所藏駱集乃北宋蜀刻十一行本。

清瞿鏞《鐵琴銅劍樓藏書目錄》有明刊本《駱賓王集》十卷云：

世傳顏文選注本止四卷，非舊第。此十卷：凡賦頌一、詩四、表啓書二、雜著三，尚出郗雲卿編次之舊。有郗序，與唐志及宋刊蜀本合。

案《新、舊唐書》著錄《駱賓王文集》皆作十卷，與蜀本合。瞿氏所藏明刊本駱集當據北宋蜀本翻刻。四庫全書本稱駱丞集乃明顏文選註，止四卷，蓋後人所重輯，非郗雲卿編次之舊。

《中國版刻圖錄》云：

匡高一八・一厘米，廣一○・三厘米。十一行，行二十字。白口，左右雙邊。顧廣圻據郗雲卿序文「賓王與徐嗣業廣陵起義不捷逃遁，致文集散失」，與直齋所稱蜀本合，因定爲蜀刻本。今觀字體刀法，知爲蜀本無疑。

據此，知北宋蜀刻《駱賓王文集》，今尚存，卷六至卷十毛氏汲古閣影宋抄補。

《張燕公集》三十卷

唐張說撰。南宋刻本，每半葉十二行，每行二十一字。

清錢謙益《絳雲書目》有宋板《張燕公集》三十卷，或即此刻。

清邵懿辰《四庫簡明目錄標注》云：

劉燕庭有宋刊唐三十家集，如二張、權載之、《會昌一品集》等皆足本，係劉公戩藏書，並有元翰林國史院官書長方印。

據此，知南宋蜀刻《張燕公集》，至清代尚存。

《曲江集》二十卷

唐張九齡撰。

宋陳振孫《直齋書錄解題》云：

唐宰相曲江張九齡子壽撰。曲江本有元祐中郡人鄧開序，自言得其文於公十世孫蒼梧守唐輔而刊之。於末附以中書舍人樊子彥所撰行

狀，會稽公徐浩所撰神道碑，及太常博士鄭宗珍議諡文獻狀，蜀本無之。

據此，知宋蜀刻唐人文集有《曲江集》。

清瞿鏞《鐵琴銅劍樓藏書目錄》有明刊本《張曲江集》二十卷云：

> 唐張九齡撰，明成化間邱文莊公得館閣藏本，手自鈔錄，屬韶郡太守水陰蘇韡刻之。案陳氏《書錄》云：元祐中有鄧開刻本，後附樊子彥所作行狀、徐浩神道碑、鄭宗珍議諡文獻狀。此本無之，殆所謂蜀本是也。

據此，知蜀本《曲江集》，明代尚存。清錢謙益《絳雲樓書目》有宋板張子壽《曲江集》二十八冊二十卷，或即此刻。

《李太白文集》三十卷

唐李白撰。北宋刻本，每半葉十一行，每行二十字。

宋陳振孫《直齋書錄解題》有《李翰林集》三十卷云：

> ……家所藏本不知何處本，前二十卷爲詩，後十卷爲雜著……其本最爲完善。別有蜀刻大小二本，卷數亦同，而首卷專載碑序，餘二十三卷歌詩，而雜著止六卷，有宋敏求後序言：舊集歌詩七百七十六篇，又得王溥及唐魏萬集本，因哀唐類詩諸編泊石刻所傳廣之，無慮千篇，以別集雜著附其後，曾鞏蓋因宋本而次第之者也。以校舊藏本，篇數如其言，然而蜀本即宋本也耶。末又有元豐中毛漸題云：以宋公編類之勤，曾公考次之詳，而晏公又能鏤板以傳於世，乃晏知止刻於蘇州者，然則蜀本蓋傳蘇本，而蘇本不復有矣。

宋晁公武《郡齋讀書志》有《李翰林集》二十卷云：

> ……近蜀本又附入左綿邑人所哀曰白隱處少年所作詩六十篇。

據此，知宋蜀刻唐人文集有《李太白文集》。

清陸心源《佰宋樓藏書志》云：

> 案此北宋蜀刊本，每葉二十二行，每行二十字，版心有六七四一等字，即〈百宋一塵賦〉中所謂翰林歌詩，古香溢紙，據染亂真，對此色死者也。

其《儀顧堂集》〈北宋本李太白文集跋〉云：

> 《李太白文集》三十卷，每葉二十二行，每行二十字，即吳門廖武子刊本所從出也。廖本摹刊精工，幾欲亂真，愚竊謂行款避諱及刊

工姓名既一一摹刊宋本，即有誤處亦宜仍之，別爲考異註於下，廖本改易既多，譌誤亦不少，且有不照宋本摹刊者，……此宋本不誤而廖本詭誤者也。……此宋本誤字而廖本改易者也。宋本目錄一葉至十葉板心皆有「大七」二字，廖本僅摹三四兩葉，餘則否，此失於摹刊者也。是書有「乾學之印」四字白文方印、「王氏敬美」白文方印、「崑山徐氏家藏」朱文長方印、「錢應庚」白文方印、「南金」朱文方印、「丕烈」「菉夫」兩朱文小方印。元豐距今九百餘年，屢經王敬美、徐乾學、黃丕烈、錢應庚諸家收藏，完善如新，可寶也。

王文進《文祿堂訪書記》云：

唐李白撰，宋蜀刻小字本，半葉十一行，行二十字，白口，板心下記刊工姓名（大七旦、知王呂、吳一、四二），卷十五至二十四配清繆日芑覆本。

《中國版刻圖錄》云：

匡高一七・九厘米，廣一〇・三厘米。十一行，行二十字。白口，左右雙邊。前人定此本爲北宋元豐三年晏處善平江府刻本，絕非事實。宋諱搆字有避有不避，構、愼字都不缺筆。卷十五至二十四原缺，前人據康熙五十六年繆日芑刻本配全。此爲李集傳世最古刻本。

據此，知北宋蜀刻《李太白文集》，今尚存，原缺卷十五至二十四，已非陸氏所云完善如新也。

《杜工部集》二十卷

唐杜甫撰。

宋陳振孫《直齋書錄解題》云：

唐左拾遺檢校工部員外郎劍南節度參謀襄陽杜甫子美撰。案唐志六十卷，小集六卷，王洙原叔蒐裒中外書九十九卷，除其重複，定取千四百五篇，古詩三百九十九，近體千有六，起太平時終湖南所作，視居行之次若歲時爲先後，別錄雜著爲二卷，合二十卷，寶元二年記，遂爲定本，王琪君玉嘉祐中刻之姑蘇，且爲後記，元稹墓銘亦附第二十卷之末，又有遺文九篇，治平中太守裴集刊附集外。蜀本大略同，而以遺文入正集中，則非其舊也。

據此，知宋蜀刻唐人文集有《杜工部集》。此刻清代以來各家書目俱未著錄，或已失傳。

《王摩詰文集》十卷

唐王維撰。北宋刻本，每半葉十一行，每行二十字。

宋陳振孫《直齋書錄解題》有《王右丞集》十卷云：

> 唐尚書右丞河中王維摩詰撰。建昌本與蜀本次序皆不同，大抵蜀刻唐六十家集異于他處本，而此集編次尤無倫。

據此，知宋蜀刻唐人文集有《王摩詰文集》。

清楊紹和《楹書隅錄》云：

> 右《王摩詰文集》十卷，每卷有「二泉主人聽松風處」、「子京項墨林鑒賞章」、「宋本甲」等印，第五卷有款云「袁褧觀」及「袁氏尚」之印，今藏汪氏藝芸書舍，與前收《讀書敏求記》所藏《王右丞集》皆宋本，而迥乎不合。予讀《文獻通考》引《書錄解題》云：「建昌本與蜀本次序不合，大抵蜀刻唐六十家集多異於他處本，而此集編次尤無倫。」乃悟題摩詰集者蜀本也，題右丞集者建昌本也。建昌本前六卷詩，後四卷文，自是寶曆二年表進之舊，而蜀本第二以下全錯亂，故直齋以爲尤無倫也。……至直齋所稱蜀本六十家唐集，世無完書，大興朱氏椒花吟舫有如千家權載之之五十卷，嘉慶某年刊行；張說之三十卷，江都汪孟慈爲予寫其小讀書堆，後刊於揚州，二書眞本俱歸藝芸，今又收此，獨於秘笈，深有宿緣，良可羨巳。……顧千里，書時年六十有三。

又云：

> 可知卷第敘次雖以建昌本爲勝，而此本乃北宋開雕，其間佳處實建昌本所從出之源，宋槧中之最古者矣。

又云：

> 每半葉十一行，行二十字，每冊有「二泉主人聽松風處」、「袁氏尚之」、「宋本甲」、「子京項墨林鑑賞章」、「子孫寶之鬻及借人爲不孝」、「筆研精良人生一樂」、「千里」、「汪士鐘印」、「閬源」、「閬源珍賞」各印。

《中國版刻圖錄》云：

> 匡高一七‧九厘米，廣一〇‧三厘米。十一行，行二十字。白口，

左右雙邊。顧廣圻據《直齋書錄解題》定爲蜀本，觀版式刀法，與《李太白集》、《駱賓王集》如出一轍，知爲蜀本無疑。宋諱構字不缺筆。前人定爲北宋本，大致可信。

據此，知北宋蜀刻《王摩詰文集》，今尚存。

《孟浩然詩集》三卷

唐孟浩然撰。南宋刻本，每半葉十二行，每行二十一字。

清黃丕烈《蕘圃藏書題識》云：

> 至於此刻爲南宋初刻，類此版式唐人文集不下數十種，余所藏者有劉隨州、劉賓客，余所見者有姚少監、韓昌黎，皆有國史院官書長方印，然皆殘闕過半，究不若此本之爲全璧也。

其〈百宋一廛賦注〉亦云：

> 《孟浩然詩集》三卷，每半葉十二行，每行二十一字，有「翰林國史院官書」楷字鈐記。嘉定瞿中溶鏡濤甫見之曰：「此元時印也，存於今者懂矣。」「懂」、「僅」同字，予以校元刻須溪先生批點孟集，乃知辰翁強分門類，遂致全篇或脫或衍，字句間更不足言矣。

清楊紹和《楹書隅錄》云：

> 每半葉十二行，行二十一字，卷首序前有「翰林國史院官書」長方印。〈百宋一廛賦〉著錄有黃氏、顧氏、汪氏各印。

王文進《文祿堂訪書記》云：

> 唐孟浩然撰。宋蜀刻本，半葉十二行，行二十一字，白口。大寶九載韋滔、王士源序，嘉慶辛酉黃丕烈跋一則，見《題識》。

又云：

> 有「翰林國史院官書」長方印，「黃丕烈」、「復翁」、「百宋一廛」、「士禮居」、「汪士鐘」、「閬源」、「文登于氏小謨觴館」、「楊紹和審定」、「東郡楊氏宋存書室」各印。

據此，知王氏所著錄與《楹書隅錄》著錄者相同，亦即黃氏士禮居藏本。

潘宗周《寶禮堂宋本書錄》云：

> ……是爲宋刻蜀本，鐫印甚佳，惜被書估剜割描畫，殊可惋惜。……版式：每卷先列分目，下連正文，半葉十二行，行二十一字，左右雙欄，版心白口，單魚尾，書名題孟上孟中孟下。宋諱：僅驚恆二字缺筆。

書中藏印與《文祿堂訪書記》所著錄相同，知爲黃氏士禮居藏本。

《中國版刻圖錄》云：

> 匡高一九・四厘米，廣一三・五厘米。十二行，行二十一字。白口，
> 左右雙邊。集分上中下卷，與明刻本分體編次，他本按題目內容分
> 類都不同。宋諱驚、恆二字缺筆。細審字體刀法，當是南宋中期蜀
> 刻本。黃氏士禮居舊藏，《百宋一廛賦》著錄。

據此，知傳世蜀刻《孟浩然詩集》僅此一本，黃氏士禮居舊藏，至今尚存。

《岑嘉州集》十卷

唐岑參撰。宋孝宗乾道九年蜀中所刊（見張秀民〈宋孝宗時代刻書述
略〉）。

清錢謙益《絳雲樓書目》有《岑嘉州集》十卷云：

> 杜確序：陸放翁曾刻之蜀中，蓋攝官嘉州時也。

據此，知宋蜀刻唐人文集有《岑嘉州集》，爲絳雲樓舊藏，爾後各家書目俱未
著錄，其詳不可知也。

《元次山集》十卷

唐元結撰。

宋陳振孫《直齋書錄解題》云：

> 唐容管經略使河南元結次山撰。蜀本但載自序，江州本以李商隱所
> 作序冠其首，蜀本拾遺一卷，〈中興頌〉、〈五規二惡〉之屬皆在焉，
> 江州分實十卷。結自號漫叟。

據此，知宋蜀刻唐人文集有《元次山集》。

清瞿鏞《鐵琴銅劍樓藏書目錄》有明刊本《漫叟文集》十卷《拾遺續拾
遺》一卷云：

> 唐元結撰。案陳直齋謂次山集有蜀本、江本，蜀本有自序及拾
> 遺，……此明初刻本，疑出自蜀本，惟〈中興頌〉不列拾遺，與直
> 齋所言微有不合。

據此，知宋蜀刻《元次山集》明初尚存，惟清代以來各家書目俱未著錄，或
已失傳。

《劉文房文集》十一卷

唐劉長卿撰。南宋刻本，每半葉十二行，每行二十一字。

清黃丕烈《百宋一廛賦注》云：

> 殘本《劉文房文集》，每半葉十二行，每行二十一字。所存五至十，
> 凡六卷。

清瞿鏞《鐵琴銅劍樓藏書目錄》有〈宋刊殘本劉文房集〉云：

> 唐劉長卿撰。原書十一卷，今存第五至十。每半葉十二行，行二十
> 一字。貞敬字有減筆，冊首有正書「翰林國史院官書」七字長印，
> 蓋明時鈐記也。舊爲士禮居藏書。

據此，知傳世蜀刻《劉文房文集》僅殘存六卷，乃黃氏士禮居舊藏。清邵懿
辰《四庫簡明目錄標注》有宋本十二行，行二十一字，當即此刻。

《陸宣公文集》十卷《奏議》十二卷

唐陸贄撰。南宋刻本，每半葉十二行，每行二十一字。

王文進《文祿堂訪書記》云：

> 唐陸贄撰。宋蜀刻本，存《文集》卷一至六，《奏議》卷一至十。半
> 葉十二行，行二十一字，白口，有「翰林國史院官書」長方印，「潁
> 川劉考功藏書印」。

據此，知傳世蜀刻《陸宣公文集》殘存六卷，《奏議》殘存十卷。

《權載之文集》五十卷

唐權德輿撰。南宋刻本，每半葉十二行，每行二十一字。

王文進《文祿堂訪書記》云：

> 唐權德輿撰，宋蜀刻本，存卷一至八，半葉十二行，行二十一字，
> 白口。有「翰林國史院官書」長方印，「潁川劉考功藏書印」。

國立中央圖書館藏有蜀刻《權載之文集》，殘存卷四十三至五十，凡八卷。板
匡高一九‧九公分，寬一四‧三公分。每半葉十二行，行二十一字。版心白
口，宋諱玄、弦、恆、貞字缺筆。書中鈐有「翰林國史院官書」朱文長方印、
「劉印體仁」白文方印、「潁川劉考功藏書印」朱文方印。

案世所傳權集皆明楊慎所收詩賦十卷，即四庫全書本《權文公集》，其《提
要》云：

> 王士禎《居易錄》載《權文公集》五十卷……稱無錫顧宸藏本，劉
> 體仁之子凡寫之以貽士禎者。

據此，知宋蜀刻《權載之文集》五十卷，清初尚存全帙。迄今中央圖書館所

藏者僅殘存八卷。

《昌黎先生文集》四十卷《外集》十卷

唐韓愈撰。南宋刻本，每半葉十二行，每行二十一字。

清楊紹和《楹書隅錄》云：

> 南宋初刻唐人集，每半葉十二行，行二十一字之本凡數十種，與北宋蜀本每半葉十一行，行二十字唐人諸集並稱，最爲精善，顧今世流傳絕罕，偶或遇之，率已損關，求完帙不易得也。藏予齋者凡三：一浩然，一可之，皆完帙，一殘本鈔補者即此。孟集與此均有元時「翰林國史院官書」朱文長印（卷四、卷十一、卷十六、卷三十二、卷四十之末，卷二十、卷二十五、卷三十三之首，凡八見），卷首冠以趙德文錄序，次李漢序……關二十一卷（《文集》卷五至卷七、卷十七至卷十九、卷二十至卷二十四，《外集》十卷），鈔補工緻，當由原刻影寫，非漫然爲之者。……此本刻時約尚在朱子之前，尤韓集中之最少者，可珍已。

據此，知傳世蜀刻《昌黎先生文集》殘存二十九卷，楊氏海源閣舊藏。

《劉夢得文集》三十卷

唐劉禹錫撰。南宋刻本，每半葉十二行，每行二十一字。

清黃丕烈《百宋一廛賦注》云：

> 殘本《劉夢得文集》，每半葉十二行，每行二十一字，所存一至四而已。

清瞿鏞《鐵琴銅劍樓藏書目錄》有〈宋刊殘本劉夢得文集〉四卷云：

> 唐劉禹錫撰。原書三十卷，今存第一卷至四卷，款式與劉文房集同，惟文房集題低六格，此低四格，四卷末亦有「翰林國史院官書」鈐印。

據此，知傳世蜀刻《劉夢得文集》僅殘存四卷，爲黃氏士禮居、瞿氏鐵琴銅劍樓所遞藏。

清邵懿辰《四庫簡明目錄標注》著錄有宋板十二行，行二十一字，當即此刻。

《張文昌文集》四卷

唐張籍撰。南宋刻本，每半葉十二行，每行二十一字。

王文進《文祿堂訪書記》云：

> 唐張籍撰。宋蜀刻本，半葉十二行，行二十一字，白口，計五十五
> 葉，有「翰林國史院官書」長方印，劉體仁「潁川劉考功藏書印」。

《續古逸叢書》有影宋本《張文昌文集》四卷，半葉十二行，行二十一字，白口，單魚尾（下記文昌幾），左右雙欄，首目錄，有「翰林國史院官書」、「劉印體仁」、「潁川劉考功藏書印」、「公愿」等印。

《皇甫持正文集》六卷

唐皇甫湜撰。南宋刻本，每半葉十二行，每行二十一字。

王文進《文祿堂訪書記》云：

> 唐皇甫湜撰。宋蜀刻本，半葉十二行，行二十一字，白口，有「翰
> 林國史院官書」長方印、劉體仁「潁川劉考功藏書印」。

潘宗周《寶禮堂宋本書錄》云：

> 唐皇甫湜撰。湜嘗受學於韓愈，四庫總目謂其文得愈之奇崛。《唐書》
> 本傳稱湜爲裴度撰〈福先寺碑〉，裴贈以車馬繒綵甚厚，湜以碑字三
> 千，一字三縑，遇之過薄，亦可見其聲價之高矣。晁志湜文六卷，
> 共雜文三十八篇，與是書合，而〈福先寺碑〉已不存。諸家著錄卷
> 數均同，則存於世者僅有此本。是爲蜀中所刻，先藏於元之翰林國
> 史院，繼入於劉公戩家，相傳當時有唐人集三十種，今見於各家藏
> 目者尚有十餘種，而殘缺者多。今此尚爲完帙，卷首有總目，每卷
> 有篇目，目連正文，版印絕精，殊爲可寶，惟前後無序跋，又剜改
> 多至數十字，不知何因，殊爲疵纇。版式：半葉十二行，行二十一
> 字，左右雙欄，版心白口，單魚尾，書名題正幾。宋諱：玄、眩、
> 弦、炫、朗、弘、貞、桓、愼、敦等字闕筆。藏印：翰林國史院官
> 書、劉印體仁、潁川鎦考功藏書印、公愿。

據此，知傳世蜀刻《皇甫持正文集》，僅此一部，尚存全帙，爲潘氏寶禮堂舊藏。《四部叢刊初編》及《續古逸叢書》有影宋本《皇甫持正文集》六卷，版式行款宋諱藏印均與《寶禮堂宋本書錄》所著錄者相同，當即此刻。

《李文公集》二十卷

唐李翱撰。

宋陳振孫《直齋書錄解題》云：

蜀本分二十卷。

據此，知宋蜀刻唐人文集有《李文公集》，惟歷代各家書目俱未著錄，或已失傳。近世流傳之《李文公集》均十八卷，與蜀本不同。

《歐陽行周文集》十卷

唐歐陽詹撰。南宋刻本，每半葉十二行，每行二十一字。

國立中央圖書館有宋蜀刻本《歐陽行周文集》十卷二冊，版匡高一九・九公分，寬一四・三公分。首載李貽孫序。每半葉十二行，行二十一字。版心白口，宋諱玄、泫、絃、驚、弘、殷、筐、恆、貞、禎、徵、敦、噭等字缺筆。每卷有目錄連屬正文。書中鈐有「翰林國史院官書」朱文長方印、「劉印體仁」白文方印、「潁川劉考功藏書印」朱文方印、「公愚」朱文方印、「公愚文」白文方印。

《孟東野文集》十卷

唐孟郊撰。南宋刻本，每半葉十二行，每行二十一字。

清黃丕烈《蕘圃藏書題識》云：

> 此殘宋刻《孟東野文集》十卷本，目錄尚全，後五卷失之，或云是蜀本，余以字形核之，當不謬也。是書出無錫故家，去夏已聞之，獲觀者相傳卷中有「翰林國史院官書」朱記，余即斷以為宋刻，蓋余家藏有二劉及孟浩然，周丈香嚴藏有姚合諸集，同此字形，並同此記，故信之也。迨今四月始見而購之，用白金五兩四錢，欣喜之至。越八日為端午芒種節，展讀一過，因記。是日庚午年壬午月戊午日戊午時復翁。

王文進《文祿堂訪書記》云：

> 又一宋本，黃題蜀本，每葉二十四行，行二十一字。有元印記「國史翰林院官書」七字方印。

當即黃氏士禮居藏本。

傅增湘《雙鑑樓善本書目》有《孟東野集》二卷云：

> 宋刊本，十二行，行二十一字，白口，雙欄，存卷一二兩卷，有「翰林國史院官書」、「百宋一廛」印。

《中國版刻圖錄》云：

> 匡高一九・五厘米，廣一三・四厘米。十二行，行二十一字。白口，

左右雙邊。原書十卷，存卷一至卷五，凡五卷，編次與北宋以下諸
本均合。

據此，知傳世蜀刻《孟東野文集》殘存五卷，黃氏士禮居舊藏，至今尚存。

《李長吉文集》四卷

唐李賀撰。南宋刻本，每半葉十二行，每行二十一字。

王文進《文祿堂訪書記》云：

唐李賀撰。宋蜀刻本，十二行，行二十一字，白口，計五十一葉，
有「翰林國史院官書」長方印、「潁川劉考功藏書印」。

《中國版刻圖錄》云：

匡高一九‧五厘米，廣一三‧六厘米。十二行，行二十一字。白口，
左右雙邊。此本文字與南宋初葉宣城刻未剜改本同一系統，於此可
見李詩古本面貌。

據此，知南宋蜀刻《李長吉文集》，今尚存。《續古逸叢書》有影印本，亦半
葉十二行，行二十一字，白口，左右雙欄，單魚尾（下記吉幾）。有「翰林國
史院官書」、「潁川劉考功藏書印」、「公惠」等印，當即此刻。

《會昌一品集》二十卷《別集》十卷《外集》四卷

唐李德裕撰。南宋刻本，每半葉十二行，每行二十一字。

宋陳振孫《直齋書錄解題》《李衛公備全集》五十卷云：

比永嘉及蜀本三十四卷外，有《姑臧集》五卷。

據此，知宋蜀刻唐人文集有《會昌一品集》。

《四庫全書總目》云：

此本正集二十卷，《別集》十卷，《外集》四卷，即窮愁志，與晁公
武《讀書志》所載相合，意即蜀本之舊歟。

清邵懿辰《四庫簡明目錄標注》《張燕公集》三十卷云：

劉燕庭有宋刊唐三十家文集，如二張、權載之、《會昌一品集》等皆
足本，係劉公戩藏書，並有元「翰林國史院官書」長印。

據此，知南宋蜀刻《會昌一品集》，至清代尚存。

《新刊元微之文集》六十卷

唐元稹撰。南宋刻本，每半葉十二行，每行二十一字。

傅增湘〈校宋蜀本元微之文集十卷跋〉云：

> 元集殘本十卷，慈谿李氏所藏，存卷五十一至六十凡十卷。憶戊申
> 己酉間，述古堂書賈于瑞臣得唐人集數種於山東，詭秘不以示人。
> 余多方詗尋，乃得一見。計所存者爲《司空表聖一鳴集》、《李長吉
> 集》、《許用晦集》、《鄭元雲臺編》、《孫可之集》、《張文昌集》，皆完
> 整無缺。外有殘帙三冊，爲《權德輿文集》八卷，自卷四十三至五
> 十；《元微之集》十六卷，自一至六，又末十卷，即此冊也。其後六
> 唐人集爲友人朱翼盦所得，權元二殘帙爲袁寒雲公子所得；余皆得
> 假校焉。昨歲朱氏書出，余收得《一鳴集》，周君叔弢得《丁卯集》，
> 其張李鄭孫四集，咸爲同學邢君贊庭購之。袁氏書出，其元氏集首
> 冊歸蔣孟蘋，今已移轉入上海涵芬樓。元集末冊、權集末冊，質於
> 慈谿李氏，日久無力收贖。今則李氏亦不能守，將入盧州劉氏篋藏
> 矣。此十餘年來蜀本唐人集流轉之大略也。……獨此蜀本，傳世殊
> 稀，惟洪景伯跋中曾一及之。歷來藏書家未見著錄。雖厪存殘帙，
> 固宜與斷珪零璧同其珍重矣。原本每半葉十二行，每行二十一字不
> 等。白口，左右雙欄。中縫但記微之幾十幾，而無字數及刊工姓名。
> 板高約六寸四分，闊四寸七八分。字體古勁，與余所藏之《冊府元
> 龜》、《二百家名賢文粹》字體刻工絕相類。且桓構字皆不避，當爲
> 北宋刻本。其中敦字間有缺筆者，則後印時所刊落也。收藏有元「翰
> 林國史院官書」楷書朱記，又有劉公戩印。此八種外，余所藏者有
> 孟東野集，所見者有皇甫持正、劉隨州、劉夢得、姚少監諸集，均
> 鈐有元翰林國史院大印。合之凡得十三家。疑蜀中彙刻，必爲數十
> 家，乃迄今所存，祇得此數，且殘缺又居其半。欲考其時地與鋟鋅
> 之人竟渺不可得。（見《國立北平圖書館館刊》第四卷第四期）

案蜀刻十二行本唐集，宋諱皆避至敦字，知爲南宋中葉所刻。傅氏云：「且桓
構字皆不避，當爲北宋刻本。」是否有失檢之處，亦未可知，且蜀中刻書避
諱往往不甚嚴謹。傅氏又云：「其中敦字間有缺筆者，則後印時所刊落也。」
則此元集亦避諱至敦字，與其他唐人文集同，當爲南宋刻本。

王文進《文祿堂訪書記》云：

> 唐元稹撰。宋蜀刻本，存卷一至六，卷五十一至六十，半葉十二
> 行，行二十一字。白口，有「翰林國史院官書」長方印、「潁川劉考

功藏印」。

《中國版刻圖錄》云：

> 匡高一九‧六厘米，廣一三‧四厘米。十二行，行二十一字。白口，
> 左右雙邊。宋諱缺筆至敦字。原書六十卷，存卷一至卷十四，卷五
> 十一至六十，凡二十四卷。此書明嘉靖三十一年蘇州董氏刻本較通
> 行。董本遇所據底本模糊處，多以己意揣摹填補。此本可正董本誤
> 處甚多。元集，宋乾道間洪适刻於越州。此本刊行時代稍後於洪本，
> 與洪本爲同一系統。

據此，知宋蜀刻《元微之文集》，尚殘存二十四卷。

《白氏長慶集》七十一卷外集一卷

唐白居易撰。

宋陳振孫《直齋書錄解題》云：

> 今本七十一卷，蘇本蜀本編次亦不同，蜀本又有外集一卷，往往皆
> 非樂天自記之舊矣。

據此，知宋蜀刻唐人文集有《白氏長慶集》。惟清代以來各家書目俱未著錄，
或已失傳。

《姚少監詩集》十卷

唐姚合撰。南宋刻本，每半葉十二行，每行二十一字。

宋陳振孫《直齋書錄解題》云：

> 唐秘書監姚合撰。崇之曾孫也，元和十一年進士，嘗爲杭州刺史，
> 開成末終秘書監。川本卷數同，編次異。

案陳氏所云川本，疑即此南宋蜀刻本《姚少監詩集》。

清黃丕烈《蕘圃藏書題識》著錄殘宋本《姚少監詩集》，存卷一至卷五，
云：

> 此書舊藏陸西屏家，爲水月亭周丈香巖所得，……其所贈適及是書
> 者，先是西屏家有劉長卿、劉禹錫集，皆宋刻殘本，皆有「翰林國
> 史院官書」印，爲余所得，故以此歸余，俾散者復聚。且稔知余所
> 藏《孟浩然集》、《孟東野集》，皆與此本同一板式，今又得此唐集，
> 宋刻又多一種，可見好書之心在書得其所，不論獨有爲秘也。余之
> 跋此，非第感朋友贈遺之厚，且以誌書籍彙聚之難，後之得是書者，

幸勿以其不全而忽之。

清瞿鏞《鐵琴銅劍樓藏書目錄》云：

> 題秘書監杭州刺史姚合。原書十卷，今存第一至五。款式與劉文房
> 集同，殷敬字有闕筆，冊首亦有「翰林國史院官書」鈐記。案此本
> 與毛氏刻本不同，……其編次前後亦參差互異，毛氏所刻出自影鈔
> 宋本，謂是浙本，與川本編次稍異，此豈所謂川本乎。嚮藏郡中黃
> 氏，有復翁手跋。

據此，知傳世蜀刻《姚少監詩集》僅殘存五卷，爲黃氏士禮居、瞿氏鐵琴銅
劍樓所遞藏。

《張承吉文集》十卷

唐張祜撰。南宋刻本，每半葉十二行，每行二十一字。

王文進《文祿堂訪書記》云：

> 唐張祜撰。宋蜀刻本，半葉十二行，每行二十一字，白口，有「翰
> 林國史院官書」長方印、「劉印體仁」、「潁川劉考功藏書印」。

據此，知南宋蜀刻《張承吉文集》，至民初尚存。

《許用晦文集》二卷《拾遺》二卷

唐許渾撰。南宋刻本，每半葉十二行，每行二十一字。

宋陳振孫《直齋書錄解題》有《丁卯集》二卷，云：

> 唐郢州刺史丹陽許渾用晦撰，太和五年進士。丁卯者，其所居之地
> 有丁卯橋。蜀本又有《拾遺》二卷。

據此，知宋蜀刻唐人文集有《許用晦文集》。

王文進《文祿堂訪書記》有《許用晦文集》二卷《總錄》一卷《拾遺》
一卷，云：

> 唐許渾撰。宋蜀刻本，半葉十二行，行二十一字，白口，計八十七
> 葉，有「翰林國史院官書」長方印、「劉體仁」、「潁川劉考功藏書印」。

《續古逸叢書》有影印本，亦半葉十二行，行二十一字，白口，左右雙欄，
單魚尾（下題用上或許渾上或許上，許文下，許文拾遺，許文拾遺詩），有「翰
林國史院官書」、「劉印體仁」、「潁川劉考功藏書印」諸印，當即此刻。

《孫可之文集》十卷

唐孫樵撰。南宋刻本，每半葉十二行，每行二十一字。

清黃丕烈《蕘圃藏書題識》云：

> 《孫可之文集》，毛刻三唐人集而外世無刊本，即毛氏所本亦云：震澤王守溪先生從內閣錄出者，究未識其為刻與鈔也。余友顧抱沖得宋刻本於華陽橋顧聽玉家，楮墨精良，首尾完好，真宋刻中上駟，爰從假歸校於毛刻本上，實有佳處，悉為勘定，內卷二卷三與毛刻互倒，自當以宋刻為是，其脫落如卷八〈唐故倉部郎中康公墓誌銘〉「楊巖」已下二十四字，宋刻獨全，知內閣本非宋刻也。……大清嘉慶元年正月上元日，書於讀未見書齋，棘人黃丕烈。

又云：

> 王震澤於正德丁丑刻孫可之集，而自序之謂獲內閣秘本手錄，以歸毛子晉，合昔之持正為三唐人文者也。此宋槧前在小讀書堆，今藏藝芸主人處，丁亥夏閏假來細勘正德本，知傳之多失。……顧千里記。

清楊紹和《楹書隅錄》云：

> 予齋藏唐人集二十餘種，皆宋元槧之致佳者，而浩然昌黎兩集並此本，同出一刻，尤精古絕倫，蓋即復翁云：南宋初年鋟版者也。

王文進《文祿堂訪書記》云：

> 唐孫樵撰。宋蜀刻本，半葉十二行，行二十一字，注雙行，白口，中和四年自序，計四十六葉。有「翰林國史院官書」長方印、「劉體仁」、「潁川劉考功藏書印」。

又云：

> 又宋蜀本同，嘉慶元年黃丕烈顧千里跋，見題識。有「宋本印」、「顧千里經眼記」、「汪士鐘」、「楊以增字益之又字至堂晚號冬樵宋存書室印」。

據此，知宋蜀刻《孫可之文集》，乃楊氏海源閣舊藏。《續古逸叢書》有影印本，亦半葉十二行，行二十一字，白口，左右雙欄，單魚尾（下記可之幾）。前有中和四年自序，首尾有「翰林國史院官書」長方印。卷一有「體」、「公」；「潁川鎦考功藏書印」諸印，當即此刻。

《笠澤叢書》四卷《補遺》一卷

唐陸龜蒙撰。南宋刻本，每半葉十二行，每行二十一字。

宋陳振孫《直齋書錄解題》云：

唐處士吳郡陸龜蒙魯望撰。爲甲乙丙丁詩文雜編，政和中朱袞刊之
吳江，末有四賦，用蜀本增入。

又有《笠澤叢書》蜀本十七卷（案《文獻通考》作七卷）云：

元符中郫人樊開所序，龜蒙自號天隨子、甫里先生、江湖散人，與
皮日休善，有《松陵倡和集》，皆不在《文藪》、《叢書》中。

據此，知宋蜀刻唐人文集有《笠澤叢書》。案此《笠澤叢書》，宋元符間，蜀
人樊開始序而梓之，政和初，毘陵朱袞復行校刊，止分上下二卷及《補遺》
爲三。元季陸龜蒙裔孫德原有重刊本，卷數仍依蜀本釐爲四卷，惟敍次又不
盡依蜀本之舊，此即四庫全書本。

清吳壽暘《拜經樓藏書題跋》云：

《直齋書錄解題》蜀本十七卷，蜀人樊開所刊，《文獻通考》云七卷，
「十」當爲衍字，則七卷爲蜀本無疑矣。又右蜀本即從舊本錄出，
後復從宋本附錄《補遺》一卷，每葉二十四行，行二十一字，視各
本多〈送小雞山樵人序〉、〈漢三高士贊〉、〈小雪後書事〉、〈小名錄
序〉諸篇，先君子記云：此卷行款字數悉照宋本。

清瞿鏞《鐵琴銅劍樓藏書目錄》有校本《笠澤叢書》四卷補遺一卷云：

唐陸龜蒙撰。此書舊傳有唐鈔本、蜀本。

清錢泰吉《曝書雜記》云：

海昌許珊林槤用十餘年之力，校勘《笠澤叢書》七卷《補遺》一卷
《附考》一卷，手寫付梓，字體仿歐陽率更，謂「近日士大夫過信
宋本，明知字句之誤，不肯更易，故此雖據宋樊開本，而宋本之誤，
亦據他刻更正。」

清邵懿辰《四庫簡明目錄標注》著錄《笠澤叢書》四卷《補遺》一卷，有宋
蜀刻本，十二行，行二十一字，當即此刻。

據此，知宋蜀刻《笠澤叢書》，至清代尚存。

《鄭守愚文集》三卷

唐鄭谷撰。南宋刻本，每半葉十二行，每行二十一字。

王文進《文祿堂訪書記》云：

唐鄭谷撰，宋蜀刻本，次題「雲臺編」，半葉十二行，行十九至二十
一字，白口，乾寧甲寅自序，計五十六葉。有「翰林國史院官書」
長方印、「劉體仁印」。

《中國版刻圖錄》云：

> 匡高一九‧五厘米，廣一三‧五厘米。十二行，行二十一字。白口，
> 左右雙邊。序目前題下題「雲臺編」，與他本逐題「雲臺編」不同。
> 分卷編次與近本都合。

據此，知宋蜀刻《鄭守愚文集》，至今尚存。《四部叢刊續編》及《續古逸叢書》有影印本，亦半葉十二行，行二十一字，白口，左右雙欄，單魚尾（下題鄭幾或谷幾），前後有「翰林國史院官書」朱文長方印，前序文下又有「穎川劉考功藏書印」，當即此刻。

《司空表聖文集》十卷

唐司空圖撰。南宋刻本，每半葉十二行，每行二十一字。

宋陳振孫《直齋書錄解題》云：

> ……蜀本但有雜著無詩，自有詩十卷別行，詩格尤非晚唐諸子所可
> 望也。

據此，知宋蜀刻唐人文集有《司空表聖文集》。

清邵懿辰《四庫簡明目錄標注》云：

> 劉燕庭宋刊唐三十家集內，有《一鳴集》，云：與他刻不同。

當即此刻。

王文進《文祿堂訪書記》云：

> 唐司空圖撰，宋蜀刻本，次題「一鳴集」，半葉十二行，行二十一字，
> 白口，計八十四葉。有「翰林國史院官書」長方印、「劉體仁」、「穎
> 川劉考功藏書印」。

傅增湘《雙鑑樓善本書目》有宋刊本《司空表聖文集》十卷，與《文祿堂訪書記》所著錄者相同。

據此，知宋蜀刻《司空表聖文集》，至民初尚存。《續古逸叢書》有影印本，亦半葉十二行，行二十一字，白口，左右雙欄，單魚尾（下記一鳴幾），前有〈司空表聖文集序〉，當即此刻。

（本文原載《屈萬里先生七秩榮慶論文集》，臺北：聯經出版社，1978 年 10 月）

圖一

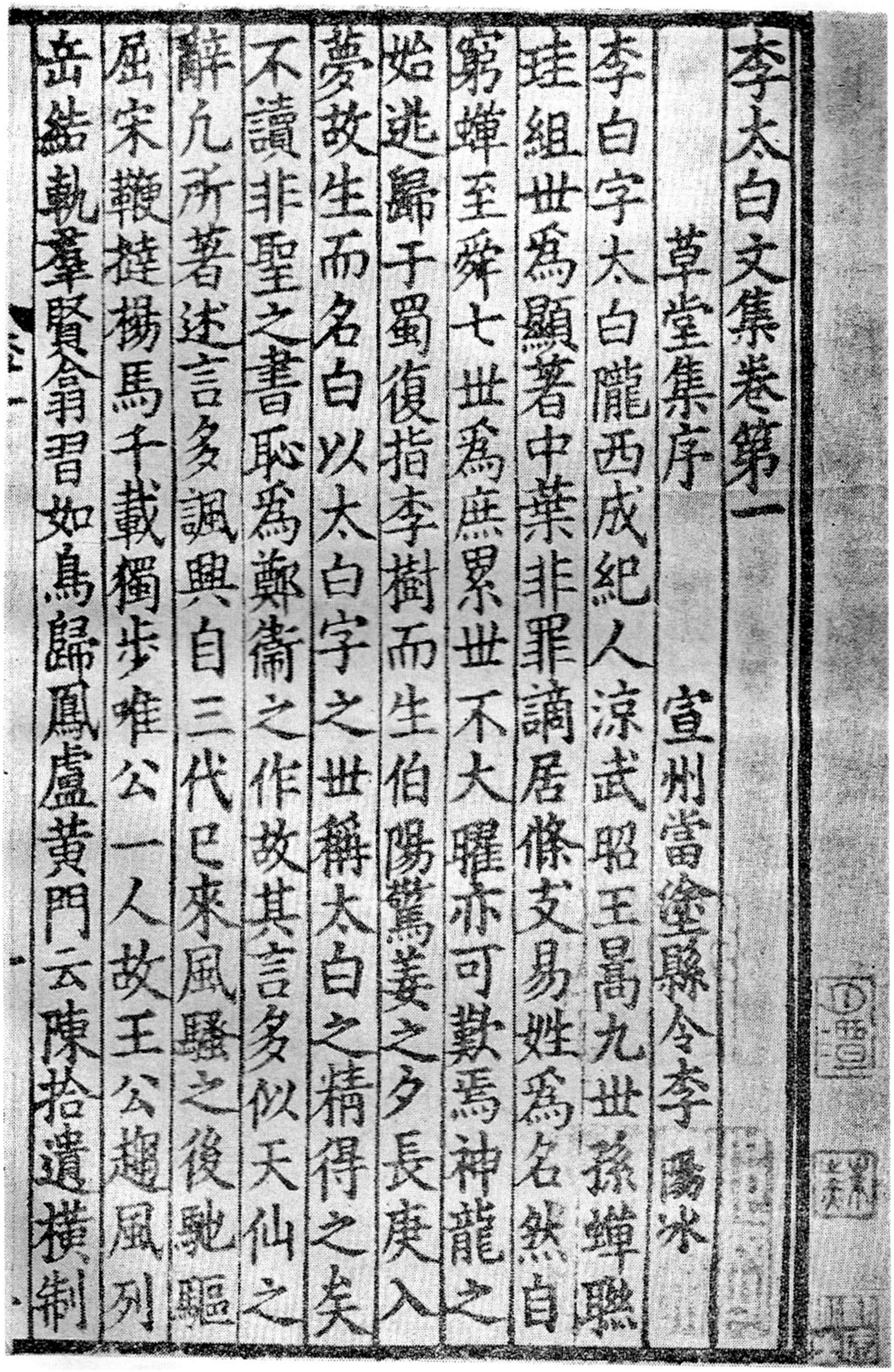

李太白文集卷第一

草堂集序　　　　宣州當塗縣令李　陽冰

李白字太白隴西成紀人涼武昭王暠九世孫蟬聯
珪組世為顯著中葉非罪謫居條支易姓為名然自
窮蟬至舜七世為庶累世不大曜亦可數焉神龍之
始逃歸于蜀復指李樹而生伯陽驚姜之夕長庚入
夢故生而名白以太白字之世稱太白之精得之矣
不讀非聖之書恥為鄭衛之作故其言多似天仙之
辭凡所著述言多諷興自三代已來風騷之後馳驅
屈宋鞭撻楊馬千載獨步唯公一人故王公趙公風列
岳䏻軒蓋賢翁習如鳥歸鳳盧黃門云陳拾遺橫制

圖二

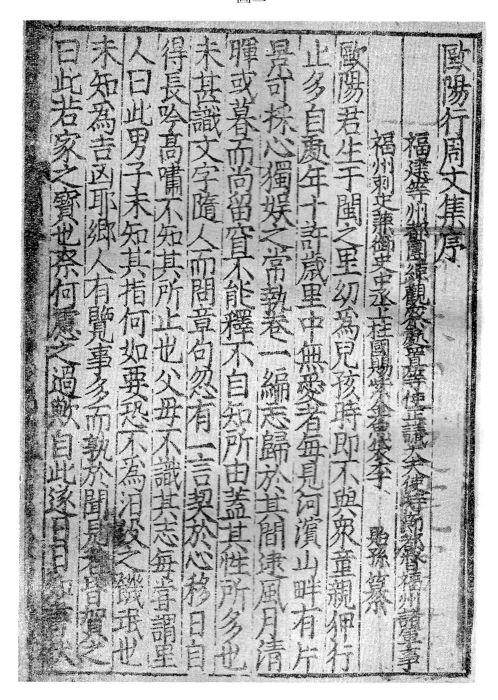

圖三

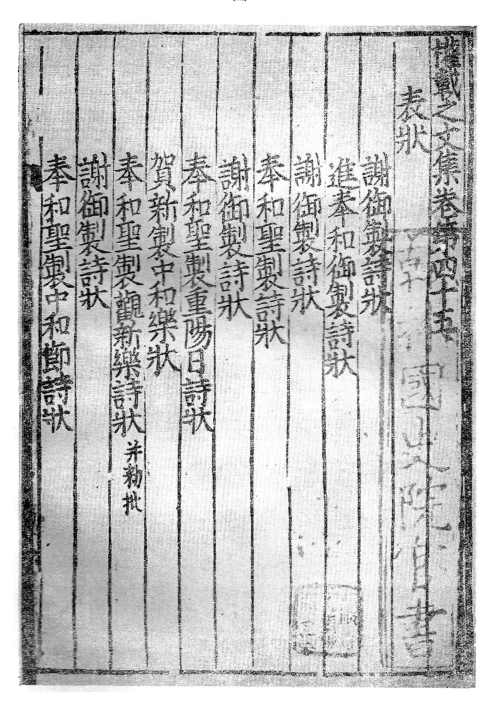

宋代四川印刷的特色

　　四川的刻書事業從唐代印刷術發明以後就非常興盛。現存唐人文獻中，最早談及雕版印刷而有年月可考的，是朝廷禁止印行曆日的詔令。《舊唐書‧文宗本記》云：

> 太和九年十二月丁丑，敕諸道府，不得私置曆日板。

這道詔令是唐文宗太和九年（835）依據劍南東川節度使馮宿之奏請而頒佈的。《全唐文》卷六二四馮宿〈請禁印時憲書疏〉云：

> 準勅禁斷印曆日板。劍南兩川及淮南道，皆以板印曆日鬻於市。每
> 歲司天臺未頒下新曆，其印曆已滿天下，有乖敬授之道。

這是記述四川刻書的最早資料。此外，根據日人木宮泰彥《日支交通史》卷上的記載，四川刊印的《唐韻》五卷及《玉篇》三十卷，在咸通時代已經流傳到海外，則當時四川刻書之盛亦可想見。四川縱使不是印刷術的發源地，至少是唐代刻書業的中心。因為唐代自安祿山之亂以後，黃河流域爭戰連年，殘破不堪，生產力因而衰微。四川地區較為安寧富裕，人口叢集，文化水準較高，刻印書籍，條件俱備，刻書之事，應運而生，也是自然之理。唐末，黃巢作亂，中和元年（881）僖宗避難到四川，成都成為當時政治經濟中心，柳玭隨著僖宗逃至成都，當時成都書肆在蓉城之東南。《舊五代史‧唐明宗紀》注引柳玭〈家訓序〉云：

> 中和三年（883）癸卯夏，鑾輿在蜀之二年也。余為中書舍人，旬休，
> 閱書於重城之東南。其書多陰陽、雜記、占夢、相宅、九宮、五緯
> 之流，又有字書、小學，率雕版印紙，浸染不可盡曉。

據柳玭所言，足見當時成都刻書之盛，雕印範圍之廣。五代後唐宰相馮道雕

印九經，就是受四川刻書的影響。

　　五代時期，內亂綿延，中原屢次的改朝易代，五十餘年間換了五個朝代。唯遠處西陲的四川，獨保安寧，物阜民豐，文物稱盛，故當時成都成爲西南文化的重心。而四川的雕版印刷所以能迅速發展，則歸功於蜀相毋昭裔的提倡刻書。《十國春秋·毋昭裔傳》云：

> 蜀中自唐末以來，學校廢絕，昭裔出私財，營學宮，立黌舍，且請後主（後蜀孟昶）鏤板，印九經，由是文學復盛。又令門人孫逢吉、勾中正書《文選》、《初學記》、《白氏六帖》，鏤板行之。

毋氏刻書可以說爲兩宋四川刻書奠定了良好的基礎。所以，宋太祖在乾德三年（965）平定四川後，四川刻書遂與汴梁合而爲一。毋昭裔在四川刊印圖書多年，且以刊行士人易於獲得之書籍爲己任。宋平定四川時，毋氏雖已年老退隱，朝廷仍加以榮寵，詔徵入京，並且將他在四川雕印的書版運往汴梁，繼續刊行，所以北宋初年，四川刻印的書籍傳佈全國。四川因爲承平日久，具備種種刻書條件，所以宋太祖開寶四年（971）又命高品、張從信往成都雕造《大藏經》板，這是宋代第一部中央政府雕印的書籍。如此浩大的雕印工作，全由成都工人擔任，亦可看出北宋初年四川刻書之盛。南宋時代，眉山的刻書事業在成都的影響下，逐漸發展起來。到了南宋中葉，四川刻書事業的中心已經由成都逐漸轉移到眉山。當時眉山刻了不少唐宋詩文集、總集，如《唐六十家集》、《三蘇文集》、《山谷後山詩注》、《淮海先生閒居集》、《國朝二百家名賢文粹》等。宋代四川刊印的經史子集，很受當時藏書家的重視。岳珂《九經三傳沿革例》有「蜀大字舊本」、「蜀學重刻大字本」、「中字附音本」、「蜀注疏本」。尤袤《遂初堂書目》有「川本史記」、「川本前漢書」、「川本後漢書」、「川本三國志」、「川本晉書」、「川本小字舊唐書」、「川本大字舊唐書」、「川本小字通鑑」、「川本大字通鑑」。晁公武《郡齋讀書志》有南宋「眉山刻七史」。陳振孫《直齋書錄解題》，談及蜀本之處甚多，特別是蜀刻《唐六十家文集》。從這些藏書志裡，可以看出兩宋時代四川刻書及四川刻本流傳之廣。宋末，元兵入侵，成都、眉山及四川其他地區，遭受元兵大肆焚掠，四川所刻書版，大都毀於兵燹，所以四川雕印的圖書傳世甚少。本文僅據現存的四川刻本以及一些零散的資料，從字體、紙張墨色、刻工、校勘方面說明兩宋時代四川印刷的特色，並就傳世蜀刻本在研究古籍上的價值，做一嘗試性的探討。

一、字　體

宋代刻書的字體，大多模仿唐代的歐、柳、褚、顏諸家。由於各地所宗的書家不同，又形成了各種不同的特色。如兩浙崇歐、福建學柳、四川崇顏。歐體方正規整，柳體筆勢剛勁，顏體古樸厚重。

葉德輝《書林清話》卷二云：「北宋蜀刻經史及官刻監本諸書，其字皆顏、柳體。」〔註1〕傅增湘謂蜀刻本「字體古勁」，〔註2〕《圖書板本學要略・鑑別篇》謂「蜀刻字體，在顏柳之間，而橫畫落筆處，間有瘦金氣習。」宿白〈南宋的雕版印刷〉云：「成都眉山雕版字體略扁，撇捺遒長。其大字本，字大如錢，墨色如漆，在南宋雕版中另具疏朗明快風格。這種川版特徵曾影響長江中游，特別是江陵（今宜昌）、鄂州（今武昌）地區。」〔註3〕今附國立中央圖書館所藏宋紹熙間眉山程舍人宅刊本《東都事略》（書影一）、南宋刊本《歐陽行周文集》（書影二）及《權載之文集》（書影三）、宋孝宗時眉山刊大字本《蘇文忠公文集》（書影四），以見四川刻書字體之特徵。

二、紙張墨色

四川印書用麻紙，因廣都盛產麻紙，唐時已負有盛名。唐代寫經紙均用麻紙，中央政府用紙皆取之廣都。故四川刻書，用紙亦皆取給於廣都。元費著《蜀牋譜》云：

> 今天下皆以木膚爲紙，而蜀中乃盡用蔡倫法，有玉板，有貢餘，有經屑，有表光。玉板、貢餘雜以舊布、破履、亂麻爲之。惟經屑、表光，非亂麻不用。

又云：

> 廣都紙有四色：一曰假山南，二曰假榮，三曰冉村，四曰竹紙，皆以楮皮爲之。……凡公私簿契書券圖籍文牒，皆取給於是。廣幅無粉者謂之假山南，狹幅有粉者謂之假榮，造於冉村曰清水，造於龍區鄉曰竹紙。蜀中經史子集，皆以此種傳印。

麻紙薄而韌性強。麻紙之外，也有用藤皮纖維爲主要原料造成的藤紙。麻紙藤紙皆可以耐久，不易磨損脆裂，故保存到今天的蜀刻本，紙張都相當好。

〔註1〕 《書林清話》卷二，〈刻書分宋元體字之始〉。
〔註2〕 《藏園群書題記》卷六，〈宋刊殘本後山詩註跋〉；《續記》卷三，〈校宋蜀之元微之文集十卷跋〉。
〔註3〕 《文物》第一期，1962年。

就墨色而言，宋版用墨質料精良，色澤較黑，略有光澤，蜀刻本也不例外。如《中國版刻圖錄》圖版二二一「春秋經傳集解條」云：「此本疑即《九經三傳沿革例》著錄之『蜀學大字本』。……字大如錢，墨光似漆，蜀本之最精者。」又圖版二四二「新刊增廣百家詳補注唐柳先生文條」云：「……因推知此書確是南宋中葉蜀本。紙墨瑩潔，字畫遒勁，與文讜註韓文可稱蜀本雙璧。」由此可以窺見一斑。

三、刻　工

刻工是刻書必先具備的條件之一，書籍刊刻之工拙，與刻工之多寡優劣有密切的關係。根據《佛祖統紀》卷四十三的記載，宋太祖開寶四年（971）命高品、張從信往益州（今成都）開始雕印全部漢文《大藏經》，歷十三年，迄宋太宗太平興國八年（983）始告竣。據《開元釋教錄》之記載，此一《大藏經》共計一千零七十六部，九千零四十八卷。如此鉅大之雕印工作，全由成都工人擔任，亦可見當時四川所擁有刻工之多。而開寶《大藏經》刊刻之精美，亦可證明四川所擁有的刻工技術是相當精良的。《古文舊書考》著錄南宋寧宗慶元間成都府學刻本《太平御覽》一千卷，具有姓名的刻工有一百四十多人，可見盛況。

四、校　勘

兩宋時代，四川因為承平日久，文物豐盛，古書多存善本，因此，四川刻印的書籍，往往最接近古本，可以保留古書的真面目，也可以校正宋以後刻本的謬誤。四川刻書，校勘精審，每刻一書均經過多次校勘，故錯字較少。明萬曆以後，刻書者往往校勘不精，譌文誤字，比比皆是。明人刻書又喜妄改書名及刪節內容。傳世蜀刻本正可以校正明刻本之許多錯誤，使古書恢復原來面目，此乃蜀刻本在學術上之價值與貢獻。今舉例說明之：

（一）《南華真經》十卷

南宋孝宗時蜀中刻本，每半葉九行，每行十五字，注雙行，行三十字。蜀刻《南華真經》傳世僅此一本，現藏中央研究院傅斯年圖書館。

王師叔岷先生曾據《續古逸叢書》影宋刊本（卷一至六南宋本，卷七至十北宋本）詳加比勘，撰〈南宋蜀本南華真經校記〉，〔註4〕謂蜀刻本卷七以

〔註4〕《中央研究院史語所集刊》第二十本上冊，1948年。

下，即〈達生篇〉以下，大都與北宋本合。《續古逸叢書》前六卷乃影印南宋閩刻本，與蜀刻本則甚多不同之處，王師謂：「昔年岷撰《莊子校釋》，惜未見此本。今此校記，可以補《校釋》之未備，誠快事也。」〔註5〕足見蜀刻校勘之精審。

傅增湘跋語云：

> 余取世德堂本十卷，對勘改訂至數十字……皆與涵芬樓之北宋本合，是雖刊於南渡，而其源仍出北宋善本，較閩中刻本及纂圖互注坊本，大有霄壤之判矣。〔註6〕

則蜀刻本可以更正傳世刻本的種種謬誤。現今流傳之《莊子・天運篇》均有「夫至樂者，先應之以人事，順之以天理，行之以五德，應之以自然。然後調理四時，太和萬物。」而蜀本無此三十五字，傅氏疑此七句必註語之誤入經文者。傅氏跋語云：

> 近見敦煌石室唐人寫本〈天運篇〉正無此三十五字，始知古來卷子本相傳無是，爲之忻快無量，於是旁搜博考於道藏本，又得數證焉。檢正統《道藏》貞字號《南華正經》無注本、惡字號王元澤《南華眞經新傳》，皆無此三十五字，是蜀刻源於古本，足以據依審矣。……偶閱唐成玄英《南華眞經註疏》，其〈天運篇〉中此三十五字宛然在焉。是此文乃成氏疏中語，故北宋時如王雱《新傳》尚遵古本，未經攪雜，至南渡展轉刻傳，遂舉此註混入正文。〔註7〕

蜀刻源於古本，由此可證。則蜀刻本《南華眞經》在校勘上之價值，自不待言。研究莊子者，不可不讀此本。

（二）《冊府元龜》一千卷

北宋蜀刻小字本《冊府元龜》，校勘精審，可以校正明清以來各本之謬誤。陸心源曾以所藏北宋蜀刻本校明季李如京本，謂其「舛譌幾不可讀」。各卷脫字比比皆是，僅四百七十一卷中，脫文已一萬三千餘字，顛倒改竄者三卷，至於一句一字之脫，無卷不有，魯魚亥豕之譌，無頁不有。陸氏又藏有舊抄本一千卷，卷首題曰「監本新刊冊府元龜」，陸氏以蜀刻本校之，卷五百九十三末葉缺，卷五百二十顛倒，卷七百三十缺文與今本同，陸氏謂「當從

〔註5〕同註4。
〔註6〕中央研究院傅斯年圖書館所藏宋蜀刻《南華眞經》，末冊有傅氏手跋。
〔註7〕同註6。

南宋本影寫，則是書在南宋已鮮善本，此本雖殘，殊可貴也。」〔註8〕

傅增湘以卷四百八十三，全卷二十四頁，校李本，改定兩百一十五字。舉其要者言之，如〈邦計總序〉：「頒其賄於受用之府」，「賄」不誤「貨」。「以供百物而待邦之用」，「供」不誤「貢」。「以周知入出百物」，「知」不誤「之」。「縣師掌邦國都鄙稍甸郊里之地域，而辨其家人田萊之數」，「里」不誤「旅」，「萊」不誤「菜」。……此下〈選任〉、〈材略〉、〈襃寵〉三門，刊正尤繁，不及縷舉。〔註9〕

案陸氏所言李如京，傅氏所言閩本、李本，均指明崇禎十五年黃國琦刻本。黃本脫文誤字甚多，可據此北宋蜀刻本補正，惜未能得見宋刻全書復出一一校正。

趙萬里〈館藏善本提要〉「《冊府元龜》殘本七卷」亦云：「此數卷以康熙壬子五銹堂校之，其佳處殆不可指數。」〔註10〕

以上所舉數例，均可以說明北宋蜀刻小字本《冊府元龜》在校勘上的價值。

（三）唐人文集

傳世蜀刻唐人文集有兩系統，一為十一行二十字本，約刻於南北宋之際，今存駱賓王、李太白、王摩詰三集。這個系統的蜀刻唐人集，均為現存最古刻本，最能保留原書之面目，亦可校正宋以後刻本之謬誤。一為十二行二十一字本，約刻於南宋中葉，刻印俱佳，校勘精審，可以更正明正德本及毛晉汲古閣本之謬誤。

清陸心源《儀顧堂集》卷二十〈北宋本李太白文集跋〉云：

> 《李太白文集》三十卷，每葉二十二行，每行二十字，即吳門廖武子刊本所從出也。廖本摹刊精工，幾欲亂真，愚竊謂行款避諱及刊工姓名既一一摹刊宋本，即有誤處亦宜仍之，別為考異註於下，廖本改易既多，譌誤亦不少，且有不照宋本摹刊者。

《中國版刻圖錄》〈宋刻本新刊元微之文集跋〉云：

> 此書明嘉靖三十一年蘇州董氏刻本較通行，董本遇所據底本模糊處，多以己意揣摹填補。此本可正董本誤處甚多。

〔註8〕 詳《儀顧堂集》卷二十，〈北宋本冊府元龜跋〉。
〔註9〕 詳《藏園群書題記》卷四，〈殘宋本冊府元龜跋〉。
〔註10〕 《北京圖書館月刊》第一卷第三期。

清瞿鏞《鐵琴銅劍樓藏書目錄》卷十九〈宋刊殘本姚少監詩集跋〉云：

> 案此本與毛氏刻本不同，卷一〈送別上〉毛本五十首，此則五十二，
> 卷二〈送別下〉四十三首，此則五十，卷三〈寄贈上〉四十七首，
> 卷四〈寄贈下〉四十四首，此皆作五十。

清黃丕烈《蕘圃藏書題識》卷七〈宋刻本孫可之文集跋〉云：

> 余友顧抱沖得宋刻本於華陽橋顧聽玉家，楮墨精良，首尾完好，眞
> 宋刻中上駟。爰從假歸，校於毛刻本上，實有佳處，悉爲勘定。内
> 卷二卷三與毛刻互倒，自當以宋刻爲是。其脱落如卷八〈唐故倉部
> 郎中康公墓誌銘〉「楊嚴」已下二十四字，宋刻獨全。

以上所舉諸例，可以說明四川刻印的唐人文集，校勘精審，錯字較少。又國
立中央圖書館藏《權載之文集》卷四十三至五十，可見權集有五十卷，比現
今流傳之十卷本《權文公集》多出四十卷之多。吾人研究唐代文學，四川刻
本唐人文集自有它的價值存在。

（本文原載《中國圖書文史論》（錢存訓先生八十榮慶紀念），臺北：正中書
局，1991 年 12 月）

書影一

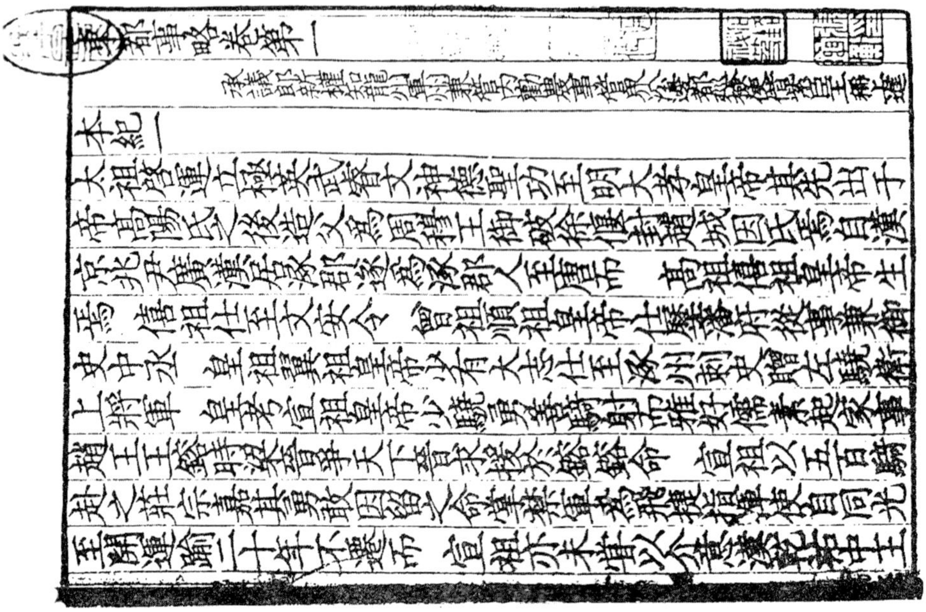

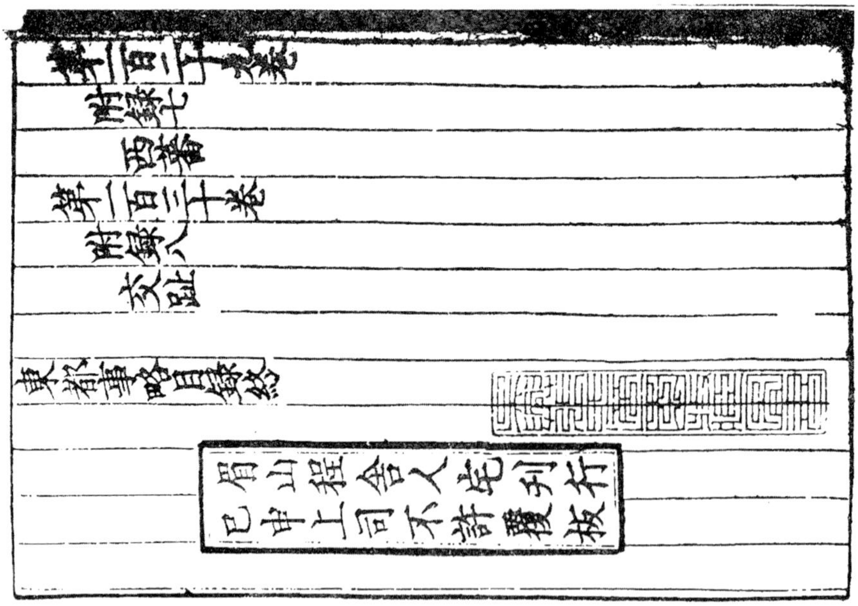

書影二

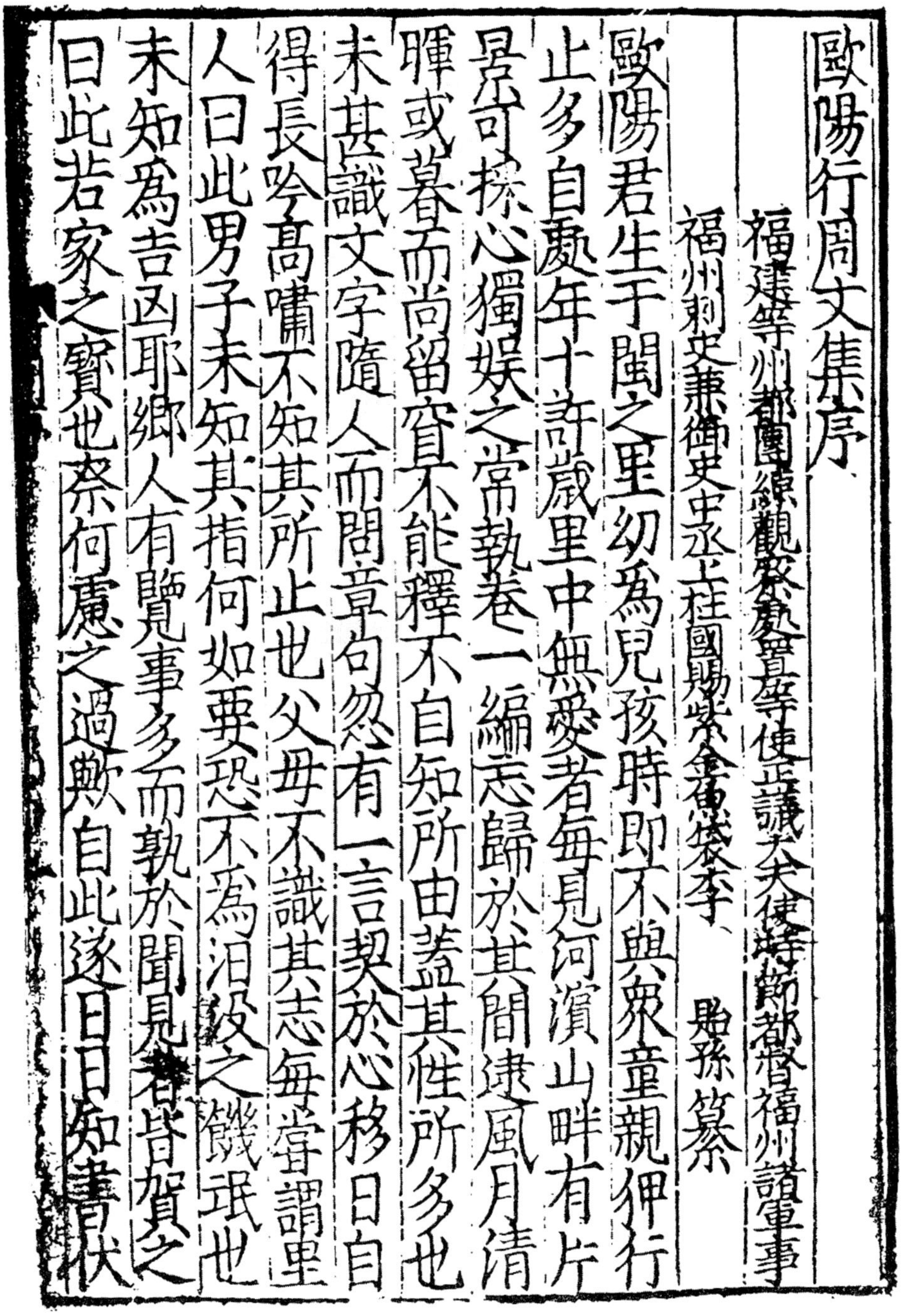

歐陽行周文集序

福建等州都團練觀察處置等使正議大夫使持節都督福州諸軍事

福州刺史兼御史中丞上柱國賜紫金魚袋李　貽孫　纂

歐陽君生于閩之里幼爲兒孩時即不與衆童親狎行止多自處年十許歲里中無愛者每見河濱山畔有片景可採心獨娛之常執卷一編忘歸於其間逮風月清暉或暮而尚留窅不能釋不自知所由蓋其性所多也未甚識文字隨人而問章句忽有一言契於心移日自得長吟高嘯不知其所止也父母不識其志每嘗謂里人曰此男子未知其指何如要恐不爲汩没之饑氓也未知爲吉凶耶鄉人有覽事多而執於聞見者皆賀之曰此若家之寶也奈何處之過歟自此遂日日知書伏

書影三

權載之文集卷第四十五

表狀

謝御製詩狀

進奉和御製詩狀

謝御製詩狀

奉和聖製詩狀

謝御製詩狀

奉和聖製重陽日詩狀

賀新製中和樂狀

奉和聖製觀新樂詩狀 并勒批

謝御製詩狀

奉和聖製中和節詩狀

書影四

鍾乳敵仙茅

次韻劉貢父所和韓康公憶持

國二首

夢覺真同鹿覆蕉相君脫屣自參寥顏

紅底事長先白室遍何妨人自遙狂似

次公應未怪醉推東閤不須招攬毫欲

作衣冠表盛事終當繼八蕭唐蕭氏自璃及遄八

相宰

閉尸端居念獨深小軒朱檻憶同臨燎

兩宋四川刻本的校勘價值

一、宋以前四川地區的刻書事業

　　四川自古以來一直被譽爲「天府之國」，社會安定，經濟繁榮，加上四川地區木材資源豐富，盛產紙張，這些都爲雕版印刷的發展創造了有利的條件，因此四川的刻書事業從唐代印刷術發明以後就非常興盛。現存唐人文獻中，最早談及雕版印刷而有年月可考的，是朝廷禁止印行曆日的詔令。《舊唐書·文宗本紀》云：

　　　　太和九年十二月丁丑，敕諸道府，不得私置曆日板。

這道詔令是唐文宗於太和九年（853）依據劍南東川節度使馮宿之奏請而頒佈的。《全唐文》卷六百二十馮宿〈請禁印時憲書疏〉云：

　　　　準敕禁斷印曆日版。劍南兩川及淮南道，皆以板印曆日鬻於市。每
　　　　歲司天台未頒下新曆，其印曆已滿天下，有乖敬授之道。

這是記述四川刻書的最早資料。此外，根據日人木宮秦彥《日支交通史》卷上的記載，四川刊印的《唐韻》五卷及《玉篇》三十卷，在咸通時代已經流傳到海外，則當時四川刻書之盛亦可想見。四川縱使不是印刷術的發源地，至少是唐代刻書業的中心。因爲唐代自安祿山之亂以後，黃河流域征戰連年，殘破不堪，生產力因而衰微。四川地區較爲安寧富裕，人口叢集，文化水準較高，刻印書籍，條件俱備，刻書之事，應運而生，也是自然之理。唐末，黃巢作亂，中和元年（881）僖宗避難到四川，成都成爲當時政治經濟的中心，柳玭隨著僖宗逃到成都，當時成都書肆在蓉城之東南。《舊五代史·唐明宗紀》注引劉玭《家訓》序云：

中和三年癸卯夏，鑾輿在蜀之三年也。余為中書舍人，旬休，閱書
於重城之東南。其書多陰陽、雜記、占夢、相宅、九宮、五緯之流，
又有字書、小學，率雕版印紙，浸染不可盡曉。

據柳玭所言，足見當時成都刻書之盛，雕印範圍之廣。五代後唐宰相馮道建
議國子監雕印九經，曾說：「嘗見吳蜀之人鬻印板文字，色類絕多，終不及經
典。如經典校定，雕摹流行，深益於文教矣。」〔註1〕就是受四川刻書的影響。
馮道所謂蜀人刻書，當即柳玭在成都所見之書。因此宋人記載多以雕版印刷
始於益州。〔註2〕

　　五代時期，內亂綿延，中原屢次的改朝易代，五十餘年間換了五個朝代。
唯遠處西陲的四川，獨保安寧，物阜民豐，文物稱盛，故當時成都成為西南
文化的重心。而四川的雕版印刷之所以能迅速發展，則歸功於後蜀宰相毋昭
裔的提倡刻書。《十國春秋·毋昭裔傳》云：

蜀中自唐末以來，學校廢絕，昭裔出私財，營學宮，立黌舍，且請
後主（後蜀孟昶）鏤板，印《九經》，由是文學復盛，又令門人孫逢
吉、勾中正書《文選》、《初學記》、《白氏六帖》，鏤板行之。

　　毋氏刻書可以說為兩宋四川刻書奠定了良好的基礎。所以，宋太祖在乾
德三年（965）平定四川後，四川刻書遂與汴梁合而為一。毋昭裔在四川刊印
圖書多年，且以刊行士人易於獲得之書籍為己任。宋平定四川時毋氏雖已年
老退隱，朝廷仍加以榮寵，詔徵入京，並且將他在四川雕印的書版運往汴梁，
繼續刊行，所以北宋初年，四川刻印的書籍傳佈全國。

二、兩宋四川刻書概況

　　四川因為承平日久，具備種種刻書條件，所以宋太祖開寶四年（971）命
高品、張從信往成都雕造大藏經板。歷十三年，至太平興國八年（983）才全
部完成，共計 1,076 部，5,048 卷，這是宋代第一部中央政府雕印的書籍。如
此浩大的雕印工作，全由成都工人擔任，充分說明當時雕版技術、經濟基礎
的雄厚。這部《開寶藏》的完成對四川的刻書事業是一個極大的推動，也為
後來雕印《冊府元龜》、《太平御覽》等大型書籍的工作奠定了良好的基礎。「蜀
本」由此而得名，並馳譽全國。

〔註1〕　見《冊府元龜》，卷六○八〈學校部〉。
〔註2〕　宋所指的益州，即今成都。宋人記載見朱翌《猗覺寮雜記》卷下、王應麟《困
　　　　學記聞·經說篇》引《國史藝文志》、無名氏《愛日齋叢抄》卷一等。

北宋時期，四川刊印的書籍，大多已失傳。根據岳珂《九經三傳沿革例》著錄之「蜀大字舊本」，知北宋四川曾刊刻《周易》、《尚書》、《毛詩》、《周禮》、《儀禮》、《禮記》、《春秋左傳》、《公羊傳》、《穀梁傳》、《論語》、《孝經》、《爾雅》等十二經，亦即所謂九經三傳。而宋尤袤《遂初堂書目》所著錄之川本，有《史記》、《漢書》、《後漢書》、《三國志》、《晉書》、《舊唐書》、《資治通鑑》等，當指北宋川本而言。《資治通鑑》另有北宋蜀廣都費氏進修堂所刊，世稱龍爪本。子部則有北宋蜀刻大字本《孔子家語》、小字本《冊府元龜》、崔氏書肆刻王雱《南華真經注》。集部有北宋蜀刻唐人文集四種，即《駱賓王文集》、《李太白文集》、《王摩詰文集》及《孟東野詩集》，前三集今尚傳世。

兩宋是中國雕版印刷的黃金時代，當時刻書地點遍及全國，惟北宋初期仍以四川為最盛。到了北宋末期，刻書中心逐漸轉移到杭州。宋高宗南渡後，建都臨安，中央政府刻書絕大部分是在杭州。然而四川的出版事業並不因此而減退，南宋時成都雕版主要在官府，蜀學乃是一大據點，最著名的是南宋孝宗時成都府刊印的八行群經單注本，流傳至今者有《周禮》、《禮記》、《春秋經傳集解》、《孟子》、《爾雅》五種，此即岳珂《九經三傳沿革例》所著錄之「蜀學重刻大字本」，《四部叢刊》之《孟子》、《古逸叢書》之《爾雅》乃影印此蜀大字本。又有十行群經音義本，即陸德明音義，有《尚書釋音》、《孝經今文音義》、《論語音義》、《孟子音義》四種，此即《九經三傳沿革例》所著錄之「蜀注疏本」，蜀刻群經注疏，現今已罕見流傳，惟日本圖書寮藏有《論語注疏》一部。成都府又於寧宗慶元間刻《太平御覽》，此書福建建寧府已刻過，因錯誤太多，刊刻不精，所以成都府才重加校正，勒工鏤板。島田翰《古文舊書考》著錄此書有刻工姓名多達一百四十餘人，可見四川地區擁有較多的刻工。蜀刻《太平御覽》現存於日本宮內省書陵部，《四部叢刊三編》有影印本。

南宋時期，眉山的刻書事業在成都的影響下，逐漸發展起來，到了南宋中葉，四川刻書事業的中心已經由成都轉移到眉山。眉山刻書遍及經、史、子、集四部，其中史部及集部刊本甚多，史部較著名的有《史記》、《三國志》、《三國志注》、《南北朝七史》、《蘇文忠公奏議》及《東都事略》。其中《南北朝七史》據宋晁公武《郡齋讀書志》卷五〈宋書一百卷〉云：

> 紹興十四年，井憲孟為四川漕，始檄諸州學官，求當日所頒本。時

> 四川五十餘州皆不被兵，書頗有在者，然往往亡闕不全，收合補綴，
> 獨少後魏書十許卷，最後得宇文季蒙家本，偶有所少者，於是七史
> 遂全，因命眉山刊行焉。

惟此眉山七史，今已失傳，傳世宋刻七史乃杭州刻本〔註3〕。集部的眉山刊本尤為突出，其中刊刻的唐宋文集最多。據宋陳振孫《直齋書錄解題》所言：「大抵蜀刻唐六十家集，多異於他處本」，這種數量上的眾多和內容上的不同，是我們今天研究唐代文學的重要參考資源。從南宋初期至中葉，眉山地區刊印了不少的唐人文集，傳世的有《孟浩然詩集》、《劉文房文集》、《陸宣公文集》、《權載之文集》、《昌黎先生文集》、《劉夢得文集》、《張文昌文集》、《皇甫持正文集》、《歐陽行周文集》、《孟東野文集》、《李長吉文集》、《新刊元微之文集》、《姚少監詩集》、《張承吉文集》、《許用晦文集》、《孫可之文集》、《鄭守愚文集》、《司空表聖文集》及《杜荀鶴文集》。眉山刻宋人文集則有小字本三蘇集，即《嘉祐集》、《東坡集》及《欒城集》；大字本《蘇文忠公文集》、《蘇文定公文集》、《山谷詩注》、《淮海先生文集》等。此外，尚有宋慶元三年眉山咸陽書隱齋刻本《新刊國朝二百家名賢文粹》。

南宋末年，元兵入侵，大肆焚掠，成都眉山及四川其他地區，經濟文化遭到浩劫，書籍、雕版大都毀於戰火，四川刻書業從此一蹶不振。因此，流傳到今天的四川刻本，遠較浙江刻本及福建刻本為少，相對的，四川刻本也就越發顯得珍貴。

三、四川刻本的校勘價值

兩宋時代，四川因為承平日久，文物豐盛，古書多存善本，因此，四川刻印的書籍，往往最接近古本，可以保留古書的真面目，也可以校正宋以後刻本的謬誤。四川刻書，校勘精審，每刻一書均經過多次校勘，故錯字較少。明萬曆以後，刻書者往往校勘不精，譌文誤字，比比皆是。明人刻書又喜妄改書名及刪節內容，傳世的四川刻本正可以校正明刻本之許多錯誤，使古書恢復原來面目，此乃四川刻本在學術上之價值與貢獻。今舉例說明之：

（一）《周禮》十二卷

漢鄭玄注。南宋蜀刻八行本群經單注本之一，現藏日本靜嘉堂文庫（殘

〔註 3〕詳拙作〈南宋重刊九行本七史考〉，《故宮圖書季刊》第四卷第一期，民國 62
年 6 月。

存卷九卷十)。

此本原爲清黃丕烈所藏。《蕘圃藏書題識》卷一〈蜀大字本周禮鄭注殘本跋〉云:

……此殘鱗片甲,猶見蜀本規模,勝似後來諸宋刻(余所見有纂圖互注本,有點校京本,有余氏萬卷堂本,有殘岳本)。

後歸陸心源,其《儀顧堂續跋》卷二〈宋槧蜀大字本周禮跋〉亦云:

周禮單注不附釋文者,今以嘉靖覆宋八行十七字本爲最善,阮氏謂勝于余仁仲、岳倦翁本,此本又足訂嘉靖本之誤,如秋官序官赤犮氏,「犮」不誤「友」;大司寇注大廟之內,「大」不誤「太」;小司寇注鄭司農云,「司」不誤「可」;士師注比其類也,「比」不誤「此」;遂士注二人而分主一,「遂而」不誤;其朝士注五日路門,「五日」不誤「五門」;外朝在庫門之外,「外朝」不誤「外廟」;薙氏注穿地爲塹,「塹」不誤爲「漸」;冥氏以靈鼓敺之,「敺」不誤「歐」;小行人告其所爲來之事,「之」不誤「其」,每國辨異之,「辨」不誤「辧」;司儀注西面北面不誤「南」;是南宮縚之行也,「是」不誤「自」;掌客注稻粱器也,「粱」不誤「梁」,此皆勝嘉靖本處。若監、閩、毛、正義諸刊,則更有霄壤之別。惜呼僅存二卷,未聞有全本耳。黃氏校刊《周禮》所據即此二卷,阮文達未見原本,僅據臧庸堂校本採入校勘記,庸堂所見亦即此二卷,恐世無第二本矣。

此《周禮》雖爲殘卷,亦彌足珍貴,可校正明嘉靖覆宋本之誤。

(二)《東都事略》一百三十卷

宋王稱撰。南宋光宗紹熙間眉山程舍人宅刊本,現藏國家圖書館。

《東都事略》的作者,《四庫提要》作「王偁」,余嘉錫《四庫提要辨證》改爲「王稱」。何以《四庫提要》作「偁」?因爲四庫所收,皆明代刻本,明刻本誤「稱」爲「偁」,《提要》信之,於是一切著作,凡涉及《東都事略》之作者「王稱」皆改爲「王偁」。余氏辨證云:

《學海類編》之《西夏事略》《張邦昌事略》,原即《東都事略》之一篇,均題曰王稱撰,可見曹溶所據之本原作稱字,一也。海原閣藏宋蜀刻二百家名賢文粹,其序題王稱撰,又爲眉州人,則與撰《東都事略》者同爲一人無疑。偁之當作稱亦一證,二也。嘉錫更考之《讀書附志》卷上云:「《東都事略》一百三十卷,承議郎知龍州王

稱所進也。」《玉海》卷四十六云：「淳熙十三年八月二十六日。知龍州王稱上《東都事略》百三十卷。」其字皆作稱。可見宋人所見之本，無作偁者。《提要》翻以作稱者爲僞改，失之不詳考也。

國家圖書館所藏四川刻本《東都事略》，作者作「王稱」，不作「王偁」，可證余氏之說。

（三）《孔子家語》十卷

魏王肅注。清光緒二十四年（1898）貴池劉氏玉海堂影宋蜀刊本，現藏故宮博物院。

《孔子家語》有北宋蜀刻大字本，今已失傳，今據影宋蜀刊本校明嘉靖三十三年（1554）吳郡黃周賢等仿宋刊本如下：

卷四〈六本篇〉，黃氏仿宋本云：

> 子貢三年之喪畢，見於孔子，子曰：「與之琴。」使之弦，侃侃而樂，作而曰：「先王制禮，不敢不及。」子曰：「君子也。」子貢曰：「閔子哀未盡，夫子曰：『君子也。』子夏哀已盡，又曰：『君子也。』二者殊情，而俱曰君子，賜也惑，敢問之。」

而影宋蜀本則云：

> 子貢三年之喪畢，見於孔子，子曰：「與之琴。」使之弦，侃侃而樂，作而曰：「先王制禮，不敢不及。」子曰：「君子也。」閔子三年之喪畢，見於孔子，子曰：「與之琴。」使之弦，切切而悲，作而曰：「先王制禮，弗敢過也。」子曰：「君子也。」子貢曰：「閔子哀未盡，夫子曰：『君子也。』子夏哀已盡，又曰：『君子也。』二者殊情，而俱曰君子，賜也惑，敢問之。」

此證北宋蜀刻本勝過其他刻本。

（四）《冊府元龜》一千卷

宋王欽若撰。北宋蜀刻小字本，現藏日本靜嘉堂文庫（殘存四百八十三卷）。

此本原爲清陸心源所藏。《儀禮堂集》卷二十〈北宋本冊府元龜跋〉云：

> 以明季李如京刊本校之，舛譌幾不可讀。如一百九十二末葉「天福四年」上脫二十字；卷一百八十後魏宣武時條所據宋本脫一葉，凡六百餘字，而以後魏宣武時條之前半與憲宗元和元年條之後半合而爲一卷；一百七十六魏明帝太和二年公孫恭條後所據宋本脫一葉，

凡六百餘字；卷一百九十二閏位部好文門「帝用興嗣」下脫二十四字；卷二百四念良臣門到溉條後脫「藏厥」一條凡八十七字；卷五百四武帝建元三年條後脫元狩五年一條凡十八字；平帝元始元年條「太子廄長中盾」下脫二十餘字，「比二千石」下脫二十八字；卷五百五十七全卷皆出改竄；卷五百五十九議論門李翱條前脫路隋爲翰林學士一條，約五百七十餘字，卷五百六十記注門李彥條前脫「張軌」一條二十餘字；五百六十一國史部不實門許敬宗條「識者尤之」下脫雙行注四百餘字；五百六十四制禮部太宗太和八年條前後舛錯；卷五百六十五作樂門「除誹謗」下脫二十一字；卷五百八十七奏議門十五「大亨不問卜一入也」下脫二十三字；卷五百八十七奏議門十七（第十四葉之第三行）「堂姨舅疏降」下所據宋本脫二葉，凡一千三百餘字；卷五百九十奏議「不失舊章」下脫三百餘字（此處宋本似有誤入）；五百九十三之末「或有丁憂」以下所據宋本脫一葉，凡六百餘字，而杜撰依此制三字以足之；卷六百十二之末「上無濫法」下所據宋本脫末葉，計一百餘字。（下略）至於一句一字之脫，無卷不有，魯魚亥豕之譌，無頁不有。尤可笑者，宋本五百二十卷二三兩頁互倒，四五兩頁互倒，李氏不知審正，以張著條下「詔浚陵陽渠」云云二十字，竄入倪若水條；安樂公主「終獻」下以周太玄條「不憚包羞」句，「羞」字以下接崔植條下，而改「包羞」爲「簡書」，以崔植條至「台案劾句」，「劾」字以下接張著條，「嚴郢奉詔」之「奉」字，又改「奉」爲「奏」，粗莽滅裂一至於此，即此四百七十一卷，脫文已一萬三千餘字，顛倒改竄者三卷。

陸氏又云：

> 余又藏有舊抄本一千卷，卷首題曰「監本新刊冊府元龜」，然第五百九十三卷末葉亦缺，卷五百二十顛倒，卷五百五十七改竄，卷七百三十缺文與今本同，當從南宋本影寫，則是書在南宋已鮮善本，此本雖殘，殊可貴也。

傅增湘藏卷四百四十二、卷四百四十四、卷四百四十五、卷四百八十二、卷四百八十三、卷七百八十七，凡六卷。《藏園群書題記》〔註4〕卷九〈宋刊冊府元龜殘本跋〉云：

〔註4〕傅增湘《藏園群書題記》，1989年上海古籍出版社出版。

此書宋本見於著錄者，瞿氏殘本十三卷外，皕宋樓陸氏所藏有四百七十一卷。今余所藏雖祇六卷，而四百以下五卷兩家所無，尤可寶也。昔年曾以明季閩刻對校，卷四百四十二改正一百字，卷四百四十四改正七十七字，卷四百四十五改正六十六字，卷四百八十二改正三百二十五字，卷四百八十三改正一百七十五字，卷七百八十七改正六十七字，通計六卷之中改正至六百九十二字，其補訂之功可謂閎矣。其中差異最甚者卷四百四十二「程靈洗爲蘭陵太守」條下據宋本補「徐敬成」一條，凡四十一字，「周文育」一條，凡六十一字。又「宇文述」、「崔弘昇」、「王辯」三條，宋本在「馮昱」後「薛世雄」之前。卷四百四十四「梁杜洪」條末「緣由行密據有江淮之間」十字，宋本在「龐師古」條之末。只此區區數卷而奪文異字竟如是之多，設合千卷而詳勘之，所獲寧可量哉！

而卷四百八十三乃其友所贈。〈殘宋本冊府元龜跋〉云：

全卷凡二十四葉，取李本校勘，改定一百五十七字。舉其要者言之，如：「邦計」總序，「頒其賄於受用之府」，「賄」不誤「貨」。「以供百物而待邦之用」，「供」不誤「貢」。「以周知入出百物」，「知」不誤「之」。「縣師掌邦國都鄙稍甸郊里之地域，而辨其家人民田萊之數」，「里」不誤「旅」、「萊」不誤「菜」。「廛人掌斂布絘布」，「絘」不誤「欽」。「斂市之不售」，「市」不誤「布」。「春人掌共采物，槁人掌共內外朝冗食」，二「共」字不誤「其」。「長安四市，四長丞」不脫下「四」字。「李輔國加京畿鑄錢使」，不脫「畿」字。「班在宣徽使之下」，不脫「使」字。「心秤平其輕重」，不脫「秤」字。此下選任、材略、褒寵三門刊正尤繁，不及縷舉。

趙萬里〈館藏善本提要·《冊府元龜》殘本七卷〉亦云：

此數卷以康熙壬子五鑛堂校之，其佳處殆不可指數。〔註5〕

以上舉數例，均可說明北宋蜀刻小字本《冊府元龜》在校勘上的價值。

（五）《南華真經》十卷

周莊周撰。南宋孝宗年間四川刻本，現藏中央研究院傅斯年圖書館。

此本原爲傅增湘所藏，傅氏跋語云：

〔註5〕見《北京圖書館月刊》第一卷第三期。

余取世德堂本卷十，對勘改訂至數十字，舉其正文言之，如〈說劍篇〉「韓魏爲夾」，「夾」作「鋏」；「忠勝士」，「勝」作「聖」；〈漁父篇〉，「須眉交白」，「須眉」作「鬚眉」；「國技不巧」，「國技」作「工技」；「兩容頻適」，「頻」作「顏」；「早湛於僞」，「僞」上有「人」字；〈列御寇篇〉「十饗」，「饗」作「漿」；「而猶若食」，「食」作「是」；「搖而本才」，「才」作「性」；「食而遨遊」，「食」上有「飽」字；「而甘冥乎」，「冥」作「暝」；「殆哉汲乎」，「汲」作「圾」；「雖以士齒之」，「士」作「事」；「仁義多則」，「則」作「責」；「食以芻叔、叔菽」，皆與涵芬樓之北宋本合。是雖刊於南渡，而其源仍出北宋善本，較閩中刻本及纂圖互注坊本，大有霄壤之判矣。〔註6〕

此傅氏以蜀刻本校正世德堂本之謬誤。現今流傳之《莊子·天運篇》均有「夫至樂者，先應之以人事，順之以天理，行之以五德，應之以自然。然後調理四時，太和萬物。」而蜀本無此三十五字，傅氏疑此七句必註語之誤入經文者。傅氏跋語云：

蓋以此節文義推之上文，「奏之以文，徵之以天，行之以禮義，建之以太清。」審其詞意固已完足，此下又言，「先應之以人事，順之以天理，行之以五德，應之以自然。然後調理四時，太和萬物。」正以發明上文四句之義，上爲經文，下爲注語，兩相比勘，照然可見，若同爲正文，不幾於繁複乎？余疑此七句必註語之誤入經文者，故世行本有之而古本不載。顧余雖持此說，而苦無明證，不敢臆決也。近見敦煌石室唐人寫本，〈天運篇〉正無此三十五字，始知古來卷子本相傳如是，爲之忻快無量，於是旁搜博考於道藏本，又得數證焉。檢《正統道藏》貞字號《南華眞經》注本，惡字號王元澤《南華眞經新傳》，皆無此三十五字，是蜀刻源於古本，足以據依審矣。然則此文果何所自乎？昨偶閱唐成玄英《南華眞經註疏》，其〈天運篇〉中此三十五字，宛然在焉，是此文乃成氏疏中語，故北宋時如王雱新傳尚遵古本，未經攙雜，至南渡展轉刻傳，遂舉此註混入正文。

蜀刻源於古本，由此可證。

王師叔岷先生撰〈南宋蜀本南華眞經校記〉云：

茲據《續古逸叢書》影宋刊本（卷一至六南宋本）詳加比勘，撰爲

〔註6〕 中央研究院傅斯年圖書館所藏宋蜀刻《南華眞經》，末冊有傅氏手跋。

校記。卷七以下（即〈達生篇〉）以下，大都與北宋本合。沅叔先生謂：「是書雖雕刊於南渡，而其源仍出北宋善本」，是也。昔年岷撰《莊子校釋》，惜未見此本。今此校記，可以補《校釋》之未備，誠快事也。〔註7〕

《續古逸叢書本》，前六卷乃影印南宋閩刻本，與蜀刻本甚多不同之處，從此篇校記，可以看出蜀本《南華真經》在校勘上之價值。研究《莊子》者，不可不讀此本。

（六）《駱賓王文集》十卷

唐駱賓王撰。宋蜀刻唐六十家集之一，現藏北京圖書館（存卷一至卷五，卷六至卷十毛氏汲古閣影宋抄補）。

清瞿鏞《鐵琴銅劍樓藏書目錄》卷十九〈明刊本駱賓王集十卷〉云：

> 世傳顏文選注本止四卷，非舊第。此十卷：凡賦頌一、詩四、表啓書二、雜著三，尚出郗雲卿編次之舊。有郗序，與唐志及宋刊蜀本合。

案《新、舊唐書》著錄《駱賓王文集》皆作十卷，與蜀本合。瞿氏所藏明刊本駱集當據北宋蜀本翻刻。四庫全書本稱《駱丞集》乃顏文撰註，止四卷，蓋後人所重輯，非郗雲卿編次之舊。

由此可見蜀刻《駱賓王文集》較接近古本。

（七）《李太白文集》三十卷

唐李白撰。宋蜀刻唐六十家集之一，現藏日本靜嘉堂文庫、北京圖書館（缺卷十五至二十四）。

清陸心源《儀顧堂集》卷二十〈北宋本李太白集跋〉云：

> 《李太白文集》三十卷，每頁二十二行，每行二十字，即吳門廖武子刊本所從出也。廖本摹刊精工，幾欲亂真，愚竊謂行款避諱及刊工姓名既一一摹刊宋本，即有誤處亦宜仍之，別為考異註於下，廖本改易既多，譌誤亦不少，且有不照宋本摹刊者。卷一〈李翰林別集序〉，「揮翰霧散耳」，勤有堂李詩注同，今本譌「耳」為「爾」；〈翰林學士李公墓碑〉「留縣帛」，今本譌「縣」為「絲」；「巨竹拱墓」，

今本譌「墓」爲「木」；卷二〈古風〉第三十五首，「一揮成斧斤」，勤有本同，今本譌「斧」爲「風」；卷三〈中山孺子妾歌〉，「不如延年妹」，勤有本同，今本譌「妹」爲「姝」。此宋本不誤，而廖本詭誤者也；卷四〈上之回〉「千旗揚采虹」，宋本「虹」誤「紅」；卷七〈永王東巡歌〉，「卻似文皇欲渡遼」，宋本「文」譌「天」；卷八〈上李邕宣父〉，「猶能畏後生」，宋本「父」譌「公」；卷十六〈五月東魯行〉，「能取聊城功」，宋本「聊」譌「遼」；卷十七〈崔成甫贈李十二攝監察御史〉詩，宋本列於〈酬崔侍御〉之前；卷十七〈遊南陽清泠泉〉，「西耀逐水流」，宋本「逐」譌「遊」；卷二十四〈秋浦感主人〉，「歸燕寄內雙，雙語前簷」，宋本「簷」誤「詹」。此宋本誤字，而廖本改易者也。宋本卷二第十頁末行，有「卷終」二字，無第十一頁，今本不摹「卷終」二字，而增一頁於後，宋本目錄一頁至第十頁，板心皆有「大七」二字，廖本僅摹三、四兩頁，餘則否，此失於摹刊者也。

此陸氏以蜀刻《李太白文集》校廖本摹刊之誤。

（八）《孟浩然詩集》三卷

唐孟浩然撰。宋蜀刻唐六十家集之一，現藏北京圖書館。

傅增湘《藏園群書題記》卷十一〈校蜀本孟浩然集跋〉云：

余舊聞海源閣藏二《孟集》，號爲祕笈孤本，《東野集》亦歸李椒微師，昔年曾從師假校，獨襄陽詩乃未獲寓目。今忽荷良友見投，乃檢匣中明嘉靖本手加勘正。明本分四卷，與王、韋、柳同刻，稱爲唐四家，審其行款，當從書棚本出，世亦推爲佳槧。今以蜀刻校之，分卷既殊，次第迥異，而字句差異乃改不勝改。自新正開手，迄於二月初旬宿祕魔崖袁氏別墅，始得蕆功，蓋前後錯雜、披檢殊艱，不獨筆墨改正之勞也。開卷五序即改訂至一百餘字。卷中詞句最異者如〈尋香山堪上人〉詩「谷口聞鐘聲」一聯在「苔壁饒古意」下，〈漢中漾舟〉詩「波影搖妓釵」一聯在「日入須秉燭」下，〈家園臥病〉詩末增「顧予衡茅下」等四聯，〈登總持浮圖〉少「累劫從初地」等二聯，〈送崔過〉詩三四聯與一二聯互易。其他文字不同者幾於無首無之，多至不可勝計。余二十年來校唐人集至百種以上，其異同未有如此集之多也。然則此本之行世固不徒以版刻之古、流傳之稀

爲足珍矣。

傅氏以蜀刻《孟浩然詩集》校明嘉靖本，知明本之誤，多至不可勝計。

（九）《權載之文集》五十卷

唐權德輿撰。宋蜀刻唐六十家集之一，現藏國家圖書館（殘存卷四十三至五十）。

案世所傳權集皆明楊愼所收詩賦十卷，即四庫全書本《權文公集》，其提要云：

> 王士禎《居易錄》載《權文公集》五十卷……稱無錫顧宸藏本，劉
> 體仁之子凡寫之以貽士禎者。

據此，知宋蜀刻《權載之文集》原爲五十卷，與《舊唐書·經籍志》、《新唐書·藝文志》著錄同。而現今流傳之《權文公集》僅十卷，相差竟達四十卷之多。蜀刻本之可貴，亦由此可見。

（十）《新刊元微之文集》六十卷

唐元稹撰。宋蜀刻唐六十家集之一，現藏北京圖書館（殘存二十四卷）。

傅增湘《藏園群書題記》卷十二〈校宋蜀本新刊元微之文集殘卷跋〉云：

> 《元集》余昔年曾借讀一勘，惟剋日程功，懼多漏失。頃聞李氏書
> 將捆載而南，乃取來重校一過，更取盧抱經校記互相參證，通計十
> 卷中改定凡三百八十餘字，而題目中增益之字尚所不計。其溢出盧
> 校之外者，至八十餘字。如：卷五十九〈告贈皇考妣文〉，「重羅纓
> 裳」，盧云：「羅疑罹。」今蜀本正作「罹」；〈告畬三陽神文〉，「原
> 濕生出」，盧云：「濕疑隰」，今蜀本正作「隰」。卷六十〈祭淮瀆文〉，
> 「取順拾逆」，盧云：「拾疑捨」，今蜀本正作「捨」；〈祭亡妻韋氏文〉，
> 「塊日前之戚戚」，盧云：「塊疑媿，日疑目」，今蜀本正作「媿」、「目」
> 也。又，卷五十一〈白氏長慶集序〉，注文內「多作模勒」，「勒」乃
> 爲「寫」之誤；「夫以諷諭之詩」，「夫」乃「是」之誤。卷五十二〈魏
> 博德政碑〉，「眾襲能名之爲副大使」，「能」字乃「故態」之誤，「之」
> 字衍；〈南陽王碑〉，「庫便之藏」，「便」乃「庚」之誤；「賻布帛」，
> 「帛」乃「泉」之誤；「鑑徐究潤」乃「全徐完潤」之誤。卷五十四
> 〈崔公墓誌銘〉，「凡十餘日」，「凡」乃「不」之誤；〈李公墓誌銘〉，
> 「唯宰相罪珣瑜」，「罪」乃「鄭」之誤；「尚書遜被口詔」，「詔」乃

「語」之誤。卷五十五〈嚴公行狀〉,「烝糧以曝於日」,「糧」乃「梁」
之誤。卷五十六〈劉君墓誌銘〉,「近軍郡守將」,「軍」乃「江」之
誤;「諸將攝理奪其馬牛」,「將」爲「州」之誤;「諸羌之長」,「長」
乃「酋」之誤。卷五十七〈元君墓誌銘〉,「宗姪沒子公慶」,「姪」
下脫「觀」字,「子」乃「嗣」之誤;銘詞「禽交加六神沒」,「禽」
上脫「四」字。卷五十八〈陸翰妻墓誌銘〉,「是唐之貞元二十五年」,
「是」下脫「歲有」二字;「董方書奏議者凡八轉」,「奏」上脫「草」
字;「聖善六姻」,「善」下脫「儀」字;「夫人亦不利行有年矣」,「行」
下脫「作」字;「侍其側者二三歲」,「者」下脫「周」字。卷五十九
〈告皇祖皇妣文〉,「朝列不許」,「列」乃「例」之誤;〈報三陽神文〉,
「錄事參軍元叔則」,「叔」乃「淑」之誤;「祈三辰克霽於神」,「神」
上脫「明」字;〈祈雨九龍神文〉,「我田疇其育」,「育」乃「有」之
誤。卷六十〈祭白太夫人文〉,「遠定死生之契」,「遠」乃「遂」之
誤;「推濟壑之念」,「濟」乃「擠」之誤;「大被澤鄰」,「澤」乃「擇」
之誤;「戒歌非淺」,「歌」乃「歇」之誤;「重則金鑾之英」,「重」
乃「仲」之誤;〈祭亡友文〉,「吞呵噴渭」,「呵」乃「河」之誤;「我
輩尤在」,「尤」乃「猶」之誤。皆賴蜀本改正。其他異字,殆難臚
舉。蓋抱經所見乃浙本,即上溯之錢牧翁所得,及楊君謙循吉所錄
者,皆是也。

則宋蜀刻本《元集》遠勝浙刻,此爲一證。

《中國版刻圖錄·宋刻本新刊元微之文集跋》云:

此書明嘉靖三十一年蘇州董氏刻本較通行,董本遇所據底本模糊
處,多以己意揣摹填補。此本可正董本誤處甚多。

此本更可正通行本之誤。

(十一)《孫可之文集》十卷

唐孫樵撰。宋蜀刻唐六十家集之一,現藏北京圖書館。

清黃丕烈《蕘圃藏書題識》卷七〈宋刻本孫可之文集跋〉云:

余友顧抱沖得宋刻本於華陽橋顧聽玉家,楮墨精良,首尾完好,眞
宋刻中上駟。爰從假歸校於毛刻本上,實有佳處,悉爲勘定。內卷
二卷三與毛刻互倒,自當以宋刻爲是。其脫落如卷八〈唐故倉部郎
中康公墓誌銘〉「楊嚴」已下二十四字,宋刻獨全。

傅增湘《藏園群書題記》卷十二〈校宋蜀刻本孫可之文集跋〉云：

> 此唐孫樵《經緯集》十卷，余從明吳韍本摹錄者，存之篋中已十五
> 六年矣。故人朱翼盦曾藏有宋刊本，因循未得假校，近始摹印行世，
> 因取校讀一過。其最異者，吳本卷二為宋本卷三，吳本卷三為宋本
> 卷二，其他文字改訂亦逾百許，蓋吳氏所得為鈔本，又以《英華》、
> 《文粹》諸書釐正其異同，於天水原雕固未嘗寓目也。

傅氏又云：

> 昔年曾假鄧氏群碧樓藏何義門手校本移寫一本。然何氏所見為明正
> 德王濟之所刻，雖言源出內閣本，而訛謬頗多，亦以不得宋本為憾。
> 至道光時，顧千里校勘此集，乃得見長洲汪氏所藏宋本，因舉《龍
> 多山錄》云「起辛而游，洎甲而休」，《刻武侯碑陰》云「獨為武侯
> 治於燕奭」二條，謂「見宋刻而後知正德本之謬」。今檢此本證之，
> 信然。汪氏宋本後歸於海源閣楊氏，余於津門得見之，半葉十二行，
> 行二十一字，與朱氏此本正同，余別藏司空表聖《一鳴集》行款亦
> 如是，蓋為蜀中所刊唐人數十種之一也。

黃氏以蜀刻《孫可之文集》校毛刻本，傅氏以此校鈔本、明正德本，始
知鈔本及明代刊本謬誤之多。

（十二）《杜荀鶴文集》三卷

唐杜荀鶴撰。宋蜀刻唐六十家集之一，現藏上海圖書館。

清瞿鏞《鐵琴銅劍樓藏書目錄》卷十九〈宋刊本杜荀鶴文集三卷〉云：

> 首行題「杜荀鶴文集」，下題「唐風集」，目錄前題「九華山人杜荀
> 鶴」。汲古毛氏所刊用南宋分體本，此則北宋不分體者。以毛本相校，
> 字句多不同，顧雲序中，為之序錄下有「乃分為上中下三卷，目曰
> 《唐風集》」十三字，又得如「周頌」下有「〈魯頌〉者，別為之次
> 序，景福元年夏，太常博士修國史顧雲撰序」二十四字，毛刻「周
> 頌」下別載數行皆無之，知南宋本之舛訛也。又增多詩三首，卷一
> 〈和吳太守罷郡山村偶題〉二首曰：「罷郡饒山興，村家不惜過。官
> 情隨日薄，詩思入秋多。野獸眠低草，池禽欲動荷。眼前餘政在，
> 不似有干戈。」「快活田翁輩，常言化育時。縱饒稽歲月，猶說向孫
> 兒。茅屋梁和節，茶盤果帶枝。相傳終不忘，何必立生祠。」卷二
> 〈送人遇亂湘中〉云：「家枕三湘岸，門前有釣磯。漁竿壯歲別，鶴

髮亂時歸。嶽暖無猿叫，深春有燕飛。平生書劍在，莫便學忘機。」
卷後有陸氏赦先手跋云：「世傳分體《唐風集》，俱出南宋本，余嘗
假錢遵王本校過，藏諸家塾。毛斧季新得沙溪黃子羽所藏北宋本，
既未分體，且多詩三首，與世本迥異，偶過汲古閣，出以示余，且
以家刻本見貽，因校此本，攜歸識於燈下」。

此宋本即蜀刻本，以此校汲古閣本，可以補顧雲序的內容，且比汲古閣
多收錄三首詩，蜀刻源於古本，勝過南宋其他刻本，此又一證也。

以上列舉一些實例，無論是原書的作者、卷數多寡、篇章次第、文字異
同等，都具體說明了兩宋四川刻書在校勘上的價值。前人談到宋代刻書，往
往說浙本最佳，蜀本次之，閩本最差，其實並不盡然，蜀刻亦有勝過浙刻之
處。蜀人刻書多根據古本翻雕，比起其他各地刻本輾轉翻刻者，往往有佳妙
之處。且蜀人刻書注重校勘，翻刻監本一絲不苟，一向被歷代藏書家所推重，
故有「校勘精審」之美譽，從前面所舉的例子，可以得到最好的印證。學者
研讀古代典籍，選擇好的版本，不可忽略此一版刻的存在。

（本文原載《王叔岷先生學術成就與薪傳研討會論文》，2001 年 6 月）

宋刻唐人文集的流傳及其價值

一、前　言

　　兩宋時代（960～1279）是雕版印刷的黃金時代，這個時期所出版的書籍是有名的「宋版書」。宋朝統一中國之後，經過一段恢復時期，國民經濟得以進一步的發展，生產力提高，社會逐漸富裕，商業繁榮，文化事業也得到相當的發展，於是著作種類增多，出版範圍也擴大了。

　　宋代的學術發展範圍很廣，譬如說北宋初年就編纂了幾部大的類書，如《太平御覽》、《冊府元龜》、《文苑英華》、《太平廣記》；在經學方面，出現了幾位有名的理學家；史學方面有最著名的編年史《資治通鑑》。除此之外，這個時期也開始出現了目錄學的著作。鄭樵的《通志·校讎略》是現存最早的目錄學理論的著作。尤袤的《遂初堂書目》是開始記錄各種不同版本的藏書目錄。而官修的《崇文總目》及晁公武的《郡齋讀書志》、陳振孫的《直齋書錄解題》都是以提要著名。文藝方面的著作，如詞集、詩文集、白話小說更是豐富。所有這一切都要求印刷術的發展，而印刷術的發展所帶來的便利也刺激了更多人從事著作。宋代的著作保存到現代的遠比宋以前爲多，這不能不說是由於印刷發達的關係。宋代的出版物遍及當時所有的各個知識部門，如儒家經典、歷史、地理、醫學、農業、工業、天文曆算、詩文集、詞集、小說、佛教及道教經典、民間文學等都陸續有刻本，不僅當代人的著作多半付諸印刷，連宋以前的著作也都陸續出版。

　　宋代刻書地點幾乎遍及全國，其中以浙江、四川、福建最有名。在北宋初年，刻書以四川爲最盛，這是沿襲唐五代的風氣；到北宋末期，杭州刻書

最爲精美，四川刻書逐漸退化。到了南宋，因爲建都臨安，所以杭州就成了刻書業的中心。宋末，福建刻書最多，但質料最差。

　　宋代所刻的書可分成官刻本、家刻本及坊刻本三大類。官刻本指的是政府各機關所刻的書，有中央刻本和地方刻本的區別。中央刻本以國子監所刻爲最有名，北宋初年正經、正史陸續付刻。地方刻本有種種不同的名目，如用地方政府公庫錢刻印的總稱爲公使庫本。又可依其官署名稱分爲各路茶鹽司、漕司、轉運司、安撫司、提刑司等等。此外，州軍學、郡齋、臺庠、郡學、縣齋、縣學、學宮以及各州府縣書院等，都有刻本。家刻本指的是私人出資校刻的書，由於校刻人對於本書進行精細的校訂，所以這種書在質量上一般都是很可靠的。其中以岳珂相臺家塾所刻《五經》爲最著名，後代推爲模範善本。其他如廖瑩中世綵堂刻《五經》及韓、柳集、蜀廣都費氏進修堂刻《資治通鑑》、建安黃善夫家塾刻《史記》及《漢書》、眉山程舍人宅刻《東都事略》，皆極有名。坊刻本指的是一般書商所刻的書。兩宋書坊刻書，以浙江、福建、四川三處爲最盛。三處坊肆甚多，浙江最有名的是臨安府棚北大街陳宅書籍舖，所刻的書稱爲《書棚本》。福建最有名的是余仁仲萬卷堂，雕版時間最長，所刻《春秋三傳》，爲坊肆刻本中之上品，至今爲學者所重視。福建書坊大多集中在麻沙、崇化兩鎭。這些書坊爲了引人購買，他們對許多通行的經史文集進行了加工，編刊了許多所謂纂圖互注重言重意的經書和子書，以及科舉考試需用的書，例如字書、韻書、類書、文選等等。四川刻書業的中心在成都，南宋中葉以後，漸漸轉移到眉山。當時眉山刻了不少唐宋詩文集及總集。

二、宋代四川地區刊印的唐人文集及其流傳的情形

　　四川的刻書事業從唐代開始就非常興盛，我們甚至可以推測四川可能是中國古代印刷術的發源地。因爲，在現存的唐人文獻中，最早談及雕版印刷而有年月可考的，是唐文宗太和九年（835）十二月禁止印行曆日的詔令，而且這正是記述四川刻書的最早資料。此外，根據日本人木宮泰彥《日支交通史》的記載：僧人宗叡曾於咸通六年（865）攜回西川印子《唐韻》一部五卷、《玉篇》一部三十卷〔註1〕。西川印子就是四川刻本的古稱，可見在咸通

〔註1〕見〔日〕木宮泰彥：《日支交通史》（東京都：金刺芳流堂，大正十五年至昭和二年〔1926～1927〕）。

時代四川刻印的書籍已經流傳到海外。並且，唐代自安祿山之亂以後，黃河流域爭戰連年，殘破不堪，生產力因而衰微，四川一帶較爲安寧富裕，人口叢集，文化水準較高，刻印書籍，條件俱備，刻書之事，應運而生，也是自然之理。唐末黃巢作亂，中和元年（881）僖宗避亂到四川，成都成爲當時政治經濟的中心，根據柳玭的記載，他在成都所見到的書籍，都是雕版印刷的陰陽、雜說、占夢、相宅、九宮、五緯與字書、小學等書〔註2〕，可見當時四川雕印的書籍種類繁多。五代後唐宰相馮道雕印九經，就是受四川刻書的影響。

五代時期，內亂綿延，中原屢次的改朝易代，唯遠處西陲的四川，獨保安寧，物阜民豐，文物稱盛，所以當時成都成爲西南文化的重心。而四川之雕版印刷所以能迅速發展，則歸功於蜀相毋昭裔的提倡刻書。毋氏刻書可以說爲兩宋四川刻書奠定了良好的技術基礎。

宋代四川刻印的經史子集各部書籍，很受當時藏書家的重視。四川刻書，開版弘朗，字體遒斂，紙張潔白，校勘精審，於兩宋雕版中別具疏朗明快的風格，可與浙本媲美。兩宋時代四川因爲承平日久，文物豐盛，所以古書多存善本，因此，四川刻印的書籍，往往最接近古本，可以保留古書的眞面目，也可以校正宋以後刻本的謬誤。尤其是四川刻印的唐人文集，校勘精審，故錯字較少。明萬曆以後，刻書者往往校勘不精，譌文誤字，比比皆是。傳世蜀刻本正可以校正後代刻本的謬誤。

據陳振孫《直齋書錄解題》，知兩宋時代四川曾刊印唐六十家集。惟世代遼遠，古籍殘缺，資料不足，究竟刻了那六十家集，今已無從詳考。本篇僅介紹現存的蜀刻唐人文集。今尚傳世的蜀刻唐人文集有三個系統，分別敘述於下：

（一）十一行二十字本

十一行二十字本，今存駱賓王、李太白、王摩詰三集，爲北宋或南北宋之際的刻本。

1.《駱賓王文集》十卷

唐駱賓王撰。《直齋書錄解題》有蜀本《駱賓王文集》，明末毛晉汲古閣

〔註2〕柳玭家訓序，見〔後晉〕劉昫：《舊五代史·唐明宗紀》（臺北：鼎文出版社，1990年），頁589。

所藏駱集即此北宋蜀刻十一行本。清楊紹和《楹書隅錄》云：

> 此本與予藏王摩詰集，皆半葉十一行，行二十字，所謂北宋蜀本也。卷中有宋本甲毛晉私印、毛晉書印、子晉汲古主人、汲古閣、汲古得修綆、開卷一樂、魯可圭圖書各印。卷第六至末汲古閣毛鈔補極佳。〔註3〕

《中國版刻圖錄》著錄此刻云：

> 匡高一八・一厘米，廣一〇・三厘米。十一行，行二十字。白口，左右雙邊。顧廣圻據郁雲卿序文「賓王與徐嗣業廣陵起義，不捷逃遁，致文集散失」，與直齋所稱蜀本合，因定爲蜀刻本。今觀字體刀法，知爲蜀本無疑。宋諱缺筆至遘，溝字（溝字或不缺）。卷六至卷十毛氏汲古閣影宋抄補。〔註4〕

由此可知，北宋蜀刻《駱賓王文集》，今尚存殘帙，其卷六至卷十爲毛氏汲古閣影宋抄配。此爲「駱集」之最早版本，現藏中國國家圖書館。上海古籍出版社據此影印，收入《宋蜀刻本唐人集叢刊》。

2.《李太白文集》三十卷

唐李白撰。宋晁公武《郡齋讀書志》及陳振孫《直齋書錄解題》都提到蜀本《李太白文集》。清陸心源藏有此刻，他在《儀顧堂集》裡曾說：

> 是書有「乾學之印」四字白文方印、「王氏敬美」白文方印、「崑山徐氏家藏」朱文長方印、「錢應庚」白文方印、「南金」朱文方印、「丕烈」「菉夫」兩朱文小方印。元豐距今九百餘年，屢經王敬美、徐乾學、黃丕烈、錢應庚諸家收藏，完善如新，可寶也。〔註5〕

陸氏藏書後歸日本靜嘉堂文庫，《靜嘉堂文庫宋元版圖錄》〔註6〕著錄，被列爲重要文化財。《中國版刻圖錄》著錄此刻云：

> 匡高一七・九厘米，廣一〇・三厘米。十一行，行二十字。白口，左右雙邊，前人定此本爲北宋元豐三年晏處善平江府刻本，絕非事實。宋諱搆字有避有不避，構、慎字都不缺筆。卷十五至二十四缺，前人

〔註3〕 〔清〕楊紹和：《楹書隅錄》（臺北：廣文書局據清原刊本影印，民國56年），頁480～481。

〔註4〕 北京圖書館編：《中國版刻圖錄》（北京：北京圖書館，1961年），頁44。

〔註5〕 〔清〕陸心源：〈北宋李太白文集跋〉，《儀顧堂集》（臺北：台聯國風出版社據清刊本影印，民國59年），頁904～905。

〔註6〕 日本平成四年（1992）靜嘉堂文庫編纂發行，汲古書院製作發賣。

　　據康熙五十六年繆日芑刻本配全。此爲李集傳世最古刻本。〔註7〕
由此可知，北宋蜀刻《李太白文集》，除陸氏藏本外，另有一部，惟缺卷十五
至二十四，以繆本配全，已非陸氏所言完善如新。此本現藏中國國家圖書館。
上海古籍出版社據此影印，收入《宋蜀刻本唐人集叢刊》。

　　3. 《王摩詰文集》十卷

　　唐王維撰。《直齋書錄解題》有蜀本《王摩詰文集》。王維的文集，宋代
刻了二種，蜀刻本曰《王摩詰文集》，建昌本曰《王右丞集》。清楊紹和《楹
書隅錄》云：

> 右《王摩詰文集》十卷，每卷有「二泉主人聽松風處」、「子京項墨
> 林鑒賞章」、「宋本甲」等印，第五卷有款云「袁褧觀」及「袁氏尚
> 之」印，今藏汪氏藝芸書舍，與其收《讀書敏求記》所藏《王右丞
> 文集》皆宋本，而迥乎不合。〔註8〕

又云：

> 可知卷第敍次雖以建昌本爲勝，而此本乃北宋開雕，其間佳處實建
> 昌本所從出之源，宋槧中之最古者矣。〔註9〕

《中國版刻圖錄》著錄此刻云：

> 匡高一七・九厘米，廣一〇・三厘米。十一行，行二十字。白口，
> 左右雙邊。顧廣圻據《直齋書錄解題》定爲蜀本，觀版式刀法，與
> 《李太白集》、《駱賓王集》如出一轍，知爲蜀本無疑。宋諱構字不
> 缺筆。前人定爲北宋本，大致可信。〔註10〕

由此可知，北宋蜀刻本《王摩詰文集》，今尚存。此本現藏中國國家圖書館。
上海古籍出版社據此影印，收入《宋蜀刻本唐人集叢刊》。

（二）十二行二十一字本

　　十二行本約刻於南宋中葉，此刻元時爲翰林國史院官書，清初爲潁川劉
體仁藏書，故書中有「翰林國史院官書」朱文長方印、「劉體仁印」白文方印、
「潁川劉考功藏書印」朱文方印、「公㦤」朱文方印、「公㦤父」白文方印。
相傳當時藏有三十種，散見於清代以來各藏書家書目者尚有二十餘種，惟今

〔註 7〕 北京圖書館編：《中國版刻圖錄》，頁 44。
〔註 8〕 〔清〕楊紹和：《楹書偶錄》，頁 487。
〔註 9〕 同前註，頁 491。
〔註10〕 北京圖書館編：《中國版刻圖錄》，頁 44。

傳世可考者僅十九種而已。

1.《孟浩然詩集》三卷

唐孟浩然撰。清黃丕烈《蕘圃藏書題識》云：

> 至於此刻爲南宋初刻，類此版式唐人文集不下數十種，余所藏者有
> 劉隨州、劉賓客，余所見者有姚少監、韓昌黎，皆有國史院官書長
> 方印，然皆殘闕過半，究不若此本之爲全璧也。〔註11〕

清楊紹和《楹書隅錄》、王文進《文祿堂訪書記》、潘宗周《寶禮堂宋本書錄》
著錄此刻均有「黃丕烈」、「復翁」、「百宋一廛」、「士禮居」、「汪士鐘」、「閬
源」等印。《中國版刻圖錄》著錄此刻云：

> 匡高一九・四厘米，廣一三・五厘米。十二行，行二十一字。白口，
> 左右雙邊。集分上中下卷。與明刻本分體編次，他本按題目內容分
> 類都不同。宋諱驚、恒二字缺筆。細審字體刀法，當是南宋中期蜀
> 刻本。黃氏士禮居舊藏，百宋一廛賦著錄。〔註12〕

由此可知，傳世蜀刻《孟浩然詩集》僅此一本，黃氏士禮居舊藏，至今尚存。
宋蜀刻《孟浩然詩集》是現存孟氏詩集中最早的版本。此本現藏中國國家圖
書館。上海古籍出版社據此影印，收入《宋蜀刻本唐人集叢刊》。

2.《劉文房文集》十卷

唐劉長卿撰。此即宋陳振孫《直齋書錄解題》著錄之宋蜀刻本。《蕘圃藏
書題識》云：「先是西屏家有劉長卿、劉禹錫集，皆宋刻殘本，皆有翰林國史
院官書印，爲余所得。」〔註13〕又云：「今得宋刻正如撥雲睹青矣；至於此刻，
爲南宋初刻，類此版式唐人文集，不下數十種，余所藏者有劉隨州、劉賓
客……，然皆殘缺過半。」〔註14〕此本尚存卷五至卷十，共六卷，雖爲殘卷，
卻是劉集僅存之宋本。此本現藏中國國家圖書館。上海古籍出版社據此影印，
收入《宋蜀刻本唐人集叢刊》。

3.《陸宣公文集》二十二卷

唐陸贄撰。此即《直齋書錄解題》著錄之宋蜀刻本。宋代以後各家藏書

〔註11〕〔清〕黃丕烈：《蕘圃藏書題識》（臺北：廣文書局據民國八年刊本影印，民
國 56 年），頁 588。
〔註12〕北京圖書館編：《中國版刻圖錄》，頁 45。
〔註13〕〔清〕黃丕烈：《蕘圃藏書題識》，頁 635。
〔註14〕同前註，頁 588。

志均未著錄，然此本乃現存陸集傳世最早的刻本。

此本殘存卷一至卷十二，共十二卷，現藏中國國家圖書館。上海古籍出版社據此影印，收入《宋蜀刻本唐人集叢刊》。

4.《權載之文集》五十卷

唐權德輿撰。此即《直齋書錄解題》著錄之宋蜀刻本。此本元代以後罕見著錄，大抵元明兩代與清初屬官家藏書，清康熙間從宮內流出，《四庫總目·權文公集提要》云：「王士禎《居易錄》載權公文集五十卷，……稱無錫顧宸藏本，劉體仁之子凡寫之以貽士禎者。」〔註15〕由此可知，宋蜀刻《權載之文集》五十卷，清初尚存全帙。

此本今殘存二十七卷。卷一至卷八、卷二十一至卷三十一，凡十九卷，現藏中國國家圖書館。上海古籍出版社據此影印，收入《宋蜀刻本唐人集叢刊》。卷四十三至卷五十，凡八卷，原爲南京中央圖書館收藏，現藏台灣國家圖書館。

5.《昌黎先生集文》四十卷《外集》十卷

唐韓愈撰。此亦宋蜀刻唐人文集。每半葉十二行，行二十一字。此本卷四、十一、十六、三十二、四十之末及卷二十五、三十三之首均鈐有「翰林國史院官書」長方朱印。書中又有海源閣藏書印，如「東郡楊氏海源閣珍藏」、「以增私印」、「東郡楊紹和字彥合藏書之印」、「楊保彝藏本」等。知此書元時爲翰林國史院藏書，後爲海源閣楊氏所得。楊氏《楹書隅錄》著錄此刻云：

> 南宋初刻唐人集，每半葉十二行，行二十一字之本凡數十種，與北宋蜀本每半葉十一行，行二十二字唐人諸集並稱，最爲精善，顧今世流傳絕罕，偶或遇之，率已損闕，求完帙不易得也。藏予齋者凡三：一浩然，一可之，皆完帙，一殘本鈔補者即此。……闕二十一卷（文集卷五至卷七、卷十七至卷十九、卷二十至卷二十四、外集十卷），鈔補工緻，當由原刻影寫，非漫然爲之者。……此本刻時約尚在朱子之前，尤韓集中之最早者，可珍已。〔註16〕

知此本尚殘存二十九卷，現藏中國國家圖書館。上海古籍出版社據此影印，

〔註15〕〔清〕永瑢主編：《四庫全書總目》（北京：中華書局據乾隆六十年浙江刊本影印，1965年），頁1287。
〔註16〕〔清〕楊紹和：《楹書隅錄》，頁521～523。

收入《宋蜀刻本唐人集叢刊》。

6.《劉夢得文集》三十卷

唐劉禹錫撰。此即《直齋書錄解題》著錄之宋蜀刻本。劉禹錫集本四十卷，至宋代已散落。陳氏云：「集本四十卷，逸其十卷。」〔註17〕《郡齋讀書志》所著錄者，卷數相同。此本殘存卷一至卷四，現藏中國國家圖書館。上海古籍出版社據此影印，收入《宋蜀刻本唐人集叢刊》。

7.《張文昌文集》五卷

唐張籍撰。《直齋書錄解題》有「川本作五卷」，當即此本。王文進《文祿堂訪書記》著錄此刻云：

> 宋蜀刻本，半葉十二行，行二十一字，白口，計五十五葉，有「翰林國史院官書」長方印，劉體仁「潁川劉考功藏書印」。〔註18〕

《續古逸叢書》有影宋本《張文昌文集》四卷，半葉十二行，行二十一字，白口，單魚尾（下記文昌幾），左右雙闌，首目錄，有「翰林國史院官書」、「劉體仁印」、「潁川劉考功藏書印」、「公㥅」等印。

此集傳至今日，尚殘存卷一至卷四，現藏中國國家圖書館。上海古籍出版社據此影印，收入《宋蜀刻本唐人集叢刊》。

8.《皇甫持正文集》六卷

唐皇甫湜撰。潘宗周《寶禮堂宋本書錄》著錄此刻云：

> 諸家著錄卷數均同，則存於世者僅有此本。是爲蜀中所刻，……今此尚爲完帙，卷首有總目，每卷有篇目，目連正文，版印絕精，殊爲可寶，惟前後無序跋，又剜改多至數十字，不知何因，殊爲疵纇。
> 版式：半葉十二行，行二十一字，左右雙闌，版心白口，單魚尾，書名題正幾。宋諱：玄、眩、弦、炫、朗、弘、貞、桓、慎、敦等字闕筆。藏印：「翰林國史院官書」、「劉印體仁」、「潁川鎦考功藏書印」、「公㥅」。〔註19〕

由此可知，傳世蜀刻《皇甫持正文集》，僅此一部，尚存全帙，爲潘氏寶禮堂舊

〔註17〕〔宋〕陳振孫：《直齋書錄解題》（上海：上海古籍出版社，1987年初版），頁479。

〔註18〕〔清〕王文進：《文祿堂訪書記》（臺北：廣文書局據民國31年印本影印，民國56年），頁359。

〔註19〕〔清〕潘宗周：《寶禮堂宋本書錄》（臺北：文海出版社影印本，民國52年），集部，頁18a。

藏。上海商務印書館曾據此影印，收入《四部叢刊初編》及《續古逸叢書》。

此本現藏中國國家圖書館。上海古籍出版社據此影印，收入《宋蜀刻本唐人集叢刊》。

9. 《歐陽行周文集》十卷

唐歐陽詹撰。此即宋蜀刻唐人文集之一。版匡高一九・九公分，寬一四・三公分。首載李貽孫序，每半葉十二行，行二十一字。版心白口，宋諱玄、泫、絃、驚、弘、殷、筐、恆、貞、禎、徵、敦、曔等字缺筆。每卷有目錄連屬正文。書中鈐有「翰林國史院官書」朱文長方印、「劉印體仁」白文方印、「潁川劉考功藏書印」朱文方印、「公㦤」朱文方印、「公㦤父」白文方印。此本尚存全帙。現藏台灣國家圖書館。

10. 《孟東野文集》十卷

唐孟郊撰。清黃丕烈《蕘圃藏書題識》云：

> 此殘宋刻《孟東野文集》十卷本，目錄尚全，後五卷失之，或云是蜀本，余以字形核之，當不謬也。是書出無錫故家，去夏已聞之，獲觀者相傳卷中有「翰林國史院官書」朱記，余即斷以為宋刻，蓋余家藏有二劉及孟浩然，周丈香嚴藏有姚合諸集，同此字形，並同此記，故信之也。迨今四月始見而購之，用白金五兩四錢，欣喜之至。〔註20〕

《中國版刻圖錄》著錄此刻云：

> 匡高一九・五厘米，廣一三・四厘米。十二行，行二十一字。白口，左右雙邊。原書十卷，存卷一至卷五，凡五卷，編次與北宋以下諸本均合。〔註21〕

由此可知，傳世蜀刻《孟東野文集》殘存五卷，黃氏士禮居舊藏。至今尚存。此本尚存目錄，卷一至卷五，現藏中國國家圖書館。上海古籍出版社據此影印，收入《宋蜀刻本唐人集叢刊》。

11. 《李長吉文集》四卷

唐李賀撰。此即宋蜀刻唐人文集之一。《中國版刻圖錄》著錄此刻云：

> 匡高一九・五厘米，廣一三・六厘米。十二行，行二十一字。白口，

〔註20〕〔清〕黃丕烈：《蕘圃藏書題識》，頁610。
〔註21〕北京圖書館編：《中國版刻圖錄》，頁45。

左右雙邊。此本文字與南宋初葉宣城刻未剜改本同一系統，於此可見李詩古本面貌。〔註22〕

由此可知，南宋蜀刻《李長吉文集》，今尚存。《續古逸叢書》有影印本，亦半葉十二行，行二十一字，白口，左右雙闌，單魚尾（下記吉幾）。有「翰書國史院官書」、「潁川劉考功藏書印」、「公惠」等印。此本尚存全帙，現藏中國國家圖書館。上海古籍出版社據此影印，收入《宋蜀刻本唐人集叢刊》。

12. 《新刊元微之文集》六十卷

唐元稹撰。傅增湘校宋蜀本《元微之文集》十卷跋云：

> 元集殘本十卷，慈谿李氏所藏，存卷五十一至六十凡十卷。……原本每半葉十二行，每行二十一字不等。白口，左右雙闌。中縫但記微之幾十幾，而無字數及刊工姓名。板高約六寸四分，闊四寸七八分。字體古勁，與余所藏之《冊府元龜》、《二百家名賢文粹》字體刻工絕相類。且桓構字皆不避，當為北宋刻本。其中敦字間有缺筆者，則後印時所刊落也。收藏有元翰林國史院官書楷書朱記，又有劉功勇戈印。〔註23〕

案蜀刻十二行本唐人文集，宋諱皆避至敦字，知為南宋中葉所刻。傅氏定為北宋刻本，當不可信。《中國版刻圖錄》著錄此刻云：

> 匡高一九·六厘米，廣一三·四厘米。十二行，行二十一字。白口，左右雙邊。宋諱缺筆至敦字。原書六十卷，存卷一至卷十四、卷五十一至六十，凡二十四卷。此書明嘉靖三十一年蘇州董氏刻本較通行。董本遇所據底本模糊處，多以己意揣摹填補。此本可正董本誤處甚多。《元集》，宋乾道間洪適刻於越州。此本刊行時代稍後於洪本，與洪本為同一系統。〔註24〕

由此可知，宋蜀刻《元微之文集》，尚殘存二十四卷（其中卷五十一至六十，當即傅氏所見本）。

此殘本現藏中國國家圖書館。上海古籍出版社據此影印，收入《宋蜀刻本唐人集叢刊》。

〔註22〕同前註，頁 46。

〔註23〕傅增湘：《藏園群書題記·續集》（臺北：廣文書局據民國 27 年及 32 年本影印，民國 56 年），頁 912～917。

〔註24〕北京圖書館編：《中國版刻圖錄》，頁 45～46。

13.《姚少監詩集》十卷

唐姚合撰。此宋蜀刻本《姚集》,《直齋書錄解題》未直接著錄,僅云:「川本卷數同。」〔註25〕據書中所鈐「翰林國史院官書」、「平江黃氏圖書」、「稽瑞樓」、「鐵琴銅劍樓」諸印及黃丕烈跋文,知此集元時由官府收藏,清初爲劉體仁所得,後又藏周錫瓚家。嘉慶十七年(1812)周氏贈此書爲黃丕烈祝壽。《蕘圃藏書題識》著錄此刻。後歸常熟陳揆稽瑞樓,瞿氏《鐵琴銅劍樓藏書目錄》著錄此刻云:

> 原書十卷,今存第一至五。款式與劉文房集同,殷敬字有闕筆,冊首有「翰林國史院官書」鈐記。案此本與毛氏刻本不同,⋯⋯其編次前後亦參差互異,毛氏所刻出自影鈔宋本,謂是浙本,與川本編次稍異。此豈所謂川本乎。〔註26〕

此殘本現藏中國國家圖書館。上海古籍出版社據此影印,收入《宋蜀刻本唐人集叢刊》。

14.《張承吉文集》十卷

唐張祜撰。此本亦宋蜀刻唐人文集之一,元代藏宮中,開卷有「翰林國史院官書」長方印。明、清亦爲內閣藏書。清初歸山東劉體仁七松堂藏書。此本十卷全,現藏中國國家圖書館。上海古籍出版社據此影印,收入《宋蜀刻本唐人集叢刊》。

15.《許用晦文集》二卷《拾遺》二卷

唐許渾撰。此即《直齋書錄解題》著錄之蜀本。《文祿堂訪書記》有《許用晦文集》二卷《總錄》一卷《拾遺》二卷,云:

> 唐許渾撰,宋蜀刻本,半葉十二行,行二十一字,白口,計八十七葉,有「翰林國史院」長方印、「劉體仁」、「潁川劉考功藏書印」。〔註27〕

《續古逸叢書》有影印本,亦半葉十二行,行二十一字,白口,左右雙闌,單魚尾(下題用上或許渾上或許上,許文下,許文拾遺,許文拾遺詩),有「翰林國史院官書」、「劉印體仁」、「潁川劉考功藏書印」諸印。

〔註25〕 〔宋〕陳振孫:《直齋書錄解題》,頁568。
〔註26〕 〔清〕瞿鏞:《鐵琴銅劍樓藏書目錄》(臺北:廣文書局據清原刊本影印),頁1140~1141。
〔註27〕 〔清〕王文進:《文祿堂訪書記》,頁371。

此本現藏中國國家圖書館。上海古籍出版社據此影印，收入《宋蜀刻本唐人集叢刊》。

16.《孫可之文集》十卷

唐孫樵撰。清楊紹和《楹書隅錄》云：

> 予齋藏唐人集二十餘種，皆宋元槧之致佳者，而浩然、昌黎兩集並此本，同出一刻，尤精古絕倫，蓋即復翁云：南宋初年鋟版者也。〔註28〕

此本即南宋中葉蜀刻本。王文進所見到的有「宋本印」、「顧千里經眼記」、「汪士鐘」、「楊以增字益之又字至堂晚號冬樵宋存書室印」諸印，知爲楊氏海源閣舊藏。《續古逸叢書》有影印本，半葉十二行，行二十一字，白口，左右雙闌，單魚尾（下記可之幾）。前有中和四年（884）自序，首尾有「翰林國史院官書」長方印。卷一有「體」、「公」、「潁川鎦考功藏書印」諸印。

此本現藏中國國家圖書館。上海古籍出版社據此影印，收入《宋蜀刻本唐人集叢刊》。

17.《司空表聖文集》十卷

唐司空圖撰。此即宋蜀刻唐人文集。《文祿堂訪書記》著錄此刻云：

> 唐司空圖撰，宋蜀刻本，次題《一鳴集》，半葉十二行，行二十一字，白口，計八十四葉，有「翰林國史院官書」長方印、「劉體仁」、「潁川劉考功藏書印」。〔註29〕

傅增湘《雙鑑樓善本書目》有宋刊本《司空表聖文集》十卷，與《文祿堂訪書記》所著錄者相同。由此可知，宋蜀刻《司空表聖文集》，至民初尚存。《續古逸叢書》有影印本，亦半葉十二行，行二十一字，白口，左右雙闌，單魚尾（下記一鳴幾），前有司空表聖文集序。

此本現藏中國國家圖書館。上海古籍出版社據此影印，收入《宋蜀刻本唐人集叢刊》。

18.《杜荀鶴文集》三卷

唐杜荀鶴撰。此亦宋蜀刻唐人文集之一。此爲唐人文集中未經著錄者。此集明末爲毛氏汲古閣收藏，有「汲古閣藏印」。清初歸季振宜。

〔註28〕 〔清〕楊紹和：《楹書隅錄》。
〔註29〕 〔清〕王文進：《文祿堂訪書記》，頁377。

此本現藏中國國家圖書館。上海古籍出版社據此影印,收入《宋蜀刻本唐人集叢刊》。

19.《鄭守愚文集》三卷

唐鄭谷撰。《文祿堂訪書記》著錄此刻云:

> 唐鄭谷撰,宋蜀刻本,次題《雲台編》,半葉十二行,行十九至二十一字,白口,乾寧甲寅自序,計五十六葉,有「翰林國史院官書」長方印,「劉體仁印」。〔註30〕

《中國版刻圖錄》著錄此刻云:

> 匡高一九・五厘米,廣十三・五厘米,十二行,行二十一字。白口,左右雙邊。序目前題下題雲台編,與他本逐題雲台編不同。分卷編次與近本都合。〔註31〕

由此可知,宋蜀刻《鄭守愚文集》,至今尚存。《四部叢刊續編》及《續古逸叢書》有影印本,亦半葉十二行,行二十一字,白口,左右雙闌,單魚尾(下題鄭幾或谷幾),前後有「翰林國史院官書」朱文長方印,前序文下又有「潁川劉考功藏書印」。

此本現藏中國國家圖書館。上海古籍出版社據此影印,收入《宋蜀刻本唐人集叢刊》。

(三)十行十八字本

十行本約刻於南宋中葉,今尚傳世的有《昌黎先生文》及《唐柳先生文》兩種:

1.《新刊經進詳註昌黎先生文》四十卷,《外集》十卷,《遺文》三卷

唐韓愈撰,宋文讜、王儔注。《中國版刻圖錄》云:

> 匡高二一・二厘米,廣一四・三厘米。十行,行十八字。注文雙行,行字同。白口,左右雙邊。題迪功郎普慈文讜詞源詳註,通直郎致仕淡齋王儔尚友補註。卷首乾道二年文讜進書表。宋諱缺筆至構字,慎、廓自不缺筆。刻工王龜慶元五年又刻成都府學本《太平御覽》。觀字體刀法,知爲南宋中葉蜀本。此書宋以後從未翻版,傳本至罕。卷十二至卷十八原佚,前人據宋池州刻白文本配補。楊氏海源閣舊

〔註30〕同前註。
〔註31〕北京圖書館編:《中國版刻圖錄》,頁46。

藏,《楹書隅錄》未收。〔註32〕

由此可知,南宋中葉蜀刻本《新刊經進詳註昌黎先生文》,為楊氏海源閣舊藏,今尚存殘本。

此本現藏中國國家圖書館。上海古籍出版社據此影印,收入《宋蜀刻本唐人集叢刊》。

2.《新刊增廣百家詳註唐柳先生文》四十五卷

唐柳宗元撰,宋童宗說、韓醇等注釋。《中國版刻圖錄》云:

> 匡高二一厘米,廣一四‧三厘米。十行,行十八字。注文雙行,行字同。白口,左右雙邊。南宋諱不缺筆。卷首百家音辯詁訓姓名中有南宋人李燾、李石、馮時行、洪邁、呂祖謙等人。刻工張福孫、文望之、史丙又刻《太平御覽》、《文讜詳註韓文》等書,因推知此書確是南宋中葉蜀本。紙墨瑩潔,字畫遒勁,與文註韓文可稱蜀本雙璧。〔註33〕

由此可知,此本與《新刊經進詳註昌黎先生文》版式行款相同,必為同時所刻,今尚傳世。

此本卷帙完整,是現存柳集中時代較早的註本,現藏中國國家圖書館。上海古籍出版社據此影印,收入《宋蜀刻本唐人集叢刊》。

三、宋代杭州地區刊印的唐人文集及其流傳的情形

杭州地區的出版事業從五代開始就已經有相當的基礎,吳越國王錢俶刊印的三種佛經,如今仍流傳於世。北宋時期國子監大量刊刻圖書,其中南北朝七史,便是送往杭州刊版,充分展現出杭州雕版印刷的實力。宋高宗南渡以後,杭州為南宋行都,除了官方刻書外,私人及書坊刻書亦極興盛,其數量之多,品質之精,更超越前代。私家刻書以廖瑩中世綵堂最為著名;而書坊則有陳氏書籍鋪、尹氏書籍鋪、杭州大隱坊、杭州錢唐門裡車橋南大街郭宅經鋪、臨安府眾安橋南賈官人經籍鋪及臨安府中瓦南街東開印輸經史書籍鋪等,其中陳氏書籍鋪所刻唐人文集更著稱於世。

（一）南宋臨安陳氏書籍鋪刻本

在圖書版本學上,我們常見到有「書棚本」之名。所謂「書棚本」就是

〔註32〕 同前註。
〔註33〕 同前註。

南宋臨安陳起父子所刻的書。因陳起所開書肆名芸居樓，在睦親坊。據葉德輝考證〔註 34〕，睦親坊是當時的官巷，與近民坊平列，中隔御街；御街之對面即戒民坊一帶，戒民坊一帶之後即御河，河有棚橋，故此一帶街巷都以棚名，其街甚長，故分南棚、中棚兩巷，尾至棚北大街，南宋時代宗學多建立於此，因此附近多書坊。睦親坊就在棚北大街，因此陳氏刻書，多有木記，題「臨安府棚北大街陳宅書籍鋪印行」，或題「臨安府棚北大街睦親坊南陳宅刊本」等等。書棚本之名，即由此而來。書棚本每卷末均刻有牌記一行，文字詳略各有不同，葉德輝曾彙集各家藏書志、目、記、跋所載，其款式達十九種之多。葉氏認爲單稱陳道人、陳宅書籍鋪經籍鋪者爲陳起所刻，稱陳解元書籍鋪經籍鋪者爲陳起之子續芸所刻；續芸所刻多說部、宋人集，陳起所刻多唐人集，以周端臣挽詩「詩刊欲遍唐」之句可證。〔註 35〕

元方回所編的《瀛奎律髓》卷四十二載趙師秀〈贈賣書陳秀才詩〉云：

> 四圍皆古今，永日坐中心，門對官河水，簷依柳樹陰。
>
> 每留名士飲，屢索老夫吟，最感春燒盡，時容借檢尋。

方回附注云：

> 陳起，字宗之，睦親坊賣書開肆。予丁未至行在所，至辛亥凡五年，
>
> 猶識其人，且識其子。今近四十年，肆燬人亡，不可見矣。〔註 36〕

丁未爲宋理宗淳祐七年（1247），後四十年，當元世祖至元二十四年（1287），就方氏之語證之，知陳氏刻書，約始於宋寧宗時，或理宗初年，至元初已肆燬人亡。陳氏書籍鋪之興衰，大致如此。

陳氏父子刻書甚多，清代諸家藏書志記載的，大多爲說部及唐宋文人集，詳《書林清話》卷二。然時至今日，書棚本已不多見。茲就現今尚傳世的唐人文集分別敘述於後：

1.《常建詩集》二卷

唐常建撰。每半葉十行，行十八字。白口，左右雙欄，單魚尾。魚尾下

〔註 34〕 見〔清〕葉德輝：《書林清話》（臺北：世界書局，民國 59 年），頁 47～59。

〔註 35〕 《江湖後集》卷三有周端臣挽陳起詩二首，其一云：「天地英靈在，江湖名姓香，良田書滿屋，樂事酒盈觴。字畫堪追晉，詩刊欲遍唐，音容今已矣，老我倍淒涼。」見〔宋〕陳起編：《江湖後集》（臺北：臺灣商務印書館影印文淵閣四庫全書，1983 年）卷三，頁 25a。

〔註 36〕 〔元〕方回選評、李慶甲集評校點：《瀛奎律髓彙評》（上海：上海古籍出版社，1995 年），頁 1503。

記書名及葉次。宋諱玄、絃、筐、貞等字缺末筆。上卷末有「臨安府棚北大街睦親坊南陳宅刊行」木記一行。

此本現藏台灣國立故宮博物院。民國二十一年該院曾據此本影印，編入《天祿琳琅叢書》第一集。

2.《王建詩集》十卷

唐王建撰。《中國版刻圖錄》云：

> 匡高一七・二厘米，廣一二・二厘米。十行，行十八字。白口，左右雙邊。卷後有「臨安府棚北大陸睦親坊南陳解元宅刊印」一行，又有「唐寅手寫俞子容家藏書，唐寅勘畢」一行。俞子容名弁，明正德中吳縣人，與唐寅往還甚密。此本傳世凡三帙。一、多缺葉，經後人影抄補足，今藏北京圖書館。二、存前五卷，後半毛氏汲古閣影宋抄補，原為浙人孫鳳鈞藏書，今不知飄墮何所。三、即此帙，初印精湛，近年出硤石鎮某舊家。〔註37〕

此本現藏中國國家圖書館。

3.《張司業詩集》三卷

唐張籍撰。板匡高一七・二公分，寬一二・九公分。每半葉十行，行十八字。版心白口，上記字數。宋諱朗、樹等字缺筆。此本現藏台灣國家圖書館，殘存二卷（缺上卷）。

4.《周賀詩集》一卷

唐周賀撰。《中國版刻圖錄》著錄此本匡高一七・三厘米，廣一二・二厘米。十行，行十八字。白口，左右雙邊。卷末有「臨安府棚北睦親坊南陳宅書籍舖印」一行〔註38〕。商務印書館有影印本，收入《四部叢刊續編》。此本現藏中國國家圖書館。

5.《朱慶餘詩集》一卷

唐朱慶餘撰。《中國版刻圖錄》著錄此本匡高一六・九厘米，廣一二・一厘米。十行，行十八字。白口，左右雙邊。卷後有「臨安府睦親坊陳宅經籍舖印」〔註39〕。此本為黃氏士禮居舊藏，今尚傳世。商務印書館有影印本，收入《四部叢刊續編》。此本現藏中國國家圖書館。

〔註37〕北京圖書館編：《中國版刻圖錄》，頁 15～16。
〔註38〕同前註，頁 16。
〔註39〕同前註。

6.《唐女郎魚玄機詩》一卷

唐魚玄機撰。《中國版刻圖錄》云：

> 匡高一七厘米，廣一二·一厘米。十行，行十八字。白口，左右雙
> 邊。魚玄機字幼微，長安人。有才思，咸通中隸咸宜觀爲女道士。
> 詩多俊語，「易求無價寶，難得有心郎」一詩，尤爲世傳誦。詩一卷，
> 卷末有「臨安府棚北睦親坊南陳宅書籍鋪印」。鐫刻秀麗工整，爲陳
> 家坊本中代表作。明時爲朱氏存餘堂、項氏天籟閣藏書。清嘉慶中
> 黃丕烈得之，繪圖題句，以誌奇遇。一時名士陳文述、石韞玉，女
> 子曹貞秀，歸懋儀等，俱有吟咏。黃氏別有題詠第二冊，並長跋記
> 得書經過，今不知飄墮何所。〔註40〕

此本現藏中國國家圖書館。

7.《唐求詩集》一卷

唐唐求撰。《中國版刻圖錄》云：

> 匡高一六·八厘米，廣一二·二厘米。十行，行十八字。白口，左
> 右雙邊。唐求，成都人。王建帥蜀，召爲參謀，不就，人謂之唐隱，
> 後不知所終。詩僅八葉三十五首。觀字體刀法，疑亦宋末棚本。黃
> 氏士禮居舊藏，《百宋一廛賦》著錄。〔註41〕

按傳世書棚本均爲歐體字，十行，行十八字，白口，左右雙欄。此《唐
求詩集》應爲書棚本。

此本現藏中國國家圖書館。

8.《唐李推官披沙集》六卷

唐李咸用撰。鄧邦述《群碧樓善本書目》卷一著錄此刻云：

> 宋書棚本，每半葉十行，行十八字。……序後有「臨安府棚北大街
> 陳宅書籍鋪印行」一行。

又云：

> 《披沙集》六卷，亦臨安陳氏刻本。世之好古書者，言宋刊或輕視
> 棚本，其實陳氏在當日頗負時譽，如所編宋人十集，藏家至今重之，
> 非若後來坊賈徒競於利之爲也，況所刻唐賢集在今日已成孤本耶。
>
> 〔註42〕

〔註40〕同前註。
〔註41〕同前註，頁17。
〔註42〕鄧邦述：《群碧樓善本書目》（臺北：廣文書局影印本，民國57年），頁54。

知宋書棚本《唐李推官披沙集》舊藏鄧氏群碧樓。

此本後歸臺灣中央研究院歷史語言研究所，現藏傅斯年圖書館。

9.《李群玉集詩集》三卷《後集》五卷

唐李群玉撰。鄧邦述《群碧樓善本書錄》卷一著錄此刻云：

> 宋書棚本，每半葉十行，行十八字。……後有「臨安府棚北大街睦
> 親坊南陳解元宅書籍鋪印」一行。〔註43〕

知宋書棚本《唐李推官披沙集》舊藏鄧氏群碧樓。

此本後歸臺灣中央研究院歷史語言研究所，現藏傅斯年圖書館。

10.《碧雲集》三卷

唐李中撰。鄧邦述《群碧樓善本書錄》卷一著錄此刻云：

> 宋書棚本，每半葉十行，行十八字。……序後有「臨安府棚北大街
> 睦親坊南陳宅書籍鋪印」一行。〔註44〕

知宋書棚本《唐李推官披沙集》舊藏鄧氏群碧樓。

此本後歸臺灣中央研究院歷史語言研究所，現藏傅斯年圖書館。

（二）宋咸淳廖氏世綵堂刻本

1.《昌黎先生集》四十卷《外集》十卷

唐韓愈撰，宋廖瑩中校正。周密《癸辛雜識後集》有「賈廖刊書」一條記載廖瑩中刻書的事情。其文云：

> 九經本最佳，凡以數十種比校，百餘人校正而後成，以撫州草鈔紙
> 油煙墨印造，其裝襯至以泥金爲籤，然或者惜其刪落諸經注爲可惜
> 耳，反不若韓柳文爲精妙。〔註45〕

由此可知，廖瑩中曾合刻韓柳二集。廖刻韓集，清代藏書志頗有著錄者。王欣夫補正《藏書紀事詩》引《持靜齋書目》卷四「《韓昌黎集》四十卷《外集》十卷」條云：

> 宋廖瑩中世綵堂精刊本，相傳刊書時用墨皆雜泥金香麝爲之，此當
> 爲初印本，紙寶墨光，醉心悅目。〔註46〕

〔註43〕同前註，頁55～56。

〔註44〕同前註，頁63～64。

〔註45〕〔宋〕周密：《癸辛雜識·後集》（臺北：臺灣商務印書館影印文淵閣四庫全書，1983年），頁31a。

〔註46〕見〔清〕葉昌熾著、王欣夫補正：《藏書紀事詩附補正》（上海：上海古籍出

又清莫友芝《宋元舊本書經眼錄》卷一「宋世綵堂本《韓昌黎集》五十一卷」
條云：

> 相傳明東雅堂徐氏翻刻廖氏世綵堂韓文，一仍舊式，而不著其所從
> 來。今觀此本，信然，每葉中縫下截，悉有世綵堂字，徐氏悉以東
> 雅堂易之，傳目後有世綵堂廖氏刻梓家塾篆字本印，徐氏各卷尾亦
> 仿之。此初印本，紙墨精好，字體在歐褚間，徐氏猶未能畢肖也。
>
> 〔註47〕

　　《中國版刻圖錄》著錄此本匡高一九‧八厘米，廣一二‧八厘米。九行，
行十七字。注文雙行，行字同。細黑口，四周雙邊。各卷後鐫篆書「世綵廖
氏刻梓家塾」八字〔註48〕。民國十二年上海蟬隱廬書店有影印本。此本現藏
中國國家圖書館。

　　2.《河東先生集》四十五卷《外集》二卷

　　唐柳宗元撰，宋廖瑩中校正。《中國版刻圖錄》有宋咸淳廖氏世綵堂刻本
河東先生集。此本匡高二〇厘米，廣一二‧七厘米。九行，行十七字。注文
雙行，行字同。細黑口，四周雙邊。各卷後鐫篆書「世綵廖氏刻梓家塾」八
字。寫刻精美，與韓集齊名，二集字體版式悉同。紙潤墨香，在宋版書中可
推為無上神品。原缺卷三至卷五、卷十，凡四卷，明人據別本影刻配入〔註49〕。
此刻有明東吳郭雲鵬濟美堂翻刻本，《欽定天祿琳琅書目》後編卷十八及《善
本書室藏書志》卷二十四均有著錄。民國十二年上海蟬隱廬曾據世綵堂本韓
柳二集影印流傳。

　　此本現藏中國國家圖書館。

四、宋代福建地區刊印的唐人文集及其流傳的情形

　　南宋時代福建地區由於經濟的繁榮、社會的安定、文化的發展，因此促
進了出版事業的發達，一時官刻、家刻及坊刻風起雲湧。福建刻書主要集中
在建陽、建安。由於兩地森林茂密，雕版材料源源不絕，且造紙業十分興盛，
這些優厚的條件，為宋代福建的出版業創造了有利的發展環境，因此建陽、

　　　　版社，1989 年初版），頁 70。
〔註47〕〔清〕莫友芝：《宋元舊本書經眼錄》（臺北：廣文書局影印本，民國 56 年），
　　　　頁 68～69。
〔註48〕北京圖書館編：《中國版刻圖錄》，頁 14～15。
〔註49〕同前註，頁 15。

建安兩地，書坊林立，如建陽麻沙書坊、建陽陳八郎崇化書坊、建安余仁仲萬卷堂、建安虞氏、建安江仲達群玉堂及建安魏仲舉，都是當時著名的書坊。惟福建出版唐人文集的數量則遠不及四川與杭州。

（一）南宋建安魏仲舉刻五百家註音辯本

1.《新刊五百家註音辯昌黎先生文集》

唐韓愈撰，宋魏仲舉輯。《天祿琳琅》載有兩部。一部《正集》四十卷、《外集》十卷，前載《引用書目》一卷、《評論詁訓音釋諸儒名氏》一卷、《韓文類譜》一卷。一部《正集》四十卷、《外集》十卷，前載《昌黎先生序傳碑記》一卷、《看韓文綱目》一卷、《引用書目》一卷、《評論詁訓音釋諸儒名氏》一卷，後有《別集》一卷、《論語筆解》十卷、許渤序昌黎文集後序五篇。二部版同，紙色墨光相似，都是一時摹印的。《欽定天祿琳琅書目》卷三云：

> 《宋史·藝文志》及宋馬端臨《文獻通考》皆不載，是書書中亦無纂集人名氏，惟正集目錄後有木記曰：「慶元六禩孟春建安魏仲舉刻梓于家塾」，應即爲魏仲舉集註。當時係韓柳並刊，柳集引用書目中載仲舉名懷忠。按宋人刻梓家塾之書多有款識，如宋版《春秋經傳集解》二部，一曰相台岳氏刻梓家塾，一曰世綵堂廖氏刻梓家塾，皆有木記，亦此例也。韓柳二集其所引書係合爲一目，標曰「韓柳先生文集引用書目」，有後一部可證，此本剗去韓柳二字，改爲昌黎，乃書賈未得柳集，因而僞爲。……其所收諸儒評論詁訓音釋有名氏者一百四十八家，新添逸姓氏者二百三十家，合計爲三百七十八家，而曰五百家者，未免夸大其詞，然採錄亦可謂之博贍矣。〔註50〕

按《四庫全書總目》著錄內府藏本《五百家註音辯昌黎先生文集》四十卷，即此宋慶元六年（1200）建安魏仲舉家塾刻本。丁丙《善本書室藏書志》亦著錄此本。

《中國版刻圖錄》著錄此本匡高二〇·四厘米，廣一二·六厘米。十行，行十八字。注文雙行，行二十三字。細黑口，左右雙邊。此本已脫去「慶元六禩孟春建安魏仲舉刻梓于家塾」之牌記〔註51〕。商務印書館有影印本。此

〔註50〕〔清〕于敏中等奉敕編：《欽定天祿琳琅書目》（臺北：臺灣商務印書館影印文淵閣四庫全書，1983年）卷三，頁16a～17a。
〔註51〕北京圖書館編：《中國版刻圖錄》，頁14～15。

本現藏中國國家圖書館。

2.《新刊五百家註音辯唐柳先生文集》

唐柳宗元撰，宋魏仲舉輯。《欽定天祿琳琅書目》卷三云：

> 《正集》二十一卷，《附錄》二卷，《外集》二卷，《新編外集》一卷，
> 《龍城錄》二卷，前載《看柳文綱目》一卷，宋文安禮《柳先生年
> 譜》一卷，《評論詁訓諸儒名氏》一卷，《後復柳先生序傳碑記紀》
> 一卷，文集後序五篇。宗元正集四十五卷，此書自二十二卷以下皆
> 闕，書賈將目錄終三字移補二十一卷後，故無魏仲舉木記。然版式
> 字體與韓集同，實為宋本，且正集尚存其半，而外集諸種卷帙完好，
> 亦足珍也。御題五百家注昌黎集，實宋槧之佳者，柳子厚集，雖亦
> 五百家注，版式行款標題並同，而紙色墨香遜韓集甚遠，且正集二
> 十二卷以下至末皆闕，又改目錄終以彌縫之，更非完善。第柳集注
> 刊本，今鮮存者，亦覺片羽可珍，惟當居韓之次耳。〔註52〕

按《四庫全書總目》著錄內府藏本《五百家註音辯柳先生文集》二十一卷《外
集》二卷《新編外集》一卷《龍城集》二卷附錄八卷，即此建安魏仲舉家塾
刻本。《提要》云：

> 其版式廣狹，字畫肥瘠，與所刻《五百家註昌黎集》纖毫不爽，蓋
> 二集一時竝出也。前有評論訓詁諸儒姓氏，檢核亦不足五百家。書
> 中所引僅有集註，有補註，有音釋，有解義及孫氏童氏韓氏諸解，
> 此外罕所徵引，又不及韓集之博，蓋諸家論韓者多，論柳者較少，
> 故所取不過如此，特姑以五百家之名與韓集相配云爾。

又云：

> 其本槧鍥精工，在宋版中亦稱善本，今流傳五六百年，而紙墨如新，
> 神明煥發，復得與昌黎集註，先後同歸秘府，有類乎珠還合浦，劍
> 會延津，是尤可為寶貴矣。〔註53〕

按四庫館所據以著錄之建安魏仲舉刻《五百家註音辯唐柳先生集》，即天祿琳
琅藏本，已燬於火，世間別無傳本。丁丙《善本書室藏書志》著錄有舊鈔本，
云：

> 韓文音注正集，乾隆間江西尚有雕本，此則未見翻雕，尤不能不以

〔註52〕〔清〕于敏中等奉敕編：《欽定天祿琳琅書目》卷三，頁21a〜22a。
〔註53〕〔清〕永瑢主編：《四庫全書總目》，頁1289。

寫本爲珍也。〔註54〕

五、傳世宋刻唐人文集的價值

（一）傳世宋刻唐人文集極有系統，便於學者檢索

宋刻唐人文集，流傳至今有兩大系統。一爲宋代成都眉山地區刊印的宋蜀刻唐六十家集；一爲南宋杭州地區著名的出版社臨安府棚北大街睦親坊陳氏書籍鋪刊印的百家唐人文集，此外尚有韓柳集合刻本。

宋蜀刻唐六十家集，雖未能全部傳世，然尚有二十餘部流傳至今，此一系列除少數存藏於日本及台灣外，大部分上海古籍出版社已經據原本影印，收入《宋蜀刻本唐人集叢刊》中，於 1994 年出版，學者研究唐代文學，搜集資料極爲方便。

陳氏書籍鋪出版之唐百家集，傳世雖然不多，尚有一部分流傳於世，現分別收藏於中國國家圖書館及台灣國立中央研究院傅斯年圖書館、國立故宮博物院及國家圖書館。

此外，尚有韓柳合刻本，傳世者有四川刻本，杭州刻本及福建刻本，現藏於中國國家圖書館。

（二）宋刻唐人集大多為傳世最古的刻本

上述宋刻唐人文集絕大部分是傳世最早的本子，因此最能保留原書的面貌，對於考訂作品眞僞，檢核原作存佚有很大的意義。以下舉幾個例子說明：

1. 北宋末年南宋初年四川刊印的《李太白文集》，是傳世李集最早的版本。現今最通行的李集是清康熙五十六年（1717）繆曰芑的影刻本，繆氏影刻的李集所據的底本蓋即北宋元豐三年（1080）毛漸刻的蘇州本，毛漸所刻蘇州本，當是宋敏求編類，曾鞏考次之《李太白文集》的初刻本。此初刻本早已失傳，四川刻本即是此蘇州本之翻刻本，距蘇州本僅四十多年，比起繆本相差六百多年之後才翻刻，其價值自然是可想而知的。清陸心源《儀顧堂集・北宋本李太白文集跋》云：

> 《李太白文集》三十卷，每頁二十二行，每行二十字，即吳門廖武

〔註54〕丁丙：《善本書室藏書志》（臺北：廣文書局影印光緒末年原刊本，民國 56 年），頁 1165。

子刊本所從出也。廖本摹刊精工，幾欲亂眞，愚竊謂行款避諱及刊

工姓名既一一摹刊宋本，即有誤處亦宜仍之，別爲考異註於下，廖

本改易既多，譌誤亦不少，且有不照宋本摹刊者。〔註55〕

可見此宋本《李太白文集》，最能保留原書的面貌。

2. 北宋末年南宋初年四川刊印的《王摩詰文集》，亦爲傳世王集最早的版本。清楊紹和《楹書隅錄》謂「卷第序次雖以建昌本爲勝，而此本乃北宋開雕，其間佳處實建昌本所從出之源，宋槧中之最古者矣。」〔註56〕建昌本即麻沙本，此本的傳抄本有清錢曾述古堂本，上海涵芬樓影印《四部叢刊》之《王右丞集》所據元刻劉須溪先生校本，亦出於建昌本，可見宋蜀本之價值。

3. 南宋四川刊印的《孟浩然詩集》，是現存孟氏詩集中最早的版本。孟集現存有元須溪先生批點本，明有凌濛初朱墨套印二卷本，劉辰翁注、李夢陽評，萬曆刻三卷本，劉辰翁評點、顧道洪參校四卷本，銅活字印三卷本等，編次體例與宋本不同。清代藏書家黃丕烈取元劉須溪批點本與此宋本對勘，發現「彼此善惡，奚啻霄壤」，指出元本「非特強分門類，不合三卷原次序，且脫所不當脫，衍所不當衍」，得宋本正之，「如撥雲覩青矣」。又元刻本收詩233首，明本收詩約262首左右，《四庫全書總目提要》指出「其中纂入者多矣」。此宋蜀刻本收詩214首，最接近於唐王士源原編本（收詩218首）的原貌，對於校正通行本有很大的作用。

4. 南宋中葉四川刊印之《劉文房文集》，此本雖爲殘卷，卻是劉集僅存之宋本。明清兩代翻刻傳鈔的劉集不少，多以南宋書棚本爲底本翻雕而成，而書棚本已不知下落。

5. 南宋中葉四川刊印之《權載之文集》，清初尚存全帙，今存二十七卷，分藏海峽兩岸。宋刻權集傳世者僅此一部殘本。而現今流傳之《權文公集》僅十卷，與宋本相差竟達四十卷之多，宋本之可貴由此可知。

6. 張祜的文集，自唐至清，有一卷、二卷、五卷、六卷、十卷本，其中以二卷本最爲通行，各本分卷既不一致，收詩的去取標準和篇章多寡亦各不相同。南宋蜀刻十卷本《張承吉文集》，共收詩468首，不但數量上遠遠超過其他版本（約350首至370餘首），文字上也有遠勝其他各本之處，爲研究張

〔註55〕〔清〕陸心源：〈北宋李太白文集跋〉，《儀顧堂集》，頁904～905。

〔註56〕〔清〕楊紹和：《楹書隅錄》，頁491。

祐詩作，補輯張氏佚詩以及校正他本脫訛等，提供了十分珍貴的資料。

7.南宋以後幾百年間，宋刻孫樵集一直罕見，難怪清代何焯因傳世本「訛脫尚多」，有「恨無從覓宋刻」之嘆。因此當清代藏書家黃丕烈見到宋蜀刻本《孫可之集》時，遂認為「所見有勝於前人」。

8.宋代刊印的柳宗元的文集，流傳至今的很少，幸而流傳下來的又有好幾部已殘缺不全。宋蜀刻本《新刊增廣百家詳註唐柳先生文》不僅卷帙完整，而且又是現存柳集中時代較早的註本，在編次、註譯、文字校勘上自成一體，與其他註本往往不同，足供校勘研究之用。書中保存了許多他書不載的資料。

（三）宋刻唐人文集校勘精審，可以校正後代版本的錯誤

關於宋刻本可以校正後代通行本之錯誤，前人論述頗多，僅舉數例以說明之：

1.明萬曆間，顧氏藻瀚齋曾以家藏宋、元、明本《孟浩然詩集》互勘，得一新本子，即顧氏藻瀚齋刊本。此本最易反映宋以來孟氏詩集的異同，僅序一篇，三本不同之處就所在皆是。此外，集中除字句互異者外，尚有前後倒置和通篇不同之處，於此亦可證宋本在校勘上的價值。

2.清瞿鏞《鐵琴銅劍樓藏書目錄·宋刊殘本姚少監詩集跋》云：

> 案此本與毛氏刻本不同，卷一〈送別上〉毛本五十首，此則五十二首，卷二〈送別下〉四十三首，此則五十，卷三〈寄贈上〉四十七首，卷四〈寄贈下〉四十四首，此皆作五十。〔註57〕

於此亦可證宋刊《姚少監詩集》雖為殘本，仍有校勘上之價值。

3.《中國版刻圖錄·宋刻本新刊元微之文集跋》云：

> 此書明嘉靖三十一年蘇州董氏刻本較通行，董本遇所據底本模糊處，多以己意揣摩填補。此本可正董本誤處甚多。〔註58〕

據此，知宋刊本可以校正明刊本之誤。

4.清黃丕烈《蕘圃藏書題識》論《李群玉集》云：

> 余家向藏舊鈔本《李群玉集》有三本，未知何本為善。及得宋刻此集，知葉鈔最近，蓋行款同也。若毛刻《李文山詩集》，迥然不同。曾取宋刻校毛刻，其異不可勝記，且其謬不可勝言，信知宋刻

〔註57〕〔清〕瞿鏞：《鐵琴銅劍樓藏書目錄》，頁 1140～1141。
〔註58〕北京圖書館編：《中國版刻圖錄》，頁 45～46。

之佳矣。〔註59〕

由此可知宋書棚本的校勘價值。

5. 清代學者顧廣圻以宋刻《孫可之文集》校明正德本，文三十五篇，而異處不勝枚舉。宋本雖亦有譌脫處，但明顯地優於正德本。故顧氏曰：「見宋刻而後知正德本之謬，校定書豈可不慎哉！」清黃丕烈《蕘圃藏書題識・宋刻本孫可之集跋》亦云：

> 余友顧抱沖得宋刻本於華陽橋顧聽玉家，楮墨精良，首尾完好，眞宋刻中上駟，爰從假歸校於毛刻本上，實有佳處，悉爲勘定，內卷二卷三與毛刻互倒，自當以宋刻爲是，其脫落如卷八〈唐故倉部郎中康公墓誌銘〉「楊嚴」已下二十四字，宋刻獨全。〔註60〕

毛刻本與宋本校，毛刻本除沿襲正德本的舛誤外，又增加了新的舛誤。此外，明天啓五年吳馡石香館刻本，由於出之傳抄本之故，錯誤更不爲怪。傅增湘曾用影印宋刻本校訂，「文字譌舛改正殆逾百許」。由此可見宋蜀刻《孫可之文集》在文字內容上的重要價值。

6. 清瞿鏞《鐵琴銅劍樓藏書目錄》卷十九著錄宋刊本《杜荀鶴文集》云：「與毛本相校，字句多不同。」〔註61〕可補顧雲序的內容，且比汲古閣本多收錄三首詩，宋刻可校正後世之刻本，此又一證。

7. 鄭谷的詩集傳世之刻本，以明嘉靖十四年（1535）嚴嵩本較多。嚴本與宋蜀刻本《鄭守愚文集》目次多不相同，又缺〈江行〉、〈錦〉、〈二首〉、〈乳毛松〉、〈樗里之墓〉五首詩。據此可知，宋刻確實可以補正後代版本的錯誤。

（本文原載《屈萬里先生百歲誕辰國際學術研討會論文集》，2006 年 12 月）

〔註59〕〔清〕黃丕烈：《蕘圃藏書題識》，頁 647。
〔註60〕同前註，頁 650。
〔註61〕〔清〕瞿鏞：《鐵琴銅劍樓藏書目錄》，頁 1153。

臺灣收藏宋蜀刻本述略

　　中國自唐代發明了印刷術以後，歷經五代，到了宋代，技術方面已經有了很大的進步，兩宋可以說是中國雕版印刷的黃金時代，當時刻書地點遍及全國，其中最著名的刻書地區有三：

　　（一）以杭州爲中心的江浙地區，即所謂的浙刻本。

　　（二）以成都眉山爲中心的四川地區，即所謂的蜀刻本。

　　（三）以建陽建安爲中心的福建地區，即所謂的建刻本。

北宋初期，刻書業以四川地區爲最盛，這是沿襲唐五代的風氣，到了北宋末期，刻書中心逐漸轉移到杭州，宋高宗南渡，建都臨安，杭州的刻書業更爲興盛。但刻書之量以福建建寧府爲最多，因爲建陽建安爲福建書坊薈萃的地方，書坊刻書以營利爲目的，因此數量龐大，惟不免粗製濫造，但因售價低廉，反而流傳最廣。江浙、福建兩處所刻書版，歷經元明兩朝仍刷印不絕，因此浙刻本及建刻本傳世較多。四川自古以來一直被譽爲「天府之國」，社會安定，經濟繁榮，具備種種刻書條件，從唐代以來，歷經五代、兩宋，刻書事業一直十分興盛，所刻書籍，不管字體、紙張墨色、刻工或校勘方面，均頗具特色。可惜南宋末年，元兵入侵，大肆焚掠，成都眉山及四川其他地區，經濟文化遭到空前的浩劫，書籍、雕版大都毀於戰火，四川的刻書業從此一蹶不振。因此，傳世的蜀刻本遠較浙刻本及建刻本爲少，相對地，蜀刻本也就更值得珍惜了。

　　傳世的宋蜀刻本數量不多，初步統計，中國大陸方面，據《中國版刻圖錄》著錄，有二十種。日本方面，宮內省書陵部及靜嘉堂文庫二處收藏僅五、六種而已。臺灣方面，國家圖書館、國立故宮博物院及國立中央研究院傅斯

年圖書館三處收藏合計十種。經部有《論語筆解》一種，史部有《東都事略》、《蘇文忠公奏議》（殘卷）共二種，子部有《冊府元龜》（殘卷）、《南華眞經》共二種，集部有《權載之文集》（殘卷）、《歐陽行周文集》、《蘇文忠公文集》（殘卷）、《蘇文定公文集》（殘卷）、《六家文選》共五種。以下就臺灣收藏部分，分別介紹其版刻之特色、遞藏之源流、現今存藏處所及其傳世之價值等，以提供相關學者之參考。

一、《新刊唐昌黎先生論語筆解》十卷（圖一）

唐韓愈、李翱撰。宋蜀中刊本，現藏國立故宮博物院。

此本每半葉十行，行十七字，小注雙行，行亦十七字。版匡高二一‧二公分，寬一四‧八公分。白口，左右雙欄，單魚尾。版心下記刻工姓名：王朝、祖乃、郭刁、高二、祖五、李保等。書中匡、貞、桓、愼諸字缺末筆，宋諱避至愼字，知爲南宋孝宗時刊本。書首冠秘書丞李勃序文，次總目，將全書依《論語》次第釐爲十卷。每卷首行大題「新刊唐昌黎先生論語筆解卷第幾」，次行低七格題「昌黎韓愈」，第三行亦低七格題「趙郡李翱」，卷末隔行題書名卷數，猶存宋版版式。卷十末葉，後人仿宋補抄，惟卷末書題少「新刊」二字。此本字體，楷墨清晰。序目鈐有「宣統御覽」、「沅叔審定」二印記。原藏昭仁殿，現藏國立故宮博物院。

宋刻《論語筆解》傳世者僅此一部。臺灣收藏之《論語筆解》有二卷本及一卷本。二卷本有明嘉靖刊本，范氏二十種奇書之一（國圖、史語所藏）；清文淵閣四庫全書本（故宮藏）；日本寶曆十一年刊本（臺大藏）。一卷本有明末刊本，《百川學海》甲集之一（國圖、臺灣分館、臺大藏）；明末葉坊刊本，《百川學海》甲集之一（國圖藏）；明嘉靖原刊隆萬間增補本，《明世學山》之一（國圖藏）；明隆慶萬曆重編印本，《百陵學山》之一（國圖藏）；明末刊本，《唐宋叢書經翼》之一（國圖、臺大藏）；清順治刊本，《說郛》弓三之一（國圖、臺大藏）。中國大陸收藏之《論語筆解》均爲二卷本，一爲清乾隆四十三年吳氏古歡堂抄本，一爲清鈔本。

二、《東都事略》一百三十卷

宋王稱撰。宋紹熙間眉山程舍人宅刊本，現藏國家圖書館。

此本每半葉十二行，行二十四字。版匡高一八‧九公分，寬一二‧九公分。左右雙欄，版心線口，雙魚尾，版心上記大小字數，下記刻工姓名：高

大全等。宋諱避至惇字，知爲光宗時刻本。

國家圖書館藏有一部二十四冊，全書完整無缺。此本目錄尾題後有雙行木記：「眉山程舍人宅刊行／已申上司不許覆板」。卷前有近人張乃熊手書題記。書中鈐有「怡府世寶」朱文方印、「明善堂覽書畫印記」白文長方印、「安樂堂藏書記」朱文長方印、「張印均衡」白文方印、「石銘收藏」朱文方印、「吳興張氏適園收藏圖書」朱文長印、「擇是居」朱文橢圓印、「莥園收藏」朱文長方印、「莥伯」朱文方印、「望徵」朱文橢圓印。知此本爲怡親王府舊藏，其後散落人間，輾轉爲董康所得，後董氏將此本售於張鈞衡，後歸其子張乃熊，民國三十年張氏將此宋刻《東都事略》與其他藏書一齊售於國立中央圖書館，其題記乃謂此本爲董康得自日本，則未必可信。

《東都事略》在宋代僅有此眉山刊本，此刻傳於今者，除上述國圖所藏全帙外，另有兩部流傳海外，日本靜嘉堂文庫藏有一部殘卷，爲宋刊配明覆本，舊爲清陸心源皕宋樓藏書，清光緒三十年，此書與陸氏皕宋樓、十萬卷樓、守先閣藏書，全數售於岩崎氏，《日本靜嘉堂文庫漢籍分類目錄》、《靜嘉堂秘籍志》及《靜嘉堂文庫宋元版圖錄》均有著錄。日本宮內廳書陵部藏有一部殘卷，此本雖爲宋刊本，然非全帙，缺卷及鈔配者甚多，據《圖書寮漢籍書目》卷二著錄，闕卷八十六至九十三，凡八卷。卷一至十、卷十四至二十、卷六十二至六十六、卷七十一、卷七十二、卷八十一、卷八十二、卷九十四至九十九、卷百十九、卷百二十三、卷百二十九鈔配。此本爲日本狩谷望求古樓舊藏，董康在日本時，所見宋刻《東都事略》即此本。

《東都事略》一書之作者，宋人皆作「王稱」，惟《四庫全書總目》卷五十〈東都事略提要〉下作者卻作「王偁」，從此一切官私著述及刻書者，凡涉及《東都事略》一書之作者，均改爲「王偁」。至余嘉錫作《四庫提要辯證》始詳考其本末，其卷五《東都事略》下有案語云：「原題宋王偁，今考定爲王稱。」並云：

> 嘉錫案，陸心源《儀顧堂續跋》卷七〈宋槧東都事略跋〉云：「目錄後有木記云，眉山程宅刊行（案五松堂翻本，程宅作程舍人宅），已申上司，不許覆板兩行。宋諱避至惇字止，蓋光宗時刊本也。是本爲蘇州汪士鐘零星湊配而成，有初印者，有後印者，有以明覆本配者。稱之名，《提要》作偁。此本及明覆本皆作稱，俟考。」陸氏所言宋槧本明覆本，今雖未見，然有五松閣仿程舍人本。全書皆作稱

（光緒九年淮南書局刻本即從此本出），可以為證。四庫所收，蓋明人刻本，誤稱為偁，《提要》信之，因謂「《學海類編》中所刻之王稱《張邦昌事略》，改王偁為王稱。」為「愈偽愈拙。」（見《總目》卷六十四傳記類存目六）自《提要》有此說，於是一切官私著述及刻書者，凡涉及作《東都事略》之王稱，皆改作偁矣。錢綺嘗用影鈔宋本校五松閣本（錢自序謂不知何人所刻，張鈞衡跋謂錢所校即五松閣本），作校勘記云：「箚子（書首附洪邁〈薦龔敦頤王稱箚子〉）一頁九行，王稱姓名，掃葉山房重刊本稱作偁。以下及卷首題銜傳贊並同（事略列傳之贊，均署臣稱曰）。按《說文》禾部之稱解作銓，人部之偁解作揚，今王稱字季平，取銓衡之義，自當從禾，況偁乃孝宗父秀王名，書中遇從人之偁皆缺筆。豈有當時所諱，而反以命名之理？明永樂中別有王偁，預修《永樂大典》（按王偁字孟揚，著有《虛舟集》），或明人因此王偁而誤改耳。」余友陳援菴（垣）謂余曰：「王季平之名當為王稱。吾於錢氏所舉之外，又得二證焉。《學海類編》之《西夏事略》、《張邦昌事略》，原即《東都事略》之一篇，均題曰王稱撰，可見曹溶所據之本原作稱字，一也。海源閣藏宋蜀刻二百家名賢文粹，其序題王稱撰，又為眉州人，則與撰《東都事略》者同為一人無疑，偁之當作稱是亦一證，二也。」嘉錫更考之《讀書附志》卷上云：「《東都事略》一百三十卷，承議郎知龍州王稱所進也。」《玉海》卷四十六云：「淳熙十三年八月二十六日，知龍州王稱上《東都事略》百三十卷。」（據元刻明修本，三十原本誤作十三）其字皆作稱，可見宋人所見之本，無作偁者（《書錄解題》卷四作王偁，蓋四庫館所引）。《提要》翻以作稱者為偁改，失之不詳考也。

余氏所言未見之宋刻本及明覆刻宋本，現藏於國家圖書館，作者均作「王稱」（圖二），且國圖尚有舊鈔本，作者亦作「王稱」（圖三），清代覆刻宋本甚多，作者均作「王稱」。凡此，皆可為余氏佐證。

三、《蘇文忠公奏議》殘卷（圖四）

宋蘇軾撰。宋眉山刊大字本，現藏國立故宮博物院（殘存卷七、卷八）。

此本每半葉九行，行十五字，小注雙行，行亦十五字。蝴蝶裝。版匡高二二‧一公分，寬一七‧六公分。白口，左右雙欄，單魚尾。版心下記刻工

姓名：王戍、王閏、王正、馮杞、單道、張初一、蘇白等。宋諱避至構字。此本殘存卷七、卷八兩卷，共五十六頁，舊爲內閣大庫藏書，現藏國立故宮博物院。此刻傳世甚稀，歷代藏書志罕著錄。與宋眉山刊《蘇文忠公文集》及《蘇文定公文集》行款版式相同，當爲同時所刻。

此刻校勘精審，可校後世傳本之誤，中華書局四部備要本爲東坡書集校勘較善之本，持之以校此殘卷，訛奪譌脫甚多，足見此本之可貴，詳《國立故宮博物院宋本圖錄》之《蘇文忠公奏議》條。

北京圖書館藏一部宋刻遞修本《蘇文忠公文集》，九行十五字，白口，左右雙邊，其中存奏議卷一、卷六至七、卷十，不知是否爲眉山刊本？且《蘇文忠公奏議》是否即爲《蘇文忠公文集》之一部分？

四、《冊府元龜》殘卷（圖五）

宋王欽若等奉敕撰。宋蜀刊小字本，現藏國立故宮博物院。

此刻每半葉十四行，行二十四字，左右雙欄，版心白口，單魚尾。魚尾下有「冊幾」、「冊府幾」、「元幾」等字樣，或陰文或陽文不一。宋諱玄、炫、誸、弦、衒、朗、朓、敬、警、驚、儆、竟、弘、殷、恇、貞、楨、戍等字闕筆。

《冊府元龜》共一千卷，宋蜀刻本流傳至今，已殘缺不全，且分散各處。國立故宮博物院有四部殘卷，北平圖書館舊藏，今分述如下：

（一）一部存二卷一冊，爲〈邦計部〉，即卷四百八十四（存第九頁至十四頁）、卷四百八十五（存第一頁至第五頁及第十四頁），蝴蝶裝。

（二）一部存五卷五冊，即卷六百一十一（十二頁）、卷六百一十二（十四頁）、卷六百一十三（十六頁）、卷六百一十四（十九頁）、卷六百一十五（十九頁），爲〈刑法部〉，每冊卷首有「寶慶劉氏食舊德齋」朱文長方印。已改爲線裝。

趙萬里〈館藏善本書提要、冊府元龜殘本七卷〉〔註1〕，即指上述二卷本及五卷本，趙氏疑此七卷均出內閣大庫，即《文淵閣書目》所載殘本中之零帙。

（三）一部存一卷一冊，爲〈外戚部〉，即卷三百零七，共十三頁，已改爲線裝，此冊乃《北平圖書館善本書目》所遺漏者。

〔註 1〕《北京圖書館月刊》第一卷第三期。

（四）一部存八十卷十六冊，即卷六至十、卷四十一至四十五、卷五十六至六十，爲〈帝王部〉；卷二百七十一至二百七十五，爲〈宗室部〉；卷三百四十一至三百四十五、卷三百五十六至三百七十五、卷三百八十六至三百九十、卷三百九十六至四百、卷四百一十一至四百一十五、卷四百五十六至四百六十，爲〈將帥部〉；卷四百七十一至四百七十五，爲〈台省部〉；卷四百九十一至四百九十五，爲〈邦計部〉；卷五百八十六至五百九十，爲〈掌禮部〉。蝴蝶裝，每冊首尾兩葉背有「國子監崇文閣官書（大字二行）借讀者必須愛護損壞闕失典掌者不許收受（小字三行）」楷書木記，首有「晉府書畫之印」朱文方印、「京師圖書館」朱文長方印，尾有「敬悳堂圖書印」朱文方印、「子子孫孫永寶用」朱文方印、「京師圖書館」朱文長方印。

趙氏〈冊府元龜殘本七卷〉云：「此數卷以康熙壬子五鈖堂本校之，其佳處殆不可指數。至卷六百一十以下數卷，雖與歸安陸氏藏本重出，然陸氏之藏，早歸日本靜嘉堂文庫。此在中土，殆可爲魯靈光矣。」〔註2〕故宮所藏宋蜀刻本《冊府元龜》殘卷，其校勘價值亦不可忽略。

日本靜嘉堂文庫藏此刻卷數最多，共四百八十三卷，乃陸心源皕宋樓舊藏。中國大陸收藏此刻亦僅二十餘卷。今日通行之一千卷本《冊府元龜》，乃明崇禎十五年黃國琦刻本及明抄本，惟各本謬誤甚多，鮮有善本，故宋本雖殘，殊可貴也。

五、《南華眞經》十卷（圖六）

周莊周撰、晉郭象注。南宋初蜀中刊本，現藏中央研究院傅斯年圖書館。

此本每半葉九行，行十五字，注雙行，行三十字。左右雙欄，版心白口，單魚尾。版心下刊工姓名多殘損，可辨者有毋成、張小四、張八、程小六、李珍、趙順、小茲諸人，又開、楊、鄧、彥、亮等一字。宋諱玄、弘、殷、匡、貞、構、愼等字缺末筆。爲傅增湘舊藏，後售於中研院。此本首郭象序，卷末有牌記二行：「安仁趙諫議宅刊行一樣□子」（案子字上挖去一字）。卷九〈讓王篇〉缺十四至十七葉，以明世德堂本鈔補。首冊後有近人胡嗣瑗手書題記、傅增湘題藏書詩；末冊有傅氏手跋二通。書中鈐有「藏園秘籍孤本」、「江安傅增湘沅叔珍藏」、「沅叔審定」、「雙鑑樓珍藏印」、「藏園」

等印。

　　蜀刻《南華眞經》爲古今藏書家所未見，歷代藏書目錄未見著錄，各卷鈐印，概經刓滅，以致流傳端緒，渺不可得。民國以來，僅王文進《文祿堂訪書記》著錄云：

　　　　晉郭象注，宋蜀刻大字本，半葉九行，行十五字，注雙行三十字。白口，板心刊莊幾，下記刊工姓名：程小六、陳小八、小茲、毋成、李上、李珍、張四、張八、趙順、小八、小四、鄧、趙、程、彥、亮、上、三、謝。注後音義與陸氏《釋文》不同，極簡略。首郭序，卷末刊「安仁趙諫議宅刊行一樣□子」二行，宋諱避至愼字，計三百十九葉，補鈔卷三第二葉（案三爲二之誤），卷九第十四至十七葉，有「半哭半笑樓印」。

王氏所見即今傅斯年圖書館藏本。傅增湘跋云：

　　　　按莊子郭注宋本見於著錄者，《天祿前編》有南宋巾箱本，述古堂有宋本，士禮居有南宋本，皆已散佚無存，涵芬樓有北宋本四卷、南宋本六卷，海源閣有南宋精刊本，此外多爲纂圖互注本，出於閩中坊刻，不足貴也。至蜀刻本爲古今藏書家所未見，余辛亥（宣統三年）冬以南北議和留滯上海，曾見沈寶硯（巖）手校宋本所據爲安仁趙諫議本，嗣歸於涵芬樓，余假出臨校於世德堂本，未得終卷而罷，然緣此知莊子自世傳數本外，又有趙諫議本矣。壬子（民國元年）春聞有宋刻莊子出於滬肆，亟訪藝風老人，詢之云正是趙諫議本，以倉卒寓目祇影寫首葉存之，即刻入宋元書影者是也。余遣人四索渺然無蹤，悵惘彌目。後探知此書出秣陵張幼樵家，以兵亂散出，幼樵之書多得之外舅朱子清宗丞，宗丞久官京曹，日游廠市，怡府藏書散出時多獲古本秘籍，此或其中之一鱗耶？旋聞歸於秦中某君，嚴扃深鑰，秘不示人，近歲主人遠游，筦鑰偶疏，流出坊肆，爲文祿堂王晉卿所得……。觀其字體堅勁，鐫工樸厚，望而辨爲蜀刻。……藏園丙部不乏古刊，惟南華獨付闕如，況蜀中刻梓在天水一朝號爲精善，與杭汴並稱，……今是書卷帙完善（案卷九〈讓王篇〉缺四葉，傅氏未詳加翻檢），楮墨精良，既爲人士必讀之篇，更屬生平未見之本，……遂毅然舉債收之。

由此可以略知此本之收藏源流。據傅氏所見，此書以異本孤行，數百年來傳

世者僅存此帙，亦彌足珍貴。

傅氏曾以此蜀刻本校正明世德堂本，其跋文云：

> 余取世德堂本卷十，對勘改定至數十字……，皆與涵芬樓之北宋本
> 合，是雖刊於南渡，而其源仍出北宋善本，較閩中刻本及纂圖互注
> 坊本，大有霄壤之判矣。

又現今流傳之《莊子·天運篇》均有「夫至樂者，先應之以人事，順之以天理，行之以五德，應之以自然。然後調理四時，太和萬物。」而蜀刻本無此三十五字，傅氏疑此七句必註語誤入經文者。傅氏跋云：

> 余疑此七句必註語之誤入經文者，故世行本有之而古本不載。……
> 近見敦煌石室唐人寫本，〈天運篇〉正無此三十五字，始知古來卷子
> 本相傳如是。……

是知此蜀刻《南華眞經》源於古本。

王師叔岷先生撰〈南宋蜀本南華眞經校記〉云：

> 茲據《續古逸叢書》影宋刊本（卷一至六，南宋本）詳加以勘，撰
> 爲校記。卷七以下（即〈達生篇〉以下），大都與北宋本合。……昔
> 年岷撰《莊子校釋》，惜未見此本。今此校記，可以補《校釋》之未
> 備，誠快事也。〔註3〕

《續古逸叢書》本，前六卷乃影印南宋閩刻本，與蜀刻本甚多不同之處，從此篇校記，可以看出此蜀本《南華眞經》在校勘上之價值。

六、《權載之文集》殘卷（圖七）

唐權德興撰。宋蜀刻唐六十家集之一，現藏國家圖書館（殘存卷四十三至五十）。

此本每半葉十二行，行二十一字。版匡高一九·六公分，寬一四·五公分。白口，左右雙欄，單魚尾。宋諱玄、弘、恆、貞等缺末筆。國家圖書館藏有一部，殘存卷四十三至卷五十，凡八卷。書中鈐有「翰林國史院官書」朱文長方印、「劉印體仁」白文方印、「穎川劉考功藏書印」朱文方印。

北京圖書館藏宋刻本《新刊權載之文集》一部，殘存卷一至卷八、卷二十一至卷三十一。半葉十二行，行二十一字，白口，左右雙邊，當爲南宋蜀

〔註3〕王叔岷〈南宋蜀本南華眞經校記〉，《中央研究院史語所集刊》第二十本上冊，
1948年。

刊本。1994 年上海古籍出版社，據此影印，收入《宋蜀刻本唐人集叢刊》，惟國圖所藏八卷，付之闕如。

案世所傳權集皆明楊愼所收詩賦十卷，即《四庫全書》本《權文公集》，《提要》云：「王士禎《居易錄》載《權文公集》五十卷，……稱無錫顧宸藏本，劉體仁之子凡寫之以貽士禎者。」據此，知宋蜀刊《權載之文集》五十卷，清初尚存全帙。國圖所藏殘卷，亦彌足珍貴。

七、《歐陽行周文集》十卷（圖八）

唐歐陽詹撰。宋蜀刻唐六十家集之一，現藏國家圖書館。

此本每半葉十二行，行二十一字。版匡高二〇公分，寬一四‧二公分。白口，左右雙欄，單魚尾。宋諱玄、泫、絃、驚、弘、殷、筐、恆、貞、禎、徵、敦、噉等字缺末筆。國家圖書館藏有一部十卷二冊，缺目錄首葉，卷三最末葉下半、卷四第二葉爲後人墨筆鈔補。書中鈐有「翰林國史院官書」朱文長方印、「劉印體仁」白文方印、「潁川劉考功藏書印」朱文方印、「公㦤」朱文方印、「公㦤文」白文方印。

此宋蜀刊《歐陽行周文集》，未見他處收藏。上海古籍出版社影印《宋蜀刻本唐人集叢刊》，共收二十三種，亦無此本，知國圖藏本，乃海內外孤本。

八、《蘇文忠公文集》殘卷（圖九）

宋蘇軾撰。宋孝宗時眉山刊本，現藏國家圖書館（殘存卷十七）。

此本每半葉九行，行十五字。版匡高二二‧一公分，寬一八公分。白口，左右雙欄，單魚尾。版心下記刻工姓名：宋彥。宋諱弦、桓字缺末筆。國家圖書館藏有一部，僅存卷十七殘葉，葉一至三僅存兩葉半，葉四存下半，葉五缺，葉六至八全，葉九存上半，以下俱亡。

北京圖書館藏有兩部宋刻遞修本，均爲半葉九行，行十五字，白口，左右雙邊。一部存文集卷十七至卷十九、卷三十二至卷三十三、卷三十八至四十，後集卷十六至卷十七，和陶淵明詩卷四，樂語一卷，奏議卷一、卷六至卷七、卷十。一部存文集卷十七至卷十九、卷四十，後集卷十六，當爲眉山刊本。

九、《蘇文定公文集》殘卷（圖十）

宋蘇轍撰。宋孝宗時眉山刊本，現藏國立故宮博物院（殘存文集十八卷、

後集十一卷、三集五卷、應詔集十二卷）、國家圖書館（殘存卷二十五、卷二十六）。

此本每半葉九行，行十五字。版匡高二二公分，寬一七公分。白口，左右雙欄。原刊刻工有趙福、單道一、祖老、王道、王德、順七、田繼、宗彥、張保、袁次一等。修補版葉之刻工有馮杞、張郭、任和、王祖、王朝、秦元、王正、侯王、劉念四、張茂等。宋諱避至慎字。國立故宮博物院藏有一部，文集十八卷，存卷四至卷六、卷十至卷十五、卷二十、卷二十六（不全）、卷二十七、卷三十七、卷三十八、卷四十一至卷四十四，後集十一卷，存卷七（存一葉半）至卷十三、卷十八至卷二十一，三集五卷，存卷六至卷十，應詔集十二卷。原藏國立北平圖書館，有「京師圖書館」印，內有北平圖書館題「此南渡後西蜀眉山刊本，世無第二帙，內閣大庫遺物」。

國家圖書館藏有一部，存卷二十五（存二十八葉）、卷二十六（存十三葉）。版式、行款、避諱與故宮藏本同，當為同一版刻。書中鈐有「植」朱文方印、「海日樓」白文方印、「霞秀景飛之室」朱文方印、「壹庵長宜」白文方印、「抱殘居士」朱文方印等。

北京圖書館藏有一部，宋刻遞修本，九行十五字，白口，左右雙邊，殘存文集卷一至卷三、卷十六至卷十八，後集卷四至卷七，當為眉山刊本。

十、《六家文選》殘卷（圖十一）

梁蕭統編。唐李善、張銑、呂延濟、李周翰、劉良、呂向注。宋開慶至咸淳間廣都裴氏刊本，現藏國立故宮博物院（殘存二十六卷）。

此本每半葉十一行，行大字十八字，小注雙行，行二十六字。版匡高二三·八公分，寬一八·四公分。左右雙欄，白口，版心上記文選幾，下記刻工姓名：王元度、袁震、袁次、秦元、王萬、王召、王公純、王坤、王八、王定、王桂、王庚、張龜、田桂、祖祥、任中、李二、萬八等。宋諱玄、眩、絃、泫、炫、袨、怰、鉉、眃、舷、朗、敬、驚、竟、境、鏡、弘、泓、紘、霙、宏、殷、匡、筐、眶、胤、恒、貞、禎、楨、樹、屬、讓、桓、垣、完溝、構、慎等諸字偶缺末筆。

國立故宮博物院藏有一部，宋版僅存卷一至卷十七、卷二十七、卷二十八、卷五十一至卷五十七，凡二六卷，餘皆以明袁褧覆刊裴本補配，共六十卷。書中鈐有：「陳氏子有」、「竹素堂」、「丙戌進士」、「淮南蔣氏宗誼」、「西

椎公子」、「思珍堂」、「豫園主人」、「雲間潘氏仲履及圖書」、「李天麟」、「憲簾草堂」、「君瑞父」、「沅叔審定」諸印。〔註4〕此書爲昭仁殿舊藏，《天祿琳琅書目續編》卷三著錄《六家文選》云：

> 此書與前四部別爲一版，亦未載刊刻年月，惟昭明序後有：「此集精加校正，絕無舛誤，見在廣都縣北門裴宅印賣」木記。……宋時鏤版，蜀最稱善。此本字體結構精嚴，鐫刻工整，洵蜀刊之佳者。木記應是當時裴姓書肆所標，亦廖氏世綵堂之例也。〔註5〕

宋刻《六家文選》傳世者尙有明州刊本、贛州州學刊本。此宋蜀刊本《六家文選》，不見他處收藏，雖爲殘卷，亦彌足珍貴。今傳世者大多爲明嘉靖間袁褧嘉趣堂覆刊本。（本文爲「宋元善本圖書學術研討會」論文，臺北：國立故宮博物院，2001 年 12 月）

〔註 4〕詳國立故宮博物院編《國立故宮博物院宋本圖錄》，1977 年，頁 170。
〔註 5〕清于敏中、彭元瑞等編，清光緒中長沙王氏刊本，民國五十六年收入廣文書局之《書目叢編》。

圖一

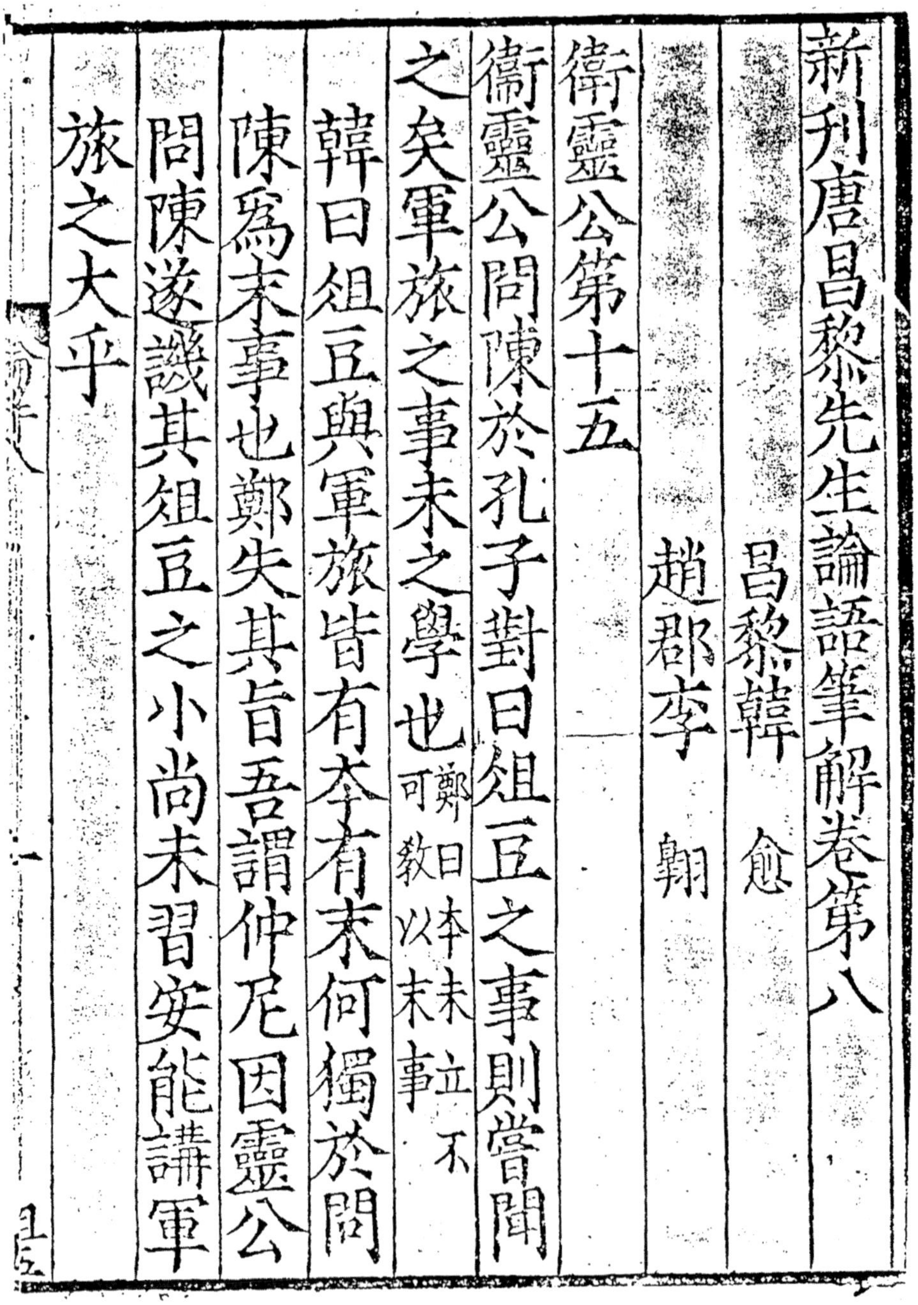

新刊唐昌黎先生論語筆解卷第八

昌黎韓　愈

趙郡李　翱

衛靈公第十五

衛靈公問陳於孔子對曰俎豆之事則嘗聞之矣軍旅之事未之學也（鄭曰本未輕不立本事）

韓曰俎豆與軍旅皆有本有末何獨於問陳寫末事也鄭失其旨吾謂仲尼因靈公問陳遂譏其俎豆之小尚未習安能講軍旅之大乎

圖二

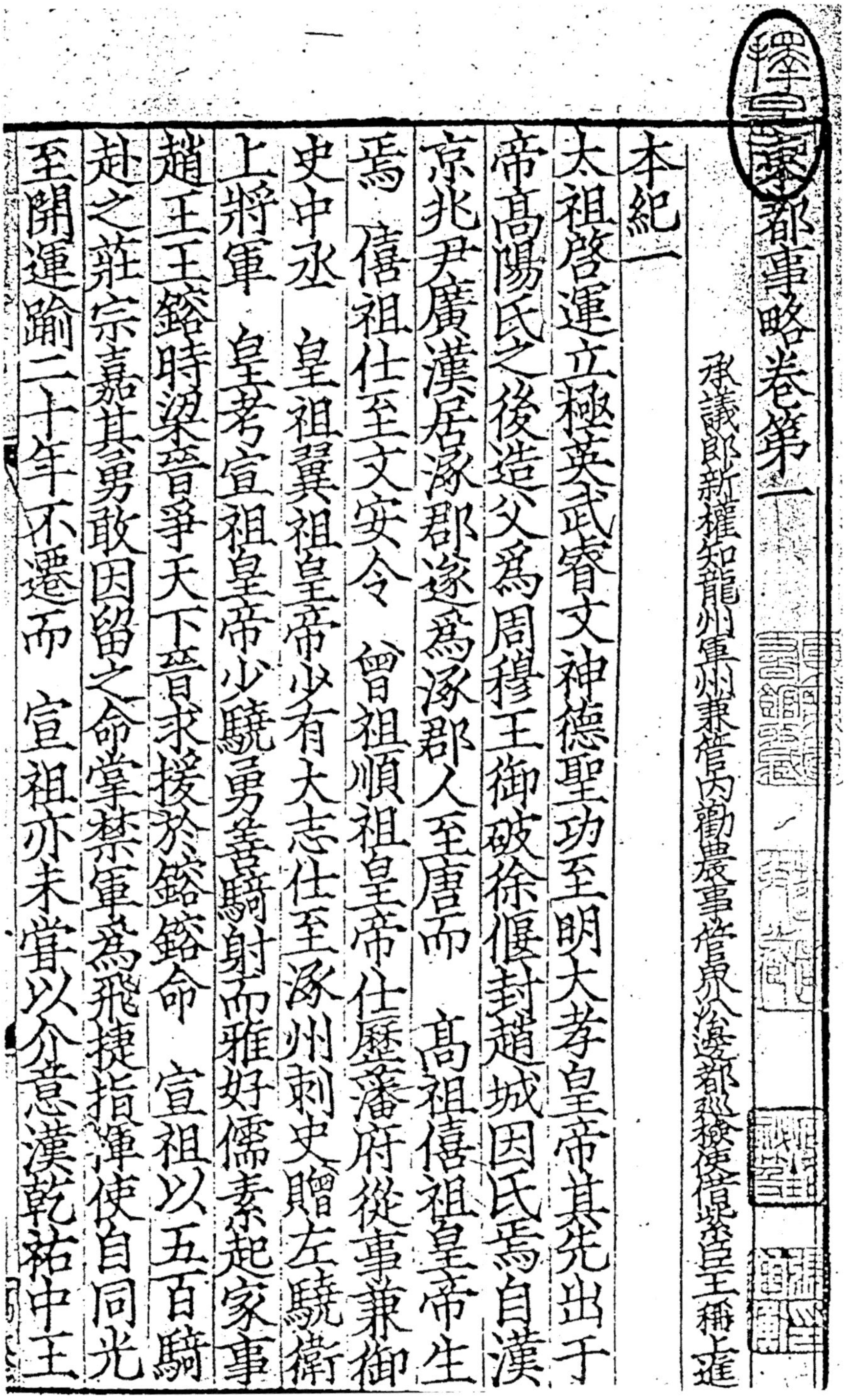

東都事略卷第一

承議郎新權知龍州軍州兼管內勸農事管界沿邊都巡檢使借紫臣王稱進

本紀一

太祖啓運立極英武睿文神德聖功至明大孝皇帝其先出于帝高陽氏之後造父爲周穆王御破徐偃封趙城因氏焉自漢京兆尹廣漢居涿郡遂爲涿郡人至唐而　高祖僖祖皇帝生焉　僖祖仕至文安令　曾祖順祖皇帝仕歷藩府從事兼御史中丞　皇祖翼祖皇帝少有大志仕至涿州刺史贈左驍衛上將軍　皇考宣祖皇帝少驍勇善騎射而雅好儒素起家事趙王王鎔時梁晉爭天下晉求援於鎔鎔命　宣祖以五百騎赴之莊宗嘉其勇敢因留之命掌禁軍爲飛捷指揮使自同光至開運踰二十年不遷而　宣祖亦未嘗以介意漢乾祐中王

圖三

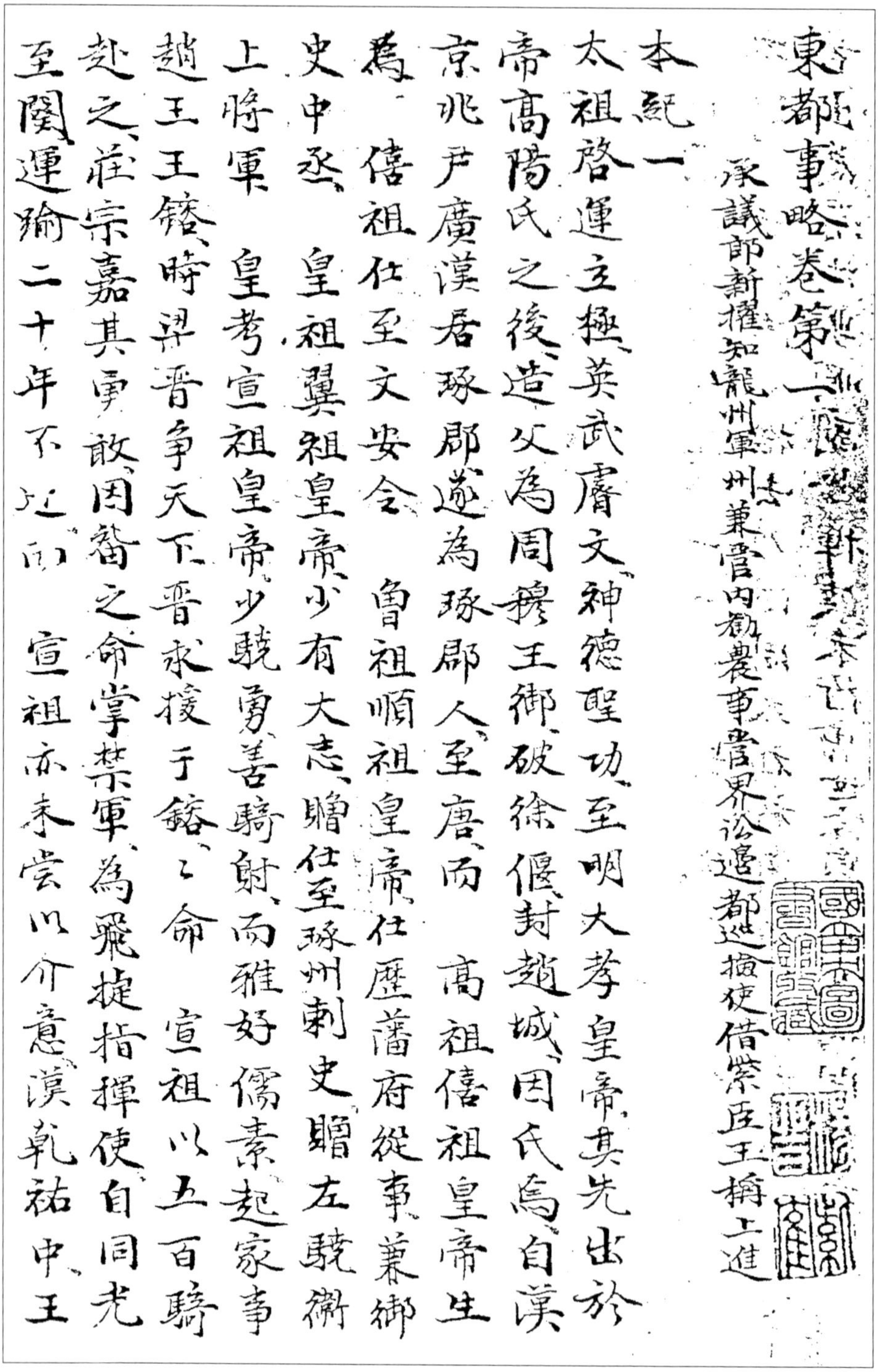

東都事略卷第一

承議郎新權知龍州軍州兼管內勸農事管界巡邊都廵撿使借緋臣王偁上進

本紀一

太祖啟運立極英武睿文神德聖功至明大孝皇帝，其先出於帝高陽氏之後，造父為周穆王御，破徐偃城，因氏焉。自漢京兆尹廣漢居涿郡，遂為涿郡人。至唐，而高祖僖祖皇帝生。

為僖祖仕至文安令。魯祖順祖皇帝仕至歷藩府從事兼御史中丞。皇祖翼祖皇帝，少有大志，贈仕至涿州刺史贈左驍衛上將軍。皇考宣祖皇帝，少驍勇善騎射，而雅好儒素起家事，趙王王鎔，晬枵晉爭天下，晉求援于鎔之命。宣祖以五百騎赴之，莊宗嘉其勇，敢因耆之命，掌禁軍，為飛捷指揮使，自同光至闓運踰二十年不之而。宣祖亦未嘗以介意，漢乾祐中，王

圖四

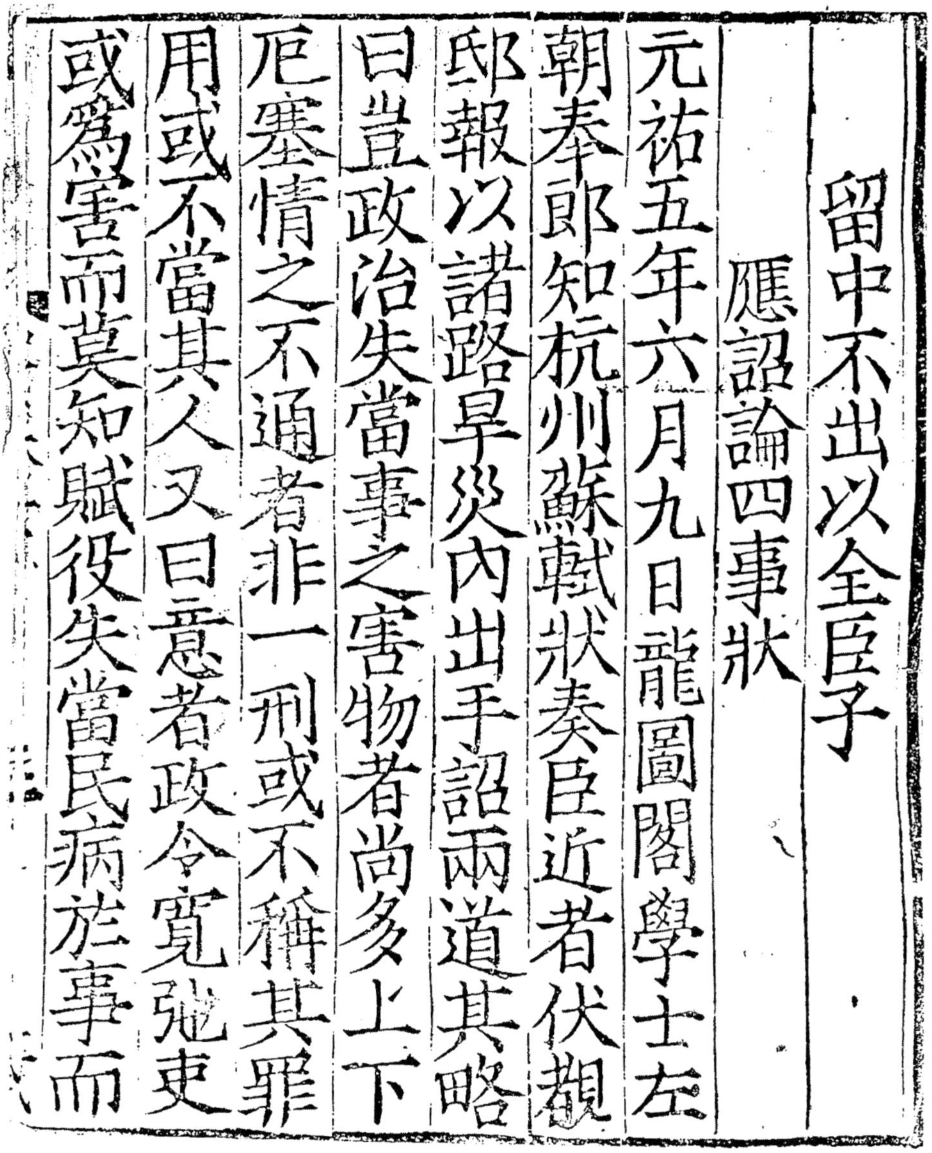

留中不出以全臣子

應詔論四事狀

元祐五年六月九日龍圖閣學士左

朝奉郎知杭州蘇軾狀奏臣近者伏覩

邸報以諸路旱災內出手詔兩道其略

曰豈政治失當事之害物者尚多上下

厄塞情之不通者非一刑或不稱其罪

用或不當其人又曰意者政令寬弛吏

或爲害而莫知賦役失當民病於事而

圖五

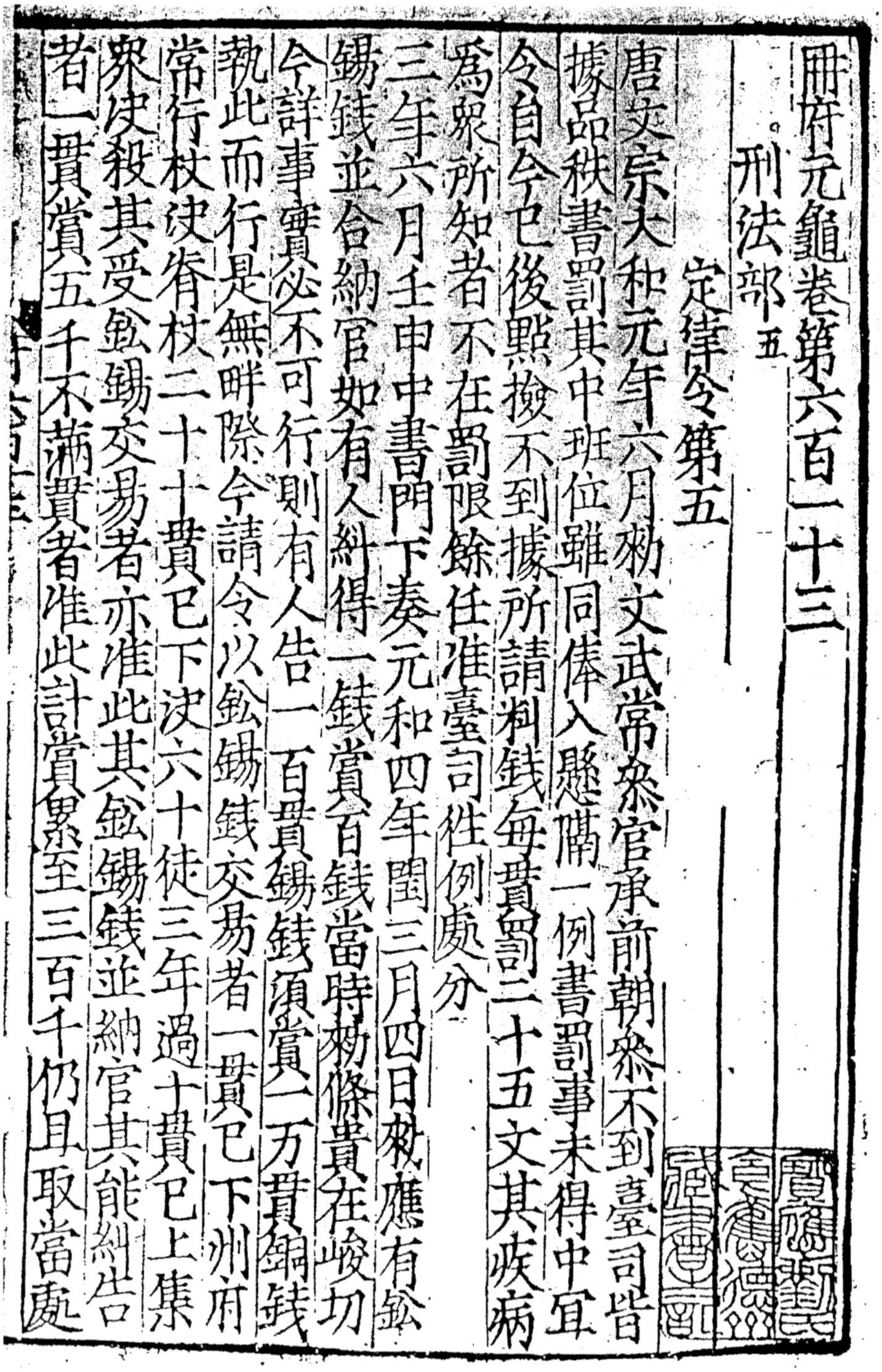
冊府元龜卷第六百一十三

刑法部 五

定律令第五

唐文宗大和元年六月勑文武常叅官承前朝叅不到臺司皆據品秩書罰其中班位雖同俸入懸隔一例書罰事未得中宜令自今已後點檢不到據所請料錢每貫罰二十五文其疾病爲衆所知者不在罰限餘任准臺司往例處分

三年六月壬申中書門下奏元和四年閏三月四日勑應有鈆錫錢並合納官如有人糾得一錢賞百錢當時勑條貴在峻切今詳事實必不可行則有人告一百貫錫錢須賞一万貫銅錢執此而行是無畔際今請令以鈆錫錢交易者一貫已下州府常行杖決脊杖二十十貫已下決六十徒三年過十貫已上集衆決殺其受鈆錫交易者亦准此其鈆錫錢並納官其能糾告者一貫賞五千不滿貫者准此計賞累至三百千仍且取當處

圖六

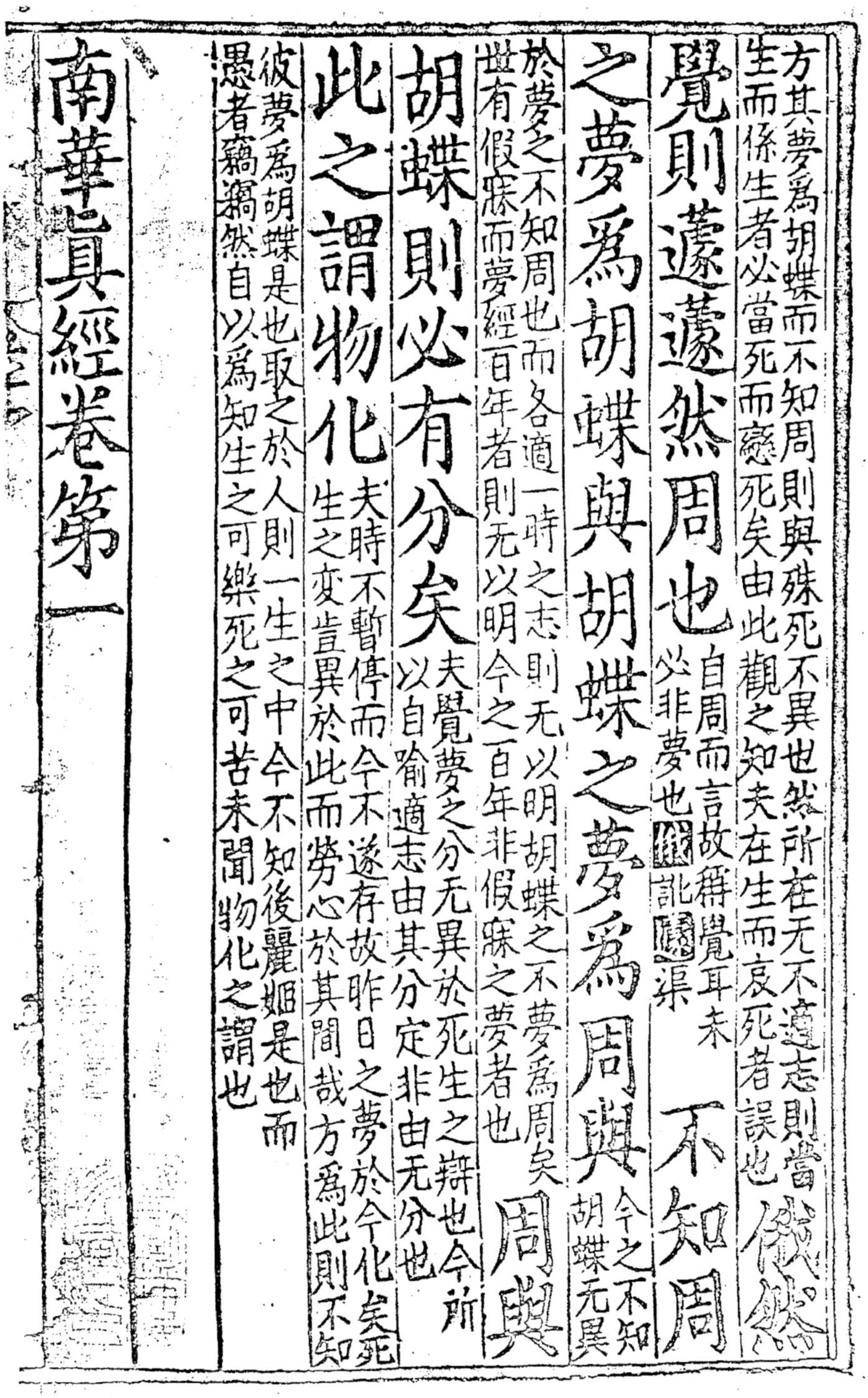
方其夢為胡蝶而不知周則與殊死不異也然所在无不適志則當生而係生者必當死而戀死矣由此觀之知夫在生而哀死者誤也俄然覺則蘧蘧然周也自周而言故稱覺耳未必非夢也俄訛蘧渠不知周之夢為胡蝶與胡蝶之夢為周與今之不知胡蝶无異於夢之不知周也而各適一時之志則无以明胡蝶之不夢為周矣世有假寐而夢經百年者則无以明今之百年非假寐之夢者也周與胡蝶則必有分矣夫覺夢之分无異於死生之辯也今所以自喻適志由其分定非由无分也此之謂物化夫時不暫停而今不遂存故昨日之夢於今化矣死生之變豈異於此而勞心於其間哉方為此則不知彼夢為胡蝶是也取之於人則一生之中今不知後麗姬是也而愚者竊竊然自以為知生之可樂死之可苦未聞物化之謂也

南華真經卷第一

圖七

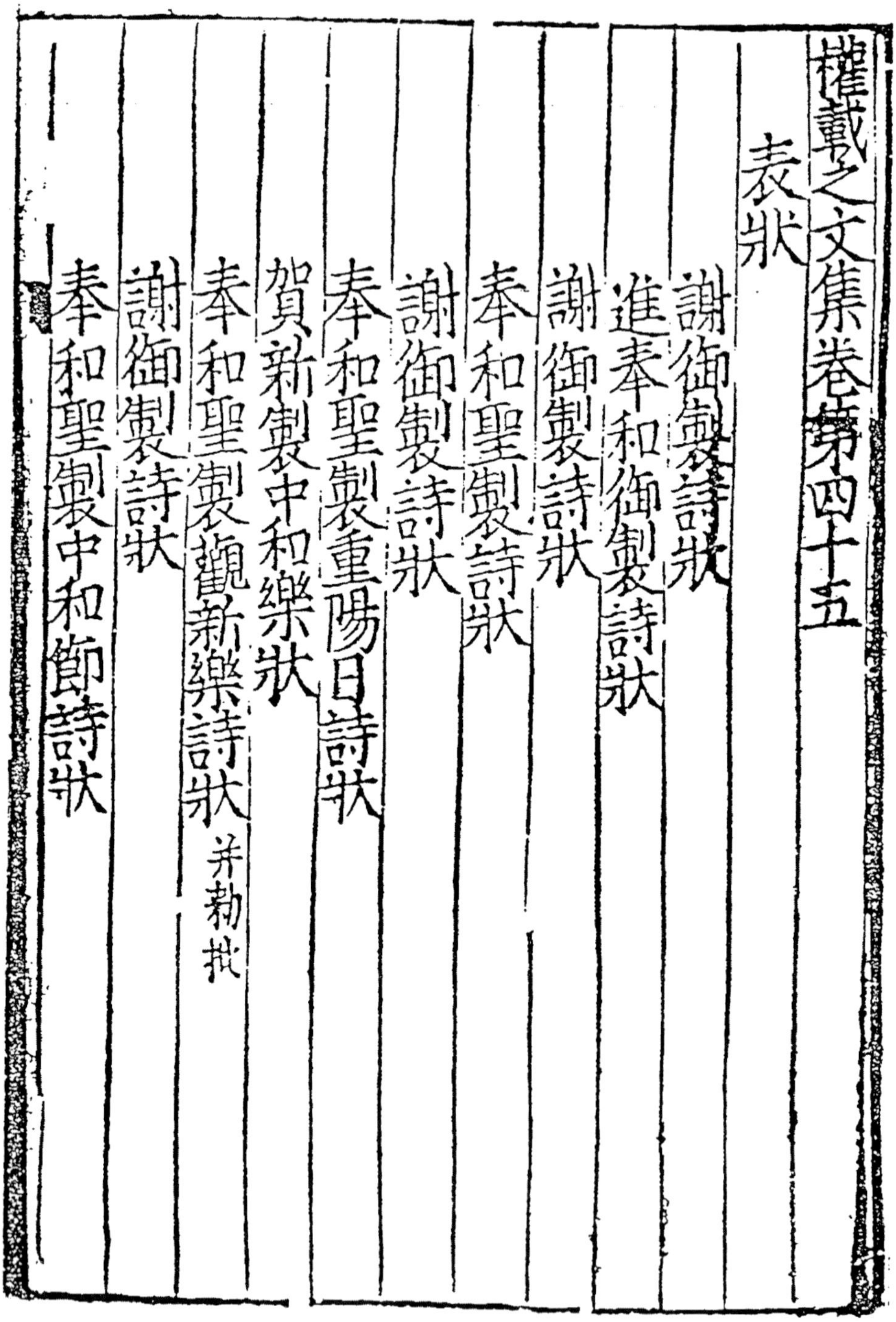

權載之文集卷第四十五

表狀

謝御製詩狀

進奉和御製詩狀

謝御製詩狀

奉和聖製詩狀

謝御製詩狀

奉和聖製重陽日詩狀

賀新製中和樂狀

奉和聖製觀新樂詩狀 并勅批

謝御製詩狀

奉和聖製中和節詩狀

圖八

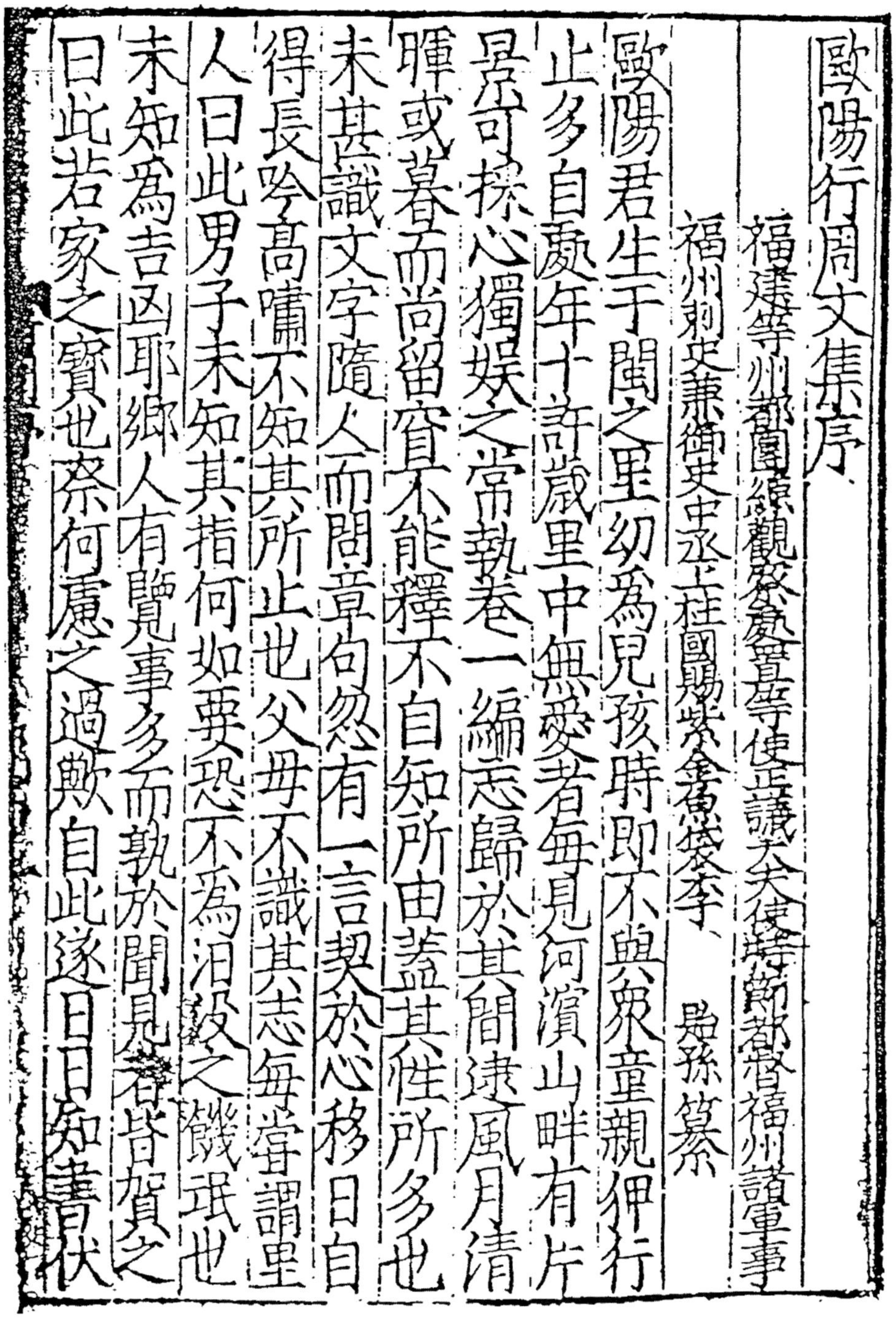

歐陽行周文集序

福建等州都團練觀察處置等使正議大夫使持節都督福州諸軍事
福州刺史兼御史中丞上柱國賜紫金魚袋李　　吳孫篆

歐陽君生于閩之里幼為見孩時即不與眾童親狎行
止多自處年十許歲里中無愛者每見河濱山畔有片
景可擥心獨娛之常執卷一編志歸於其間逮風月清
暉或暮而尚留賞不能釋不自知所由蓋其性所多也
未其識文字隨人所聞章句忽有一言契於心移日自
得長吟高嘯不知其所止也父毋不識其志每謂里
人曰此男子未知其指何如要恐不為泪綴之幾甚也
未知為吉凶耶鄉人有覽事多而軏於聞見者皆賀之
曰此若家之寶也察何慮之過歟自此逐日日知書秋

圖九

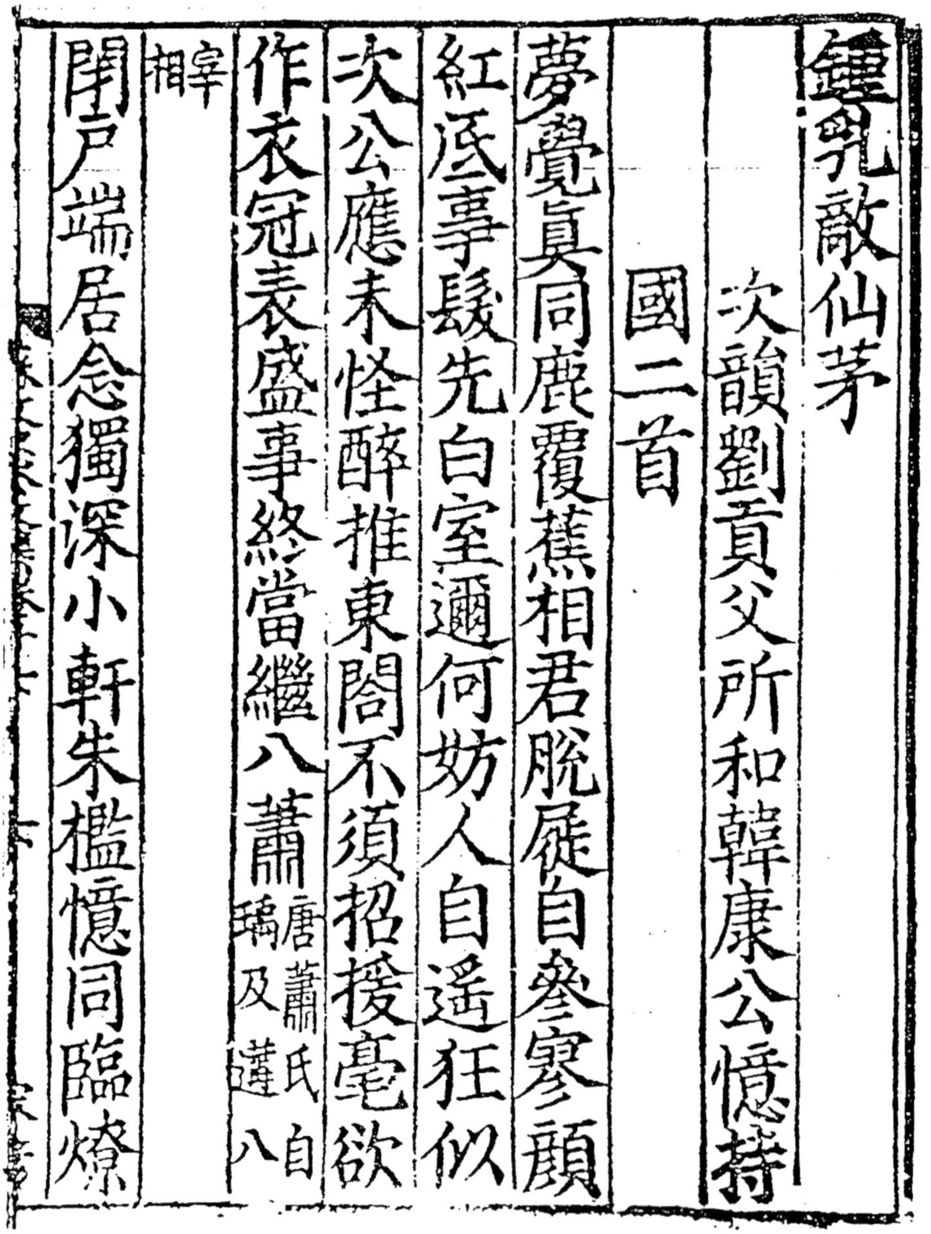

鍾乳敲仙茅

次韻劉貢父所和韓康公憶持

國二首

夢覺真同鹿覆蕉　相君脫屣自參寥顧

紅底亭髭先白室　邇何妨人自遙狂似

次公應未怪醉推　東閣不須招援毫欲

作衣冠表盛事終　當繼八蕭璃及違八
　　　　　　　　　　　　　　唐蕭氏自

宰相

閉戶端居念獨深　小軒朱檻憶同臨燎

圖十

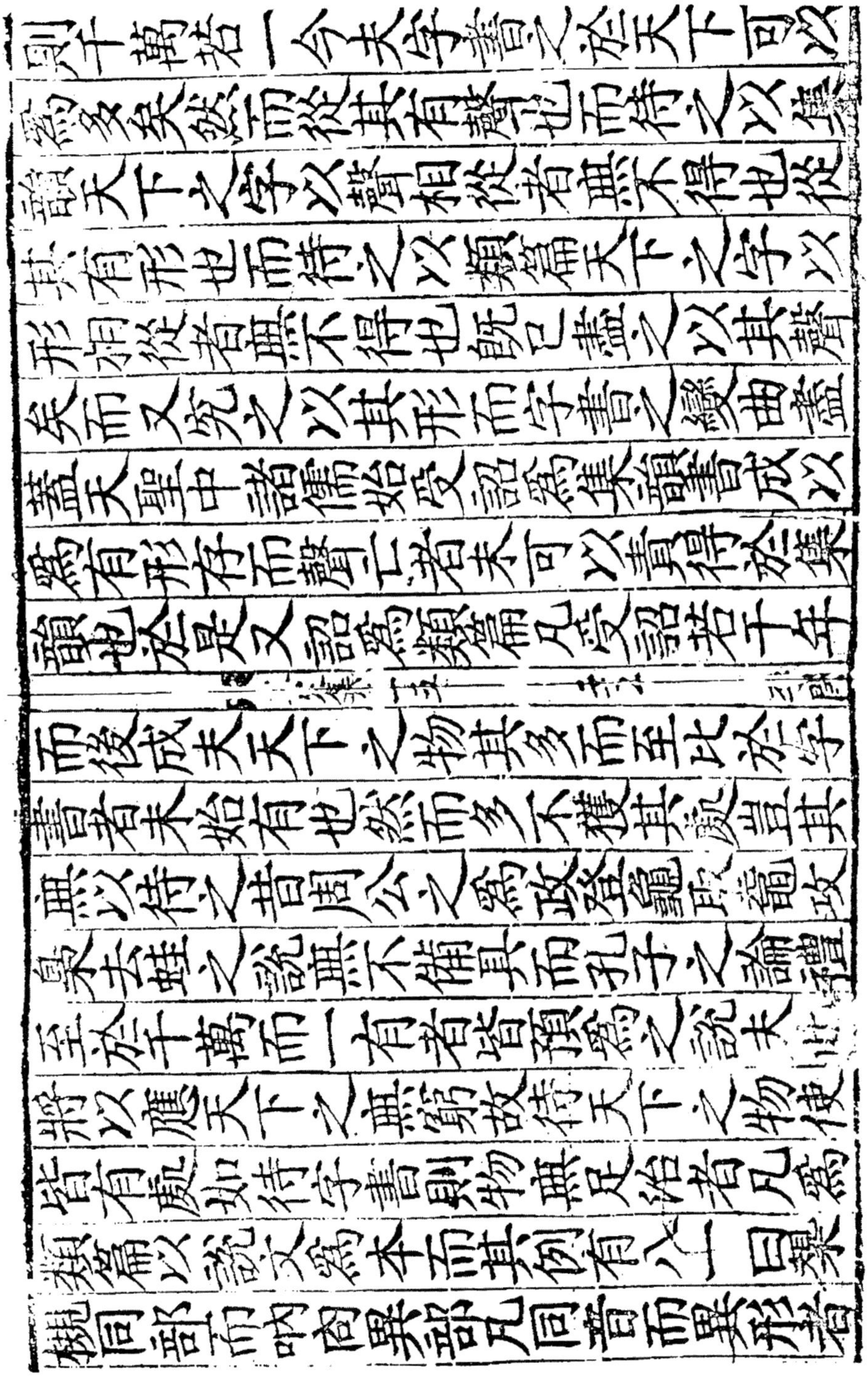

則千萬若一今夫字書之於天下可以
為多矣然而從其有聲也而待之以集
韻天下之字以聲相從者無不得也從
其有形也而待之以類篇天下之字以
形相從者無不得也既已盡之以其聲
矣而又究之以其形而字書之變曲盡
蓋天聖中諸儒始受詔為集韻書成以
為有形存而聲亡者未可以責其得於集
韻也於是又詔為類篇凡受詔若干年
而後成夫天下之物其多而至比於字
書者未始有也然而多不獲其說豈其
無以待之昔周公之為政始龜所謂攻
鳥獸去蛙之說無不備具而孔子之論禮
至於千萬而一有者皆預為之說夫惟
將以應天下之無窮故待天下之物使
皆有應如待字書則物無足治者凡為
類篇以說文為本而其例有八一曰凡
[illegible]同部而明內異部凡同音而異形者

圖十一

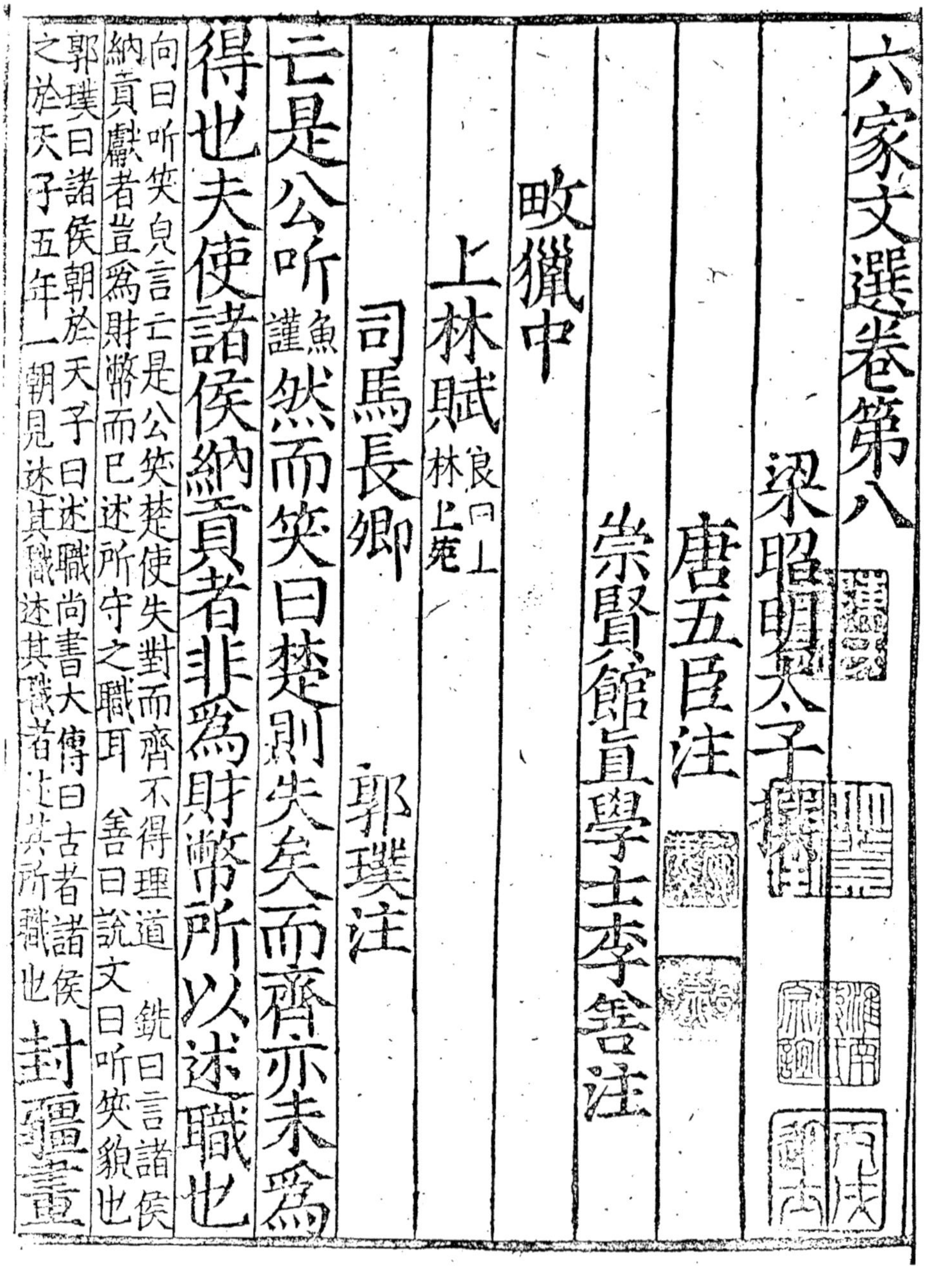

六家文選卷第八

梁昭明太子撰

唐五臣注

崇賢館直學士李善注

畋獵中

上林賦 良曰上林上苑

司馬長卿　　郭璞注

亡是公听 魚謹 然而笑曰楚則失矣而齊亦未為得也夫使諸侯納貢者非為財幣所以述職也 向曰听笑皃言亡是公笑楚使失對而齊不得理道 銑曰言諸侯納貢獻者豈為財幣而已述所守之職耳 善曰說文曰听笑貌也 郭璞曰諸侯朝於天子曰述職尚書大傳曰古者諸侯之於天子五年一朝見述其職述其職者述其所職也 封疆畫

宋刻《東都事略》及其相關問題

　　《東都事略》一百三十卷，凡本紀十二，世家五，列傳一百五，附錄八。爲南宋王稱所撰。王稱《宋史》無傳，清陸心源《宋史翼》卷二十九有傳云：

> 王偁（案偁應作稱，詳後），字季平，四川眉州人。累官承議郎知龍州，偁刻意史學，斷自太祖至于欽宗，上下九朝，爲《東都事略》一百三十卷，其非國史所載而得之旁收者居十之一，皆信而有徵，可以依據，洪邁修四朝國史，奏進其書，加直祕閣，慶元中，終吏部郎中。

《四庫提要》謂此書「敘事約而該，議論亦皆持平。」〔註1〕宋刻本《東都事略》首載洪邁薦龔敦頤、王稱箚子，附敕授王稱直祕閣告詞，次王稱謝表，次目錄，目錄後有「眉山程舍人宅刊行，已申上司，不許覆板」雙行木記。每半葉十二行，行二十四字，版心線口，上間記字數，下記刻工「高大全」。避宋諱至惇字，知爲光宗時刻本。

　　此宋刻本《東都事略》，作者爲「王稱」，明清以來各家記載大都改爲「王偁」，本文擬加以考辨，此其一。此書宋代僅眉山程氏刊刻，明清兩朝覆刻此宋板者甚多，然初印本傳世甚稀，本文擬考其流傳情形，此其二。宋刻本目錄後有刻書牌記，本文擬藉此談宋代的版權問題，此其三。今分述如下：

一、作者姓名考辨

　　宋光宗紹熙年間刻本《東都事略》，作者爲「王稱」（圖一）。晁公武《郡

〔註1〕見《四庫全書總目》卷五十，史部別史類，「東都事略」條。

齋讀書志》附志卷上云：「《東都事略》一百三十卷，承議郎知龍州王稱所進也。」〔註 2〕王應麟《玉海》卷四十六云：「淳熙十三年八月二十六日，知龍州王稱上《東都事略》一百三十卷，明年春三月除直祕閣，其書特掇五朝史傳及四朝實錄附傳，而微以野史附益之。」可見宋人所見之本，均作「王稱」。元脫脫等修《宋史》，雖無王稱之傳，然卷三一五之〈論贊〉及卷四七八之〈南唐世家〉，提到「王稱」之處均作「王偁」。惟宋史之元刻本，今未見，今所見者乃明成化以後刻本，故知「王稱」之改爲「王偁」，或在明成化以後。明末祁承㸁《淡生堂藏書目》、清初錢曾《述古堂藏書目》及《讀書敏求記》，各書著錄宋刻本《東都事略》，作者皆作「王偁」。《四庫全書總目》卷五十，〈東都事略提要〉下作者亦作「王偁」，並於卷六十四（史部傳記類存目六）〈張邦昌事略〉一卷條下云：

> 舊本題宋王稱撰。核其文即《東都事略·僭僞傳》也，摘其一卷，別立名目。又改王偁爲王稱，可謂愈僞愈拙，曹溶收之《學海類編》，蓋偶未考也。

自《提要》有此一說，於是一切官私著述及刻書者，凡涉及《東都事略》一書之作者，均改爲「王偁」。乾隆乙卯（六十）年席氏掃葉山房刻本，書中王氏名出現凡一百零五次，九十六處改爲「偁」，漏九處未改，仍作「稱」，可證《東都事略》作者原作「王稱」，此刻乃受《四庫提要》影響，故改「稱」爲「偁」，然猶有遺漏，未能全改。其後張金吾《愛日精廬藏書志》卷十一著錄宋刊殘本《東都事略》，作者亦作「偁」。

道光己酉（二十九）年錢綺撰《東都事略校勘記》一卷〔註3〕云：

> 箚子一頁九行，王稱姓名，掃葉山房重刊本稱作偁，以下及卷首題銜傳贊並同。按《說文》禾部之稱解作銓，人部之偁解作揚，二字義各不同，今王稱字季平，取銓衡之義，自當從禾，況偁乃孝宗父秀王名，書中遇从人之偁皆缺筆。豈有當時所諱，而反以命名之理？明永樂中別有王偁，預修《永樂大典》，或明人因此王偁而誤改耳。

錢氏以爲「王偁」或爲明人誤改。然清末藏書家著錄此書仍作「王偁」，如丁日昌《持靜齋書目》、陸心源《皕宋樓藏書志》。後陸心源撰《儀顧堂題跋》

〔註 2〕見宋淳祐九年十年間黎安朝刊本。
〔註 3〕張鈞衡刻《適園叢書》，收入第五集。

—390—

始疑之，其《續跋》卷七〈宋槧東都事略跋〉云：

> ……是本爲蘇州汪士鐘零星湊配而成，有初印者，有後印者，有以明覆本配者。……稱之名《提要》作偁，此本及明覆本皆作稱，俟改。

其後章鈺校《讀書敏求記》亦云：

> 黃丕烈云：「顧抱冲有宋本。」鈺按此記宋本後歸豐順丁氏，近適園志載宋光宗時刊本，有「眉山程舍人宅刊，已申上司，不許覆板」木記一行（案一應作二），疑即從丁氏散出，偁字作稱，其字爲季平，疑作偁者誤。〔註4〕

至余嘉錫作《四庫提要辨證》始詳考其本末，其卷五《東都事略》下有案語云：「原題宋王偁，今考定爲王稱。」並云：

> 嘉錫案，陸心源《儀顧堂續跋》卷七〈宋槧東都事略跋〉云（略）。陸氏所言宋槧本明覆本，今雖未見，然有五松閣仿程舍人本，全書皆作稱，可以爲證。四庫所收，蓋明人刻本，誤稱爲偁，《提要》信之，因謂「《學海類編》中所刻之王稱《張邦昌事略》，改王偁爲王稱。」爲「愈僞愈拙。」自《提要》有此說，於是一切官私著述及刻書者，凡涉及作《東都事略》之王稱，皆改作偁矣。錢綺嘗用影抄宋本校五松閣本，作校勘記云（略）。余友陳援菴（垣）謂余曰：「于季平之名當爲王稱。吾於錢氏所舉之外，又得二證焉。《學海類編》之《西夏事略》、《張邦昌事略》，原即《東都事略》之一篇，均題曰王稱撰，可見曹溶所據之本原作稱字，一也。海源閣藏宋蜀刻二百家名賢文粹，其序題王稱撰，又爲眉州人，則與撰《東都事略》者同爲一人無疑，偁之當作稱是亦一證，二也。」嘉錫更考之讀書附志卷上云（略）。《玉海》卷四十六云（略）。其字皆作稱，可見宋人所見之本，無作偁者（《書錄解題》卷四作王偁，蓋四庫館所改）。《提要》翻以作稱者爲僞改，失之不詳考也。

余氏所言未見之宋刻本及明覆刻宋本，現今藏於國立中央圖書館，作者均作「王稱」（圖二），且中圖尚藏有舊鈔本，作者亦作「王稱」（圖三）清代覆刻宋本者甚多，臺大文聯藏有二部，傅斯年圖書館藏有一部，文聯另有一部清光緒九年淮南書局刻本，亦覆刻宋本，以上各本作者均作「王稱」。凡此，皆

〔註4〕見章鈺《讀書敏求記校證》卷二之上。

可爲余氏佐證。且《東都事略》之宋刻本，今尚存於世，故應以此爲準。

二、宋刻本流傳的情形

《東都事略》一書，宋代僅此一刻，故彌足珍貴，今考其流傳情形，大致如下：

（一）淡生堂藏本

祁承爍的淡生堂是明末清初著名的藏書樓，藏書達十萬餘卷，校勘精審，爲世所重。編有《淡生堂藏書目錄》十四卷，其中著錄有宋王稱《東都事略》。淡生堂藏書，歷經祖孫三代，到了祁承爍的孫子理孫及班孫，因牽涉魏耕事變，導致門第衰微，藏書散落殆盡。當淡生堂藏書散出時，此宋刻《東都事略》卻引起黃梨洲與呂晚村的交惡。黃梨洲《天一閣藏書記》云：

> 祁氏曠園之書……，亂後遷至化鹿寺，往往散見市肆。丙午，余與書賈入山，翻閱三晝夜，余載十捆而出，經學近百種，稗官百十冊，而宋元文集已無存者。中途又爲書賈竊去衛湜《禮記集說》、《東都事略》。〔註5〕

全謝山記述此事甚詳，其〈小山堂祁氏遺書記〉云：

> 吾聞淡生堂書之初出也，其啓端多矣。初，南雷黃公講學於石門，其時用晦父子俱北面執經。已而以三千金求購淡生堂書，南雷亦以束脩之入參焉。交易既畢，用晦之使者中途竊南雷所取衛湜《禮記集說》，王偁《東都事略》以去，則用晦所授意也。南雷大怒，絕其通門之籍，用晦亦遂反而操戈，而妄自託於建安之徒，力攻新建，并削去蕺山學案私淑，爲南雷也。近者石門之學固已一敗塗地，然坊社學究，尚有推舉之謂足以接建安之統者，弟子之稱，猖猖於時文批尾之間，潦水則盡矣而潭未青，時文之陷溺人心一至於此！豈知其濫觴之始，特因淡生堂數種而起，是可爲一笑者也。然用晦所藉以購書之金，又不出自己而出之同里吳君孟舉；及購至，取其精者，以其餘歸之孟舉，於是孟舉亦與之絕。是用晦一舉而既廢師弟之經，又傷朋友之好，適成其爲市道之薄，亦何有於講學也。〔註6〕

因爲明嘉靖以後，藏書家特別重視宋版，如嘉靖中，有朱吉士者，性好藏書，

〔註 5〕 見《南雷文案初集》卷二。
〔註 6〕 見《鮚埼亭集外編》卷十七。

尤愛宋時鏤版，曾以家中一美婢交換宋版袁宏《後漢紀》。又如隆萬間後七子
之一的王世貞，為了要得到一部宋版《漢書》，不惜出售在太倉的一座田莊。
此宋刻《東都事略》，傳本稀少，益覺珍貴，因而有為爭書而師生交惡之事。
全謝山〈小山堂藏書記〉又云：

> 曠園之書，其精華歸於南雷，其奇零歸於石門。南雷一火一水，其
> 存者歸於鸛浦鄭氏。石門則摧毀殆盡矣。予過梅里，未嘗不歎風流
> 之歇絕也。〔註7〕

所謂「石門則摧毀殆盡」，是指清初文字獄，曾將晚村剖棺戮屍，晚村所有著
述，藏書全被燒毀，所得淡生堂之宋刻《東都事略》亦不知去向。

（二）國立中央圖書館藏本

國立中央圖書館所藏宋紹熙間眉山程舍人宅刊本《東都事略》一百三十
卷二十四冊，完整無缺，知為初印本。書前有今人張乃熊手書題記云：

> 緯雲樓牙籤萬軸，獨缺此書，述古主人所引以自豪者也。此怡邸舊
> 藏，初印精絕，為宋槧中無上上品。董授經得自東瀛，以千金歸余
> 家。曾囑趙硯香重裝，因識如右。戊午冬日吳興張乃熊呵凍書。

由此跋文，知此本乃錢遵王述古堂藏本，錢曾《述古堂藏書目》後附《述古
堂宋板書目》有王稱《東都事略》一百三十卷，《讀書敏求記》卷二之上亦
云：

> 《東都事略》，宋刻僅見此本。先君最所寶愛，榮木樓牙籤萬軸，獨
> 闕此書，牧翁屢求不獲，心頗嗛焉。先君家道中落，要索頻煩，始
> 終不忍捐棄，吾子孫其慎守之勿失。

錢曾述古堂藏書，部分於生前折售泰興季氏（季振宜），季氏卒後，其書多數
歸於崑山徐氏（徐乾學）。陸心源《儀顧堂續跋》卷一〈宋槧婺州九經跋〉
云：

> 緯雲未火前，其宋元精本，大半為毛子晉、錢遵王所得，毛、錢兩
> 家散出，半歸徐健庵、季滄葦。徐、季之書，由何義門介紹，歸於
> 怡府。

怡府即指怡親王府，怡親王名允祥，為清聖祖之子，其藏書之所曰樂善堂，
今查中圖所藏宋刻《東都事略》，書中鈐有「怡府世寶」朱文方印、「明善堂

〔註 7〕見《鮚埼亭集外編》卷十七。

覽書畫印記」白文長方印、「安樂堂藏書記」朱文長方印，以上皆怡府藏書印，可見此宋刻《東都事略》是錢遵王舊物而爲怡府所續藏。

陸心源《儀顧堂續跋》卷一〈宋槧婺州九經跋〉文又云：

> 乾隆中，四庫館開，天下藏書家皆進呈，惟怡府之書未進。其中爲世所罕見者甚多，如施注蘇詩，全本有二，此外可知矣。怡府之書藏之百餘年，至端華以狂悖誅，而其書始散落人間。

怡府藏書散落人間，爲何家所得，今已不可考，惟丁日昌《持靜齋書目》藏有此刻，其《東都事略》一百三十卷下云：

> 宋眉山程氏刊初印本，薄綿紙，精好潤大，與《通鑑綱目》，並史部甲乙。卷首有眉山程舍人宅刊行木記。俅亦眉山人，故鄉里爲刊行之。丁巳春，曾文正公在楊州見此，詫爲人間未有之秘寶。薛紹彭、錢曾、陳鱣、郁松年經藏。

又云：

> 錢遵王《讀書敏求記》所稱錢牧齋屢求不獲者，即此。迄今又二百年，而紙墨如新，手若未觸，殆造化默爲呵護，非偶然也。

則丁氏所藏即錢遵王藏本。同治初年，丁氏得自上海郁松年宜稼堂。丁氏生前，其藏書已零星散佚，流入上海書肆，丁氏死後，其持靜齋所藏十萬餘卷書籍很快地就散爲雲煙。

丁氏所藏宋刻《東都事略》，後爲董康所得，其《書舶庸談》云：

> ……余舊藏此刻，爲傳是樓物，楮墨尤精，今歸南潯張石銘矣。

董康所謂「傳是樓物」實即錢遵王藏本。後此本售於張鈞衡，其《適園藏書志》卷三《東都事略》一百三十卷宋刊本下云：

> ……次目錄，後有木記曰：「眉山程宅刊行，已申上司，不許覆版」兩行。每葉二十四行，每行二十三、四、五字不等，高六寸三分，廣四寸三分，白口，單邊，上有字數，板心或題東幾，或僅有數目字而無東字，或留墨釘，間有刊工姓名。宋諱至惇字止，蓋光宗時刊本。收藏有「明善堂鑒賞書畫印記」朱文長方印、「怡府世寶」朱文方印、「安樂堂藏書記」白文長印，怡府藏書也。

故中圖藏本有「石銘收藏」朱文方印、「吳興張氏適園收藏圖書」朱文長方印、「擇是居」朱文橢圓印。此本後歸其子張乃熊，收入《菦圃善本書目》，故書中鈐有「菦圃收藏」朱文長方印、「菦伯」朱文方印、「望徵」朱文橢圓印。

民國三十年張氏將此宋刻《東都事略》與其他藏書一齊售於國立中央圖書館。其題記乃謂此本爲董康得自日本，則未可信。董康在日本期間，曾至宮內省圖書寮閱書，圖書寮所藏宋刻《東都事略》與此本不同，當詳於後。張乃熊有此說法，可能誤解了董康在《書舶庸談》的記載〔註8〕，其實圖書寮所藏者乃鈔配本，而此本則完整無缺。

（三）日本靜嘉堂文庫藏本

陸心源《皕宋樓藏書志》卷二十三著錄宋刊配明覆本《東都事略》一百三十卷。其《儀顧堂續跋》卷七〈宋槧東都事略跋〉云：

> ……目錄後有木記曰：「眉山程宅刊行，已申上司，不許覆版」兩行。每葉二十四行，每行二十三、四、五字不等。語涉宋帝皆空格，板心或題東幾，或僅有數目字，而無東字，或留墨釘，間有字數及刊工姓名，宋諱避至惇字止，蓋光宗時刊本也。是本爲蘇洲汪士鐘零星湊配而成，有初印者，有後印者，有以明覆本配者，内有十卷爲黃蕘圃舊藏，蕘圃有二跋，敘得書之由甚詳。八十七卷末有「□□圖書」官印，又有「瑞卿」二字朱文方印，亦似元人印記。

案汪士鐘《藝芸書舍宋本書目》著錄《東都事略》存三十一至四十、四十六至四十八、五十一至六十、八十四至百五、百十六至百二十九，與張金吾《愛日精廬藏書志》卷十一所著錄之宋刊殘本六十卷，所存卷數相同，當爲同一來源。陸氏所藏之本，即此殘卷本，再經汪氏以明覆本湊配而成。

歸安陸氏皕宋樓與聊城楊氏海源閣、常熟瞿氏鐵琴銅劍樓、杭州丁氏八千卷樓合稱爲清季四大藏書樓。陸氏藏書處除皕宋樓外，還有守先閣和十萬卷樓。到光緒八年陸氏編刻《皕宋樓藏書志》止，其所藏書已達十五萬卷，此僅指善本而言，而普通坊刻之本尚不在其內。他的藏書中有許多是四庫全書所未收之書，其中宋元版書特別多。皕宋樓專門收藏宋元刊本及名人手抄、手校等秘籍。其十萬卷樓專門收藏明以後的秘本、名人手校手抄本及近人著述。他家還有守先閣，是收藏一般圖書的。此閣藏書按四庫分類法部次類別，編號上架，可供人閱覽。可惜到了他的長子陸樹藩手中，連保管都成了問題。據日人島田翰《皕宋樓藏書源流考》云：

> 乙巳丙午（光緒三十一、三十二年）之交，予因江南之游，始破例

〔註8〕董康《書舶庸談》謂十六年三月十日赴圖書寮閱書，圖書寮所藏宋刊本《東都事略》卷一至卷二十三鈔配，與中圖藏本不同。

數登陸氏䜴宋樓，悉發其藏讀之。太息塵封之餘，繼以狼藉，舉凡異日之部居類彙者，用以飽蠹魚。又歎我邦藏書家未有能及之者，顧使此書在我邦，其補益文獻非鮮少，遂慫恿其子純伯觀察樹藩，必欲致之於我邦。而樹藩居奇，需值甚昂，始號五十萬兩，次稱三十五萬圓，後稍退至二十五萬圓，時丙午正月十八日事也。二月返槎，歸而謀諸田中青山先生，不成。先生曰：能任之者，獨有岩崎氏耳，余將言之。而予亦請諸重野成齋先生。今茲丁未（光緒三十二年）二月，成齋先生有西歐之行，與樹藩會滬上，四月遂訂議爲十萬圓。五月初二日，吾友寺田望南赴申浦。越六月，陸氏䜴宋樓、十萬卷樓、守先閣之書，舶載盡於岩崎氏靜嘉堂文庫。〔註9〕

陸心源以畢生之力所收之長編鉅冊就這樣舶載而東，遂不復見於中土。所以這部宋刊配明覆本《東都事略》，現藏於日本靜嘉堂文庫，《靜嘉堂文庫漢籍分類目錄》及《靜嘉堂秘籍志》均有著錄。

（四）日本宮內廳書陵部藏本

日人森立之《經籍訪古志》著錄求古樓藏宋刊本《東都事略》，缺卷八十六至卷九十三，此即宮內廳書陵部所藏本。宮內廳書陵部舊稱宮內省圖書寮。《圖書寮漢籍書目》卷二《東都事略》百三十卷十四冊下云：

宋刊本，每半葉十二行，行二十三字至五字不等，前有目錄，目錄後有木記云：「眉山程舍人宅刊行，已申上司，不許覆板。」卷中宋諱避至惇字，蓋光宗時刊本也。闕卷八十六至九十三，八卷。卷一至十、卷十四至二十、卷六十二至六十六、卷七十一、卷七十二、卷八十一、卷八十二、卷九十四至九十九、卷百十九、卷百二十三、卷百二十九鈔配。係狩谷望之舊藏，卷首副葉有其手識云：「『《東都事略》，宋刻僅見此本。先君最所寶愛，榮本（案：本應作木）樓牙籤萬軸，獨闕此書，牧翁屢求不獲，心頗嗛焉。先君家道中落，索頻煩（案：索上漏要字），始終不忍捐棄，吾子孫其慎守之，勿失。』右見《讀書敏求記》，按近來富宋本者無錢遵王若也，然其言如此，則當寶藏可知也，故表出之，示後之獲此者。」每冊首捺「祕閣圖書之章」印。又副葉有「《顏氏家訓》曰：借人典籍，

> 皆須愛護，先有缺壞，就爲補治，此亦士大夫百行之一也。鄞江衛
> 氏謹誌印記。」披齋旁書曰：「此印記以開好事者之假造，不存而
> 可也。」〔註10〕

此本雖爲宋刊本，然非完帙，缺卷及鈔配者甚多，其價值遠不及中圖藏本。卷首雖抄錄錢曾《讀書敏求記》之題記，並非錢遵王所藏。此本僅知爲日本狩谷望〔註11〕求古樓舊藏，其遞藏源流，已不得而知。董康在日本時，所見《東都事略》即此本，故張乃熊誤以爲董氏購自日本，實則董康售於張鈞衡者，乃錢遵王所藏，與此本不同。

三、從宋刻東都事略的牌記，談宋代的版權問題

宋刻《東都事略》，目錄後有「眉山程舍人宅刊行，已申上司，不許覆板」十六字雙行牌記（圖四），申明版權，這是今日出版品版權頁「版權所有，翻印必究」的起源。可見書商盜印他人的著作，並非始於今日，在印刷術普及以後，即已有之，尤其是古代尚未有類似現代的出版法或著作權法，所以說版權問題是出版事業充分發展的產物。尤其是印書活動出現競爭，印書走向商業化，就會有某種程度的法律介入，出版者爲了維護他們的權益，往往在出版時向官府申請禁止書坊翻版的榜文張掛及附在書首，如有觸犯者，由官府毀版治罪，以防止他人盜印。

南宋時代不僅翻版的風氣盛行，尤爲可惡的是若干書坊未經作者的同意，而將他們的著作刻印出售，這更侵犯了著作權。張栻《南軒集》卷二十四記載張氏答朱熹書，云：

> 栻近聞建寧書坊何人，將癸巳《孟子解》刻板，極皇恐，非惟見今
> 刪改不停，恐誤學者，兼亦甚不便。日夜不遑，已移文漕司及府中，
> 日下毀版，且作書抵鄭傅二公矣。更望兄力主張移書，苦言之，且
> 諭書坊，不勝幸甚。此介回欲知已毀之報，甚望之。

張栻於南宋乾道九年完成了《論語解》十卷、《孟子解》七卷，但尚未發行，準備繼續修改，沒想到尚未定稿的《孟子解》，已被書坊盜印，故而感到極爲惶恐。

盜印當代著名學者的著作，在南宋時代似乎頗爲盛行，除了上述建寧書

〔註10〕 《圖書寮典籍解題》，用日文記載，內容大致相同。
〔註11〕 董康《書舶庸談》有〈狩谷披齋墓誌銘〉。

坊盜印張南軒的著作外，朱熹的著作也曾被盜印，《四庫全書總目》卷二十五
《四書或問》二十九卷提要云：

> 朱子既作《四書章句集註》，復以諸家之說，紛錯不一，因設爲問答，
> 明所以去取之意，以成此書。凡《大學》二卷、《中庸》三卷、《論
> 語》二十卷、《孟子》十四卷，其書非一時所著，《中庸或問》，原與
> 《輯略》俱附《章句》之末，《論語》、《孟子》則各自爲書，其合爲
> 一帙，蓋後來坊賈所併也。中間《大學或問》，用力最久。……《中
> 庸或問》，則朱子平日頗不自愜……，至論孟《或問》，則與《集註》
> 及《語類》之說往往多所牴牾，後人或遂執《或問》以疑《集註》，
> 不知《集註》屢經修改，至老未已。而《或問》則無暇重編，故《年
> 譜》稱《或問》之書，未嘗出以示人，書肆有竊刊行者，亟請於縣
> 官，追索其版。

可見書坊擅刻，有時甚至將作者不欲示人的未定稿也給刻印出來，所以朱熹
只好請於縣官。另外，朱熹還著了一部《論孟精義》三十四卷，撰成後即在
建陽雕印出版，未幾，傳聞有義烏書商打算將之翻刻。於是朱熹立即寫信給
他的朋友呂祖謙，而擬請呂氏勸止。書云：

> 書尾所扣婺人翻開〔論孟〕《精義》事，不知如何？此近傳聞稍的，
> 云是義烏人。說者以爲移書禁止，亦有故事，鄙意甚不欲爲之。又
> 以爲此費用稍廣，出於眾力，今粗流行，而遽有此患，非獨熹爲不
> 便也。試煩早爲問故，以一言止之，渠必相聽。如其不然，即有一
> 狀，煩封至沈丈處，唯速爲佳，蓋及其費用未多之時止，則彼此無
> 所傷耳。〔註12〕

可見朱子著作雖已出版，仍有書商準備盜印翻刻以圖利。東萊爲此事寫了兩
封信給他。《東萊別集》卷七云：

> ……《精義》，此間卻不聞有欲再刊者。兩三日間，訪問得的實，即
> 當如來諭，作沈漕書，蓋不欲虛發耳。

在調查清楚之後，又回一信云：

> 義烏欲再刊《精義》者，兩日詢問得方寫畢，而未鋟版，已屬義烏
> 相識審詢其實，而就止之，更數日須得耗也。然婺本例賈高，蓋紙
> 籍之費重，非貧士所宜，勢不能奪建本之售。政便其不肯止，亦不

〔註12〕見《朱文公全集》卷三十三答呂伯恭書第二十八通。

足慮。若令官司行下，恐有示不廣之嫌……。〔註13〕

此後未見有信函談及此事，大概盜印之事中止。這是追究盜印翻刻已出版著作的最早例子，到目前為止，仍未發現南宋初年以前的證據。

　　由於盜印翻刻的風氣非常盛行，所以到了南宋中期，刻書風氣有了新的發展，出版者開始注意到保護權益的問題。這部南宋紹熙年間四川眉山程舍人刻的《東都事略》，雖然未載申請版權的牒文，但目錄後的雙行牌記，就是要防止書商的盜印。又如宋刊本《方輿勝覽》，在作者祝穆自序後有兩浙轉運司錄白：

> 據祝太傅宅幹人吳吉狀：「本宅見刊《方輿勝覽》及《四六寶苑》、《事文類聚》凡數書，並係本宅貢士私人編輯，積歲辛勤。今來雕板，所費浩瀚，竊恐書市嗜利之徒，輒將上件書版翻開，或改換名目，或以節略輿地紀勝等書為名，翻開攙奪，致本宅徒勞心力，枉費錢本，委實切害。照得雕書合經，使臺申明，乞行約束，庶絕翻版之患。乞給榜，下衢、婺州雕書籍處，張掛曉示。如有此色，容本宅陳告，乞追人毀版，斷治施行。」奉臺判備榜，須至指揮，右今出榜衢、婺州雕書籍去處，張掛曉示，各令知悉。如有似此之人，仰經所屬陳告，追究毀版施行，故榜。嘉熙貳年拾貳月□□日榜。衢婺州雕書籍去處張掛。轉運副使曾　台押。
>
> 福建路轉運司狀。乞給榜約束所屬，不得翻開上件書版，並同前式，更不再錄白。〔註14〕

可見祝穆在出版他自編的《四六寶苑》、《事文類聚》、《方輿勝覽》等書之前，曾向兩浙轉運司及福建路轉運司申請版權，並禁止他人翻版。榜文分由兩浙及福建路轉運司發給，可見當時的地方行政有相當的獨立性，此一地區的版權聲明未必在其他地區同樣有效。由上面榜文，亦可看出當時書業競爭逐利之風。

　　淳祐八年刊段昌武《叢桂毛詩集解》，書前亦有行在國子監禁止翻板公據曰：

> 行在國子監據迪功郎新贛州會昌縣丞段維清狀：「維清先叔朝奉昌

〔註13〕同上函俱見《東萊別集》卷七。
〔註14〕見楊守敬《日本訪書志》卷六宋槧本《方輿勝覽》前集四十三卷後集七卷續集三十卷拾遺一卷。

武，以《詩經》而兩魁秋貢，以累舉而擢第春官，學者咸宗師之。卬山羅史君瀛嘗遣其子姪來學，先叔以毛氏詩口講指畫，筆以成編，本之東萊詩記，參以晦庵詩傳，以至近世諸儒，一話一言，苟足以發明，率以錄焉，名曰《叢桂毛詩集解》。獨羅氏得其繕本，校讎最為精密。今其姪漕貢樾鋟梓以廣其傳。維清竊維先叔刻志窮經，平生精力，畢於此書。倘或其他書肆嗜利翻板，則必竄易首尾，增損音義。非惟有辜羅貢士鋟梓之意，亦重為先叔明經之玷。今狀披陳，乞備牒兩浙福建路運司備詞約束，乞給據付羅貢士為照。未敢自專，伏候台旨。」呈奉台判牒，仍給本監。除已備牒兩浙路福建路運司備詞約束所屬書肆，取責知委文狀回申外，如有不遵約束違戾之人，仰執此經所屬陳乞，追板劈毀，斷罪施行。須至給據者。右出給公據付羅貢士樾收執照應。淳祐八年七月□日給。〔註15〕

此篇榜文之發給者為國子監，屬中央政府，由中央下達兩浙路及福建路，與上例只在地方政府的轉運司備案，似乎更高一層次。由此可見版權問題有越受重視的趨勢。

　　總而言之，出版權益的保護是南宋刻書商業化的產物。因此我們所看到的版權聲明僅出現於家刊本及坊刻本，至於其他官刻諸書，則從無此禁例。而以上所舉的版權聲明，每例都是個別申請，再由官府（無論中央或地方）發給公文，可見出版權益的保護並未制度化。但這些申請之獲得接受，和其後的版權聲明之產生法律約束力，就足以證明南宋時期已出現版權的雛型。

（本文為「國立臺灣大學中國文學系第 198 次學術討論會」講稿，1990 年 12 月）

〔註15〕見張金吾《愛日精廬藏書志》卷三舊抄本《叢桂毛詩集解》。

圖一

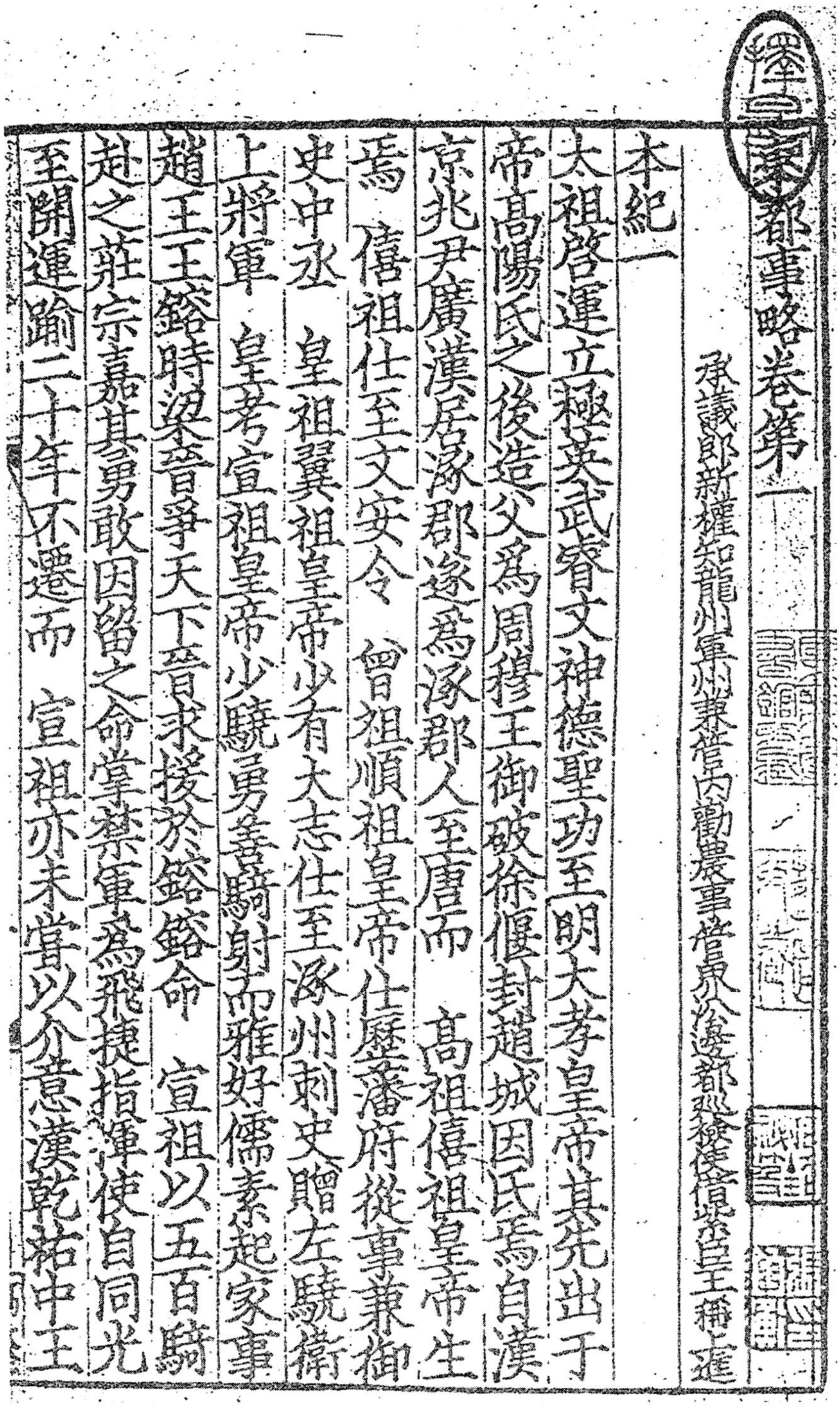

承議郎新權知龍州軍州兼管內勸農事管泉……邊都巡檢使借緋臣王稱上進

東都事略卷第一

本紀一

太祖啓運立極英武睿文神德聖功至明大孝皇帝其先出于
帝高陽氏之後造父為周穆王御破徐偃因氏焉自漢
京兆尹廣漢房涿郡遂為涿郡人入至唐而 高祖僖祖皇帝生
焉 僖祖仕至文安令 曾祖順祖皇帝仕歷藩府從事兼御
史中丞 皇祖翼祖皇帝少有大志仕至涿州刺史贈左驍衛
上將軍 皇考宣祖皇帝少驍勇善騎射即雅好儒素起家事
趙王王鎔時梁晉爭天下晉求援於鎔鎔命 宣祖以五百騎
赴之莊宗嘉其勇敢因留之命掌禁軍為飛捷指揮使自同光
至開運踰二十年不遷而 宣祖亦未嘗以介意漢乾祐中王

圖二之一

東都事略目録

承議郎新權知龍州軍州兼管內勸農事管界巡邊都巡檢使借紫臣王稱上進

第一卷
本紀一
太祖皇帝一

第二卷
本紀二
太祖皇帝二

第三卷
本紀三
太宗皇帝

第四卷

圖二之二

咫尺之威心日馳於

魏闕臣無任瞻

天望

聖激切屏營之至謹奉表陳

謝以

聞臣稱誠惶誠恐頓首頓首謹言

十月　日承議郎直秘閣權知龍州軍州兼管內勸農事兼管勾逐都巡檢便僚紫臣至稱上表

圖三之一

東都事略卷第一

承議郎新權知□州軍州兼管內勸農事管界巡邊都巡檢使借紫臣王稱上進

本紀一

太祖啟運立極英武睿文神德聖功至明大孝皇帝其先出於
帝高陽氏之後造父為周繆王御破徐偃封趙城因氏焉自漢
京兆尹廣漢居涿郡遷為涿郡人至唐而高祖僖祖皇帝生
為　僖祖仕至文安令　魯祖順祖皇帝仕歷藩府從事叢事
史中丞　皇祖翼祖皇帝少有大志贈仕至涿州刺史贈左驍衛
上將軍　皇考宣祖皇帝少號勇善騎射而雅好儒素起家事
趙王王鎔時羿晉求援于鎔之命　宣祖以五百騎
赴之莊宗嘉其事敢因留之命掌禁軍為飛捷指揮使自同光
至閔運瑜二十年不起而　宣祖亦未嘗以介意漢乾祐中王

圖三之二

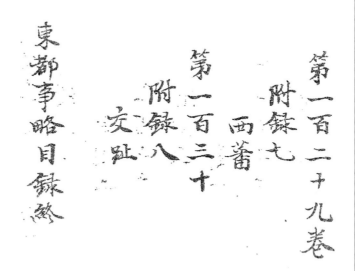

第一百二十九卷
　附錄七
　　西蕃
第一百三十
　附錄八
　　交阯

東都事略目錄終

圖四

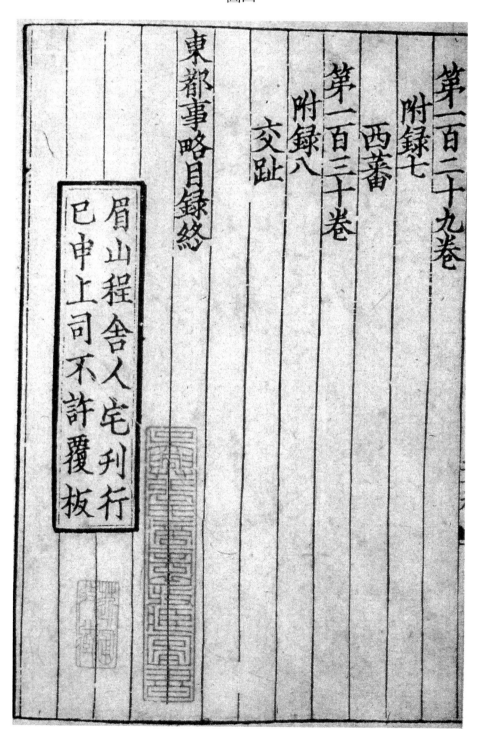

第一百二十九卷

附錄七

西蕃

第一百三十卷

附錄八

交趾

東都事略目錄終

眉山程舍人宅刊行

已申上司不許覆板

明代官私刻書

明代上承兩宋，近接胡元，三百年間，官私刻書之盛，並不亞宋元兩朝。閩中刻書，在元代曾一枝獨秀，至明初已逐漸沒落。明代中葉以後，刻書事業漸漸會聚於蘇州，晚明時南京、杭州及歙縣三處，書坊亦蔚然而起，這是明代各地書業盛衰的大概。明代的刻書風氣，亦因時轉移，大抵在成化、弘治以前，猶承元時風氣，體尚樸茂，多是黑口趙體字。正德、嘉靖以後，覆刻宋本之風氣漸盛，一般都是白口，而字體亦一變而爲方體字。萬曆以後，字體又一變而爲橫輕豎重，板滯不靈之匠體字。且隆慶、萬曆以來，刻書者往往不重校勘，乃至任意刪節內容，於是謬種流傳，致使清人發「明人刻書而書亡」之嘆。此明人刻書風氣之大概。茲分別敘述明代官私刻書之情形於後：

一、中央政府刻書

明代中央政府刻書，最重要者有三處：（一）南京國子監、（二）北京國子監、（三）司禮監。分別說於後：

（一）南京國子監

南京國子監的刻書工作，主要在修補監內所儲宋元舊板。南監宋元書版之來源，最初爲南宋臨安國子監書版，宋南渡之初，內府物力艱難，所謂國子監本者，其實都是臨安府及各州郡所刻，取其版以入監內。時京都在臨安，所以監版集中於杭州。國子監有專官掌管，稱爲書庫官（見元黃溍〈西湖書院義田記〉）。宋亡監廢，而庫版俱在。元世祖下臨安後，盡收江南各郡書版，以杭州宋太學舊址，設置西湖書院以掌管之，後因鼎新棟宇，工役恩

遷，東遷西移，書版散失，甚則置於雨淋日炙之中，駸駸漫滅。張昕、趙植諸人，乃於尊經閣後，建屋五楹，爲書版庋藏之所（見朱鈞立《西湖書院重整書目》）。並將所存書版目錄勒石，即今傳之《西湖書院重整書目》。明初定鼎金陵，又令西湖書院所貯書版，悉移南京，由國子監掌管；時四方復多以舊板送監，此南監書版之來源。書版既有殘損，於是洪武、永樂兩朝，迭經修補。然版既叢亂，每爲刷印匠竊去，轉刻它書以取利，故旋補旋亡。成化初年，祭酒王㒜會計諸書亡數已逾兩萬篇，是時御史董綸，乃以贓犯贖金，送充修補之費用。弘治初始作庫樓貯存書版。正德十年復重修一次。嘉靖七年錦衣衛沈麟奏請校勘歷代史書，禮部議使祭酒張邦奇、司業江汝璧，逐一校正補刻，並取廣東布政使刻《宋史》版入監，遼金二史原無版者，購求善本翻刻，以成全史。張邦奇等奏稱《史記》、《前、後漢書》，殘缺模糊，原版脆薄，剜補即脫落，於是又重雕《史》、《漢》諸書（見明梅鷟《南雍志·經籍考》）。其後歷經隆慶、萬曆、天啓、崇禎，時有修補。明末書版剝落佚去者甚多，天啓二年南監祭酒黃儒炳受命維護是書，與司業葉燦、學錄葛大同二人將二十一史藏版，訂正訛謬，修補殘蝕，缺版者亦購求善本修補，以成全璧（見明黃儒炳《續南雍志》卷九及卷十七）。以上所談南宋國子監書版，元時入西湖書院，明時入南京國子監，其書版歷元至明，遞經修補，故稱爲「三朝本」。王國維《兩浙古刊本考》卷上〈西湖書院書板考〉，所列書目即三朝本。國立中央圖書館所藏南宋建刻音釋註疏本十三經（詳見拙作〈宋刻九經三傳〉（下），《故宮文物月刊》第二卷第一期）及南宋紹興間國子監覆刻南北朝七史（詳見拙作〈宋刻南北朝七史〉，《故宮文物月刊》第二卷第二期）皆爲傳世之三朝本。

南京國子監除修補舊版外，亦自刻書，國子監助教梅鷟將南監所藏書版分爲九類：一曰制書類，二曰經類，三曰子類，四曰史類，五曰文集類，六曰類書類，七曰韻書類，八曰雜書類，九曰石刻類。制書類皆爲監內自刻之書，其餘八類諸書，除修補宋元舊版外，其餘皆爲南監刻版。南監本今尚傳世者以嘉靖八年至十年所刻之《史》、《漢》諸書（書影 1）及《遼》、《金史》（書影 2）、萬曆年間所刻之《三國志》（書影 3）及《南北朝七史》（書影 4）爲最著名。

葉德輝《書林清話》卷七「明南監罰款修板之謬」條云：

　　明兩監書板，尤有不可爲訓者。如南監諸史，本合宋監及元各路儒

學板湊合而成，年久漫漶，則罰諸生補修，以至草率不堪，並脫葉相連亦不知其誤，北監即據南本重刊，謬種流傳，深可怪嘆。……南監板片，皆有舊本可仿，使其如式影寫，雖補板亦自可貴，乃一任其板式凌雜，字體時方時圓，兼之刻成不復細勘，致令訛謬百出。然則監本即不燬於江寧藩庫之火，其書雖至今流傳，亦等於書帕坊行，不足貴重矣。

可見葉氏對於南北監刻書之疏於讎校，深爲不滿。顧炎武《日知錄》卷十八「監本二十一史」條曾舉南北監刻書之疏誤，然在原注下卻云：「惟馮夢禎爲南祭酒，手較《三國志》，猶不免誤，終勝他本。」可見顧炎武仍稱許馮氏所校之本。

（二）北京國子監

北京國子監刻書，自明代中葉才逐漸興起，到晚明更爲興盛。然北監因不似南監儲存舊版，不需修補舊版印行，且北京另有司禮監主持刻書之事，故北監所刻之書，數量不多。明周弘祖《古今書刻》所列北監刻本，僅四十一種，雖其目頗有疏漏（如十三經註疏、二十一史均未著錄），然亦足徵北監刻書之少。

北監刻書最著名者爲十三經註疏及二十一史。北監刻十三經註疏，刱始於萬曆十四年，至二十一年畢工。此刻據嘉靖間閩中御史李元陽本重雕，而李元陽本則祖南監之三朝本。按南監三朝本諸經註疏爲南宋末年建刻音釋註疏本，即後世所謂「十行本」，有正德年間修補版，此刻凡十一種，《儀禮註疏》乃嘉靖五年巡撫都御史陳鳳梧刻於山東以板送監者、《爾雅註疏》則刻於元代，爲九行本，與他經不同，此十三經註疏乃明清以來諸刻之祖本。嘉靖中，李元陽以南監板迭經修補，訛謬浸多，乃據其本重雕，世稱「閩本」，亦曰「李元陽本」，以其板半葉九行，又稱爲「九行本」，彙刻十三經註疏之全部，實始於此本。厥後南監版又缺《周禮》、《儀禮》、《孟子》，餘版亦多殘損，至萬曆間，北京國子監，以南監本既不可用，遂議刊十三經註疏，萬曆十二年（1584）北監祭酒張位上疏曰：「臣謂南監有十七史，而十三經註疏久無善本，容臣等率屬訂較，工部給資鏤梓於監，可爲明經造士之助。」（明黃儒炳《續南雍志》卷四）於是十四年李長春等奉敕刊十三經註疏，乃據李元陽本重雕，版式行款，一仍其舊。崇禎間又重修之，世謂之「北監本」，亦簡稱「監本」。《竹汀先生日記抄》卷一云：「北監十三經，有崇禎六年祭酒吳士元題疏

稱：板一萬二千有奇。始刻於萬曆十四年，成於二十一年，至崇禎五年冬，奉旨重修。」晚明藏書家毛晉汲古閣所刻十三經註疏，即以北監本爲祖本。北監刻二十一史，開雕於萬曆二十四年，至三十四年竣事，據南京國子監本爲藍本。南監本因襲舊本，校勘不精，北監因之，未爲佳本。清乾隆間武英殿校刻史書，又據北監本爲藍本。北監本二十一史原不足稱，惟在明代版刻中可備一格。

顧炎武《日知錄》卷十八云：「至萬曆中，北監又刻十三經二十一史，其板視南稍工，而士大夫遂家有其書，歷代之事迹，粲然於人間矣！然校勘不精，訛舛彌甚，且有不知而妄改者。」清莫友芝《邵亭知見傳本書目》亦云：「明北監板，萬曆間依南監板刻寫，刊爲一律，雖較整齊，然訛字甚多。」可見清人對北監本之評價均不甚高。

國立中央圖書館藏有北監本十三經註疏（書影五）及《史記》、《前漢書》、《三國志》、《唐書釋音》、《遼史》（書影六）及《金史》。

（三）司禮監

明代內府刻書，多由司禮監主持。經廠爲司禮監刻書之處，由司禮監提督總責其事，其下有四至六名掌司執行書籍之刊行及典藏（見明劉若愚《酌中志》卷十六〈內臣職掌紀略〉）。其所刻之書，稱爲「內府本」或「司禮監本」或「經廠本」。司禮監經廠刊刻之書很多，俱載於劉若愚《酌中志》卷十八〈內板經書紀略篇〉，其中以皇帝御製書居大半，如明太祖的《御製大誥》、《皇明祖訓》（書影七）、《御製文集》，明成祖的《聖學心法》（書影八）、《爲善陰騭》，明宣宗的《五倫書》（書影九）等。又有臣子奉敕編撰之書，如胡廣奉敕撰的《四書五經大全》、《性理大全》，邱濬奉敕撰的《大學衍義補》（書影十），以及明代的重要官書，如李賢等奉敕撰的《大明一統志》，李東陽等奉敕撰的《大明會典》（書影十一），楊一清等奉敕撰的《明倫大典》，徐一夔等奉敕撰的《大明集禮》（書影十二）等。其他尚有內府讀本如《百家姓》、《大學》、《千字文》、《孝經》、《中庸》、《千家詩》、《四書雜字》、《七言雜字》、《三字經》、《啓蒙集》等。至於重要典籍，如《文獻通考》、《貞觀政要》、《歷代名臣奏議》之類的書籍，則嫌刊刻過少。

司禮監刻書，多黑口、趙體字，紙潔如玉，字大如錢，然校勘不精，爲自來藏書家所詬病。葉德輝《書林清話》卷五亦云：

世所傳經廠大字本五經、四書，頗爲藏書家所詆斥，非盡謂其校勘

不精也。夫以一代文教之事，以奄人主之，明政不綱，即此可見。

二、藩府刻書

明代官刻本中有一特別之點，即藩府所刻之書。明代採取分封皇子到外地為王的制度。因懲於燕王之變，後世君王對藩王心存猜忌，因此這些藩王都無兵權，且不能過問政治，因此飽食終日，無所用心。其中比較好學的，就把精神用在校刻書籍上，藩府既有餘財，又有招賢之力，而且所刻的書多半以中央賞賜他們的宋元版為底本，故校勘精審，刊印也很仔細，因此諸藩刻書，時有佳本。藩府刻書，見載於周弘祖《古今書刻》者已多，而晚近流傳為該目所漏列者亦復不少。《書林清話》卷五「明時諸藩刻書之盛」列載蜀府、寧藩、代府、崇府、肅府、唐府、吉府、晉府、益府、秦府、周藩、徽藩、潘藩、伊府、魯府、趙府、楚府、遼國、潞藩等，俱有刻本傳世。昌彼得先生《明藩刻書考》（見《版本目錄學論叢》）記載最詳，可以參考，所列書目頗多為《古今書刻》及《書林清話》二書所遺漏者。諸藩之中，刻書最多者為吉藩，萬曆間曾刻老子《道德經》、關尹子《文始真經》、亢倉子《洞靈真經》、文子《通玄真經》、《尸子》、《子華子》、《鶡子》、《墨子》、《公孫龍子》、《鬼谷子》、列子《冲虛真經》、莊子《南華經》、《荀子》、《揚子》、《文中子》、《抱朴子》、《劉子》、黃石公《素書》、《玄真子》、《天隱子》、《無能子》等子部諸書；其次為晉藩，嘉靖間曾刻元張伯顏本《文選注》、《宋文鑑》、《唐文粹》、《元文類》諸總集，種類雖不及吉藩，而卷帙為諸藩之冠；其次為益藩，崇禎間曾刻《茶譜》、唐陸羽《茶經》、唐張又新《煎茶水記》、宋蔡襄《茶餘》、宋朱子安《東溪試茶錄》、吳文錫《茶略》、明屠本畯《茗笈》上下篇、《香水清供錄》、曹士謨《茶事拾遺》、《續集古今茶譜五種》、《續集古今茶譜六種》等茶書。諸藩之中，刻書最精者為成化二十三年唐藩所刻元張伯顏本《文選》（書影 13），嘉靖十三年秦藩所刻宋黃善夫本《史記》（書影 14），嘉靖四十四年魯藩所刻《正統道藏》本《抱朴子》內外篇（書影 15），嘉靖間德藩最樂軒所刻《漢書》（書影 16）。又寧獻王朱權於洪武二十一年所刻自著的樂律書《太和正音譜》，是我國音樂史上的名著，此刻今已失傳，惟尚有抄本傳世。

明代藩府刻書，可謂前無古人，後無來者，為明代官刻書中之一大特色。而且藩府刻書校勘精審，頗為士林所重。在明代圖書版刻史上，確實值得大書特書。

三、地方政府刻書

明代地方政府刻書乃沿襲宋漕司郡齋刻書之風氣，所以非常興盛。明周弘祖《古今書刻》記載各地刻書，有浙江、江西、福建、湖廣、河南、山東、山西、陝西、四川、廣東、廣西、雲南、貴州等地的布政司、按察司及官府刻書，刻書數量相當可觀，傳於今世者亦復不少，如國立中央圖書館所藏嘉靖九年山東布政司所刻《農書》（書影 17）及萬曆二十五年浙江杭州府所刻《西湖遊覽志》（書影 18）。

明代有一種風氣，凡官吏奉使出差，任滿回京，必刻一書，以一書一帕贈送長官及朋友，稱為「書帕本」，此種書帕本多半採用巾箱小本，刊刻一般都很草率，頗為後代藏書家所訾病。顧炎武《日知錄》卷十八云：「至於歷官任滿，必刻一書，以充餽遺，此亦甚雅。而鹵莽就工，殊不堪讀。」葉德輝《書林清話》卷七〈明時書帕本之謬〉條亦云：「按明時官出俸錢刻書，本緣宋漕司郡齋好事之習。然校勘不善，訛謬滋多，至今藏書家，均視當時書帕本比之經廠坊肆，名低價賤，殆有過之。然則昔人所謂刻一書而書亡者，明人固不得辭其咎矣。」不過書帕本大都是官司到任，取當地先哲著作刊板，故甚多不常見之書籍，能藉以流傳，亦書林佳事。書帕本流傳至今者甚多，而以游明本《宋史全文續資治通鑑長編》（書影 19）及汪文盛本《漢書》與《五代史記》（書影 20）為最有名。

四、私家刻書

明代私家刻書在嘉靖以前尚屬不多，嘉靖以後才逐漸興盛，萬曆崇禎更加發達。正德嘉靖間，覆刻宋本之風氣頗盛，而以吳中私家刻書為最著名。明代私家刻書，凡能據宋元舊本，精審校讎者，至今仍為藏書家所珍視。葉德輝《書林清話》卷五「明人刻書之精品」條所列諸書，皆為私家刻本，今尚傳世者，有弘治十四年江陰涂禎仿宋刻九行本桓寬《鹽鐵論》（書影 21），嘉靖間吳郡沈辨之野竹齋刻《韓詩外傳》（書影 22），嘉靖二年錫山安國桂坡館刻《顏魯公文集》及嘉靖十三年刻《初學記》，嘉靖四年金台汪諒刻《史記索隱正義》，嘉靖六年震澤王延喆恩褒四世之堂刻《史記集解索隱》（書影 23），嘉靖七年吳郡金李澤遠堂刻《國語韋昭解》，嘉靖七年吳門冀雷刻鮑彪校注《戰國策》，嘉靖十二年吳郡袁褧嘉趣堂仿宋刻《大戴禮記》、嘉靖十四年仿宋刻《世說新語》（書影 24）、嘉靖二十八年仿宋刻《文選注》，嘉靖十二年顧春世

德堂刻《六子全書》，嘉靖十五年南平游居敬刻《韓柳文》，嘉靖十八年餘姚
聞人詮刻《舊唐書》，嘉靖三十八年吳郡蘇獻可通津草堂刻王充《論衡》及《韓
詩外傳》，嘉靖二十二年東吳郭雲鵬濟美堂刻《分類補注李太白詩集》、嘉靖
三十八年刻《曹子建集》、無年號刻《河東先生集》（書影 25）及《歐陽先生
文粹》，嘉靖二十七年愈憲鸒鳴館刻《西溪叢語》，隆慶四年嘉禾項篤壽萬卷
堂刻《鄭端簡奏議》，隆慶五年崑山葉氏菉竹堂刻《雲仙雜記》，萬曆間東吳
徐時泰東雅堂刻宋廖瑩中世綵堂《韓昌黎集》（書影 26），萬曆三十二年松江
馬元調寶儉堂刻《元氏長慶集》（書影 27）及《白氏長慶集》。此外，彙刻叢
書，以顧元慶《四十家文房小說》為最精，胡維新《兩京遺編》、程榮《漢魏
叢書》次之。葉氏謂以上各書「皆刻書有根據，不啻為宋槧作千萬化身者也。」
與明代末期書坊刻書，真有天壤之別。

五、書坊刻書

　　書坊刻書，在弘治正德以前仍沿著元代風氣發展下來，以福建地區為最
盛，其中以劉宗器之安正堂及劉洪之慎獨齋最為著名，兩家書業，自弘治迄
萬曆，亙延不絕。安正堂所刻以集部為多，慎獨齋則以鉅帙著稱，如《史記
集解》、《十七史詳節》（書影 28）、《文獻通考》、《群書考索》等。嘉靖以後，
湖州、歙縣的刻書事業急遽發達，出品精美。萬曆崇禎之間歙縣刻工多半移
居南京、蘇州一帶，因此南京、蘇州、常熟的書坊刻書盛極一時。然大抵慎
校精刻者少，而割裂臆改者多。明胡應麟《少室山房筆叢》《經籍會通》卷四
云：「凡刻之地有三：吳也、越也、閩也。蜀本宋最稱善，近世甚希。燕、粵、
秦、楚，今皆有刻，類自可觀，而不若三方之盛。其精吳為最，其多閩為最，
越皆次之。其直重吳為最，其直輕閩為最，越皆次之。」又云：「余所見當今
刻本，蘇常為上，金陵次之，杭又次之。近湖刻歙刻俱精，遂與蘇常爭價。
蜀本行世甚寡，閩本最下。」明代書坊刻書，葉德輝《書林清話》卷五「明
人私刻坊刻書」一文可以參考。

　　明代書坊刻書最多者，當推崇禎年間常熟毛晉汲古閣。毛氏刻書詳見《書
林清話》卷七。晉，初名鳳苞，晚年更名晉，字子晉，常熟縣人，世居迎春
門外之七星橋，少為諸生，後乃絕意舉業，專力於收書刻書。嘗榜於門曰：「有
以宋槧本至者，門內主人計葉酬錢，每葉出二百；有以舊抄本至者，每葉出
四十；有以時下善本至者，別家出一千，主人出一千二百。」於是湖州書舶

雲集於七星橋毛氏之門。當時有「三百六十行生意，不如鬻書於毛氏」之諺語，其收書之勤，由此可見，前後積至八萬四千冊，構汲古閣、目耕樓庋藏其書。毛氏刻書，自天啓開始，迄於清初，共刻六百五十餘種，至今尙遍天下，足見當時刊布之多，印行之廣。其中最著名的是十三經註疏（書影 29）、十七史（書影 30）、《津逮秘書》、唐宋元人別集、詞曲及道藏。私家刻書如是之多，可謂前無古人。惟毛氏雖以重價求善本，然其刻書，則不盡據善本，頗蒙後人譏評。孫從添《藏書紀要》云：「毛氏汲古閣十三經、十七史，校對草率，錯誤甚多。」又云：「毛氏所刻甚繁，好者僅數種。」《蕘圃藏書題識》載元大德本《後漢書》陳鱣跋云：「蕘圃嘗曰：汲古閣刻書富矣，每見所藏底本極精，曾不校，反多肌改，殊爲恨事。」《書林清話》云：「然其刻書不據所藏宋元舊本，校勘亦不甚精，數百年來，傳本雖多，不免貽佞宋者之口實。」又云：「則其刻書之功，非獨不能掩過，而且流傳繆種，貽誤後人。今所刻十三經、十七史、《說文解字》傳本尤多，淺學者不知，或據其本以重雕，或奉其書爲秘笈。昔人謂明人刻書而書亡，吾於毛氏不能不爲賢者之責備矣。」毛氏因襲明人惡習，所刻之書校勘未精，頗爲藏書家所詬病。然毛氏大量刻書，於文獻之保存與傳佈，其功勞亦不可滅。故《書林清話》云：「毛氏刻書爲江南一代文獻所繫。」又云：「觀顧湘〈汲古閣板本考〉，秘笈琳琅，誠前代所未有矣。即其刻《說文解字》一書，使元明兩朝未刻之本，一旦再出人間，其爲功於小學，尤非淺鮮。」《明代版本圖錄初編》卷七亦云：「汲古閣主人，常熟毛晉藏書震海內，雕槧布寰宇，經史百家，秘笈琳琅，有功藝林，誠非淺尠。江左文獻所繫，有明十三朝無出其右者。雖云高資有賴，固亦篤好，斯能起萬曆之季迄順治之初，歷時四十餘年，成書六百餘種，自刻代刻皆極精工。傳至康熙間，版已散佚，得之者剜補重行，等諸麻沙，而非其舊觀矣。」則毛氏刻書仍有其價值存在。

（本文原載《古籍鑑定與維護研習會專集》，臺北：中國圖書館學會，1985 年 6 月）

書影一：後漢書

光武帝紀第一上　　後漢書一上

宋宣城太守范曄撰

唐章懷太子賢註

大明南京國子監祭酒臣張邦奇司業臣江汝璧奉

旨校刊

世祖光武皇帝諱秀字文叔　禮祖有功而宗有德光武中葉興故廟稱世祖諡法能紹前業曰光克定禍亂曰武伏侯古今註曰秀之字文叔馬日茂伯仲叔季兄弟之次長兄伯升次仲故字文叔

南陽蔡陽人　故南陽郡今隨州棗陽縣也蔡陽在今鄧州棗陽縣西南縣　高祖九世之

孫也出自景帝生長沙定王發　劉放曰長沙郡今潭州縣也按文言出自景

帝生長沙定王發　發生春陵節侯買　本屬零陵泠道縣之春陵鄉名春陵

足蓋此生字當作子字　嘉靖八年刊　後漢書帝紀一上　欽人黃大慇

（明嘉靖八年至九年國子監刊本）

書影二：金史

本紀第一　金史一

元開府儀同三司上柱國前中書右丞相監修國史都總裁臣脫脫修

旨校刊

大明南京國子監祭酒臣張邦奇司業臣江汝璧奉

世紀

金之先出靺鞨氏靺鞨本號勿吉勿吉古肅慎地也元魏

時勿吉有七部曰粟末部曰伯咄部曰安車骨部曰拂涅

部曰號室部曰黑水部曰白山部隋稱靺鞨而七部並同

唐初有黑水靺鞨粟末靺鞨其五部無聞粟末靺鞨始附

高麗姓大氏李勣破高麗粟末靺鞨保東牟山後為渤海

嘉靖八年刊　金史一

（明嘉靖八年南京國子監刊本）

書影三：三國志

武帝紀第一　　魏書　　國志一

太祖武皇帝沛國譙人也姓曹諱操字孟德漢相國參之後
太祖一名吉利小字阿瞞　　王沈魏書曰其先出於黃帝
當高陽世陸終之子曰安是爲曹姓周武王克殷存先世
之後封曹俠於邾春秋之世與於盟會逮至戰國爲楚所
滅子孫分流或家於沛漢高祖之起曹參以功封平陽侯
世襲爵土絕而復紹至今適嗣國於容城
桓帝世曹騰爲中常侍大長秋封費亭侯
司馬彪續漢書曰騰父節字元偉素以仁厚稱鄰人有亡
豕者與節豕相類詣門認之節不與爭後所亡豕自還其
家豕主人大慙送所認豕并辭謝節節笑而受之由是鄉
黨貴歎焉長子伯興次子仲興騰字季興少除
萬曆二十四年刊

（明萬曆二十四年南京國子監刊本）

書影四：宋書

本紀第二

宋書二

臣　沈　約　新撰

武帝中

七年正月己未振旅千京師改授大將軍揚州
牧給班劔二十人本官悉如故固辭免南北征
伐戰亡者並列上賻贈尸喪未反遣王師迎接
致還本土二月盧循至番禺為孫季高所破收
餘衆南走劉藩孟懷玉斬徐道覆于始興晉自
中興以來治綱大弛權門幷兼彊弱相凌百姓

萬曆二十二年刊　宋書巳卷二　一

（明萬曆二十二年南京國子監刊本）

書影五：周易正義

周易兼義上經乾傳第一　魏王弼註　唐孔穎達正義

皇明朝列大夫國子監祭酒臣李長春等奉

勅重校刊

乾下
乾上

乾元亨利貞　[疏]正義曰乾者此卦之名謂之卦者易緯
云卦者掛也言懸掛物象以示於人故
謂之卦但二畫之體雖象陰陽之氣未成萬物之象
未得成卦必三畫以象三才寫天地雷風水火山澤
之象乃謂之卦也故繫辭云八卦成列象在其中矣
是也但初有三畫雖有萬物之象於萬物變通之理
猶有未盡故更重之而有六畫備萬物之形象窮天
下之能事故使六畫成卦也此乾卦本以象天天乃積
諸陽氣而成天故此乾卦六爻皆陽畫成卦也此既象
天何不謂之天而謂之乾者天者定體之名乾者體

萬曆十四年刊

周易兼義一

二

（明萬曆十四年北京國子監刊本）

書影六：遼史

遼史卷一　本紀第一

元開府儀同三司上柱國前中書右丞相兼修國史都總裁臣脫脫等修

皇明奉訓大夫右春坊右諭德兼翰林院侍講著國子監事臣小灟等

奉

勅重校刊

太祖上

太祖大聖大明神烈天皇帝姓耶律氏諱億字阿保機

小字啜里只契丹迭剌部霞瀨益石烈鄉耶律彌里人

德祖皇帝長子母曰宣簡皇后蕭氏唐咸通十三年生

初母夢日墮懷中有娠及生室有神光異香體如三歲

萬曆二十四年刊

遼史卷一　本紀　一　一

（明萬曆二十四年北京國子監刊本）

書影七：皇明祖訓

皇明祖訓

祖訓首章

一。朕自起兵至今四十餘年親理天下庶務人
情善惡真偽無不涉歷其中奸頑刁詐
之徒情犯深重灼然無疑者特令法外
加刑意在使人知所警懼不敢輕易犯
法。然此特權時處置頑挫奸頑非守成
之君所用常法以後子孫做皇帝時止
守律與大誥並不許用黥刺剕劓閹割
之刑云何。盖嗣君宮生内長人情善惡

（明内府刊本）

書影八：聖學心法

聖學心法卷一

君道

統言君道

易曰。首出庶物。萬國咸寧。聖人在上。高出於物。則萬國各得其所而咸寧矣。乾象傳。

飛龍在天。乃位乎天德。德。天德。即天位也。盖惟有是德。乃宜居是位。故以言之。

時乘六龍以御天也。雲行雨施天下平也。言聖人時乘六龍以御天。則如天之雲行雨施而天下平也。

夫大人者與天地合其德。與日月合其明。與四時合其序。與鬼神合其吉凶先天而天弗違後天而奉天

書影九：五倫書

五倫書卷之一

五倫總論

易。父父。子子兄兄弟弟夫夫婦婦。而家道正正

家而天下定矣○有天地然後有萬物有萬

物然後有男女有男女然後有夫婦。有夫婦

然後有父子有父子然後有君臣有君臣然

後有上下。有上下然後禮義有所錯

書。敬敷五教在寬○后克艱厥后。臣克艱厥臣。

政乃乂黎民敏德○天敘有典。勑我五典五

（明正統十二年經廠本）

書影十：大學衍義補

大學衍義補卷第一

治國平天下之要

　正朝廷

　　總論朝廷之政

臣按宋儒真德秀大學衍義格物致知之要。既有所謂審治體者矣。而此治國平天下之要。又有正朝廷而總論朝廷之政。何也。蓋前之所審者治平之體言其理也。此之所論者治平之政言其事也。一主於知。一主於行。蓋

（明萬曆三十三年內府刊本）

書影十一：大明會典

大明會典卷之三

史部二

（官制）

國初官制具載于諸司職掌至洪武末漸加更定

革除年間多所變易永樂初悉復其舊暨建

兩京各衙門官職弁置繁簡隨宜其後亦或

因事損益而綱維體統一遵舊制今其列于

後其所損益者各附本條之下南京所藏員

數正佐多寡不一不復備列

諸司職掌

凡内外各司府州縣衙門弁合屬倉庫河泊

（明正德四年司禮監刊本）

－425－

書影十二：大明集禮

大明集禮卷之一

吉禮第一

　祀天

　　總叙

天子之禮莫大於事天故⓿有虞⓿夏⓿商皆郊天配
祖。所從來尚矣。⓿周官大司樂冬至日祀天於地
上之圜丘。大宗伯以禋祀祀昊天上帝。孝經曰
周公郊祀后稷以配天所以重報本反始之義
而其禮則貴誠而尚質見於遺經者可考也。⓿秦

書影十三：文選

文選卷第一

梁昭明太子選

唐文林郎守太子右內率府錄事參

軍事崇賢館直學士臣李善注上

奉政大夫同知池州路總管府事張

伯顏助率重刊

京都上

賦甲既改故甲乙並除存其首題以明舊式

賦甲者舊題甲乙所以紀卷先後今卷

班孟堅兩都賦二首

自光武至和帝都洛陽西京

父老有怨班固恐帝去洛陽

故上此詞以諫

和帝大從也

書影十四：史記

周本紀第四　　　　　　史記四

周后稷，名棄。其母有邰氏女，曰姜原。姜原為帝嚳元妃。姜原出野，見巨人跡，心忻然說，欲踐之，踐之而身動如孕者。居期而生子，以為不祥，棄之隘巷，馬牛過者皆辟不踐；徙置之林中，適會山林多人，遷之；而棄渠中冰上，飛鳥以其翼覆薦之。

（明嘉靖十三年秦藩刊本）

書影十五：抱朴子內外篇

抱朴子內篇卷二

晉丹陽葛洪稚川著

論仙

或問曰神仙不死信可得乎抱朴子答曰雖有至明
而有形者不可畢見焉雖禀極聰而有聲者不可畢
聞焉雖有大章豎亥之足而所常覆者未若所不覆
之多雖有禹益齊諧之識而所識者未若所不識之
眾也萬物云云何所不有况列仙之人盈乎竹素矣
不死之道曷為無之於是問者大笑曰夫有始者必

（明嘉靖四十四年魯藩承訓書院刊本）

書影十六：漢書

高帝紀第一上

漢　蘭　臺　令　史　班　固　撰

前漢書一

高祖沛豐邑中陽里人也姓劉氏母媼嘗息大澤之陂

夢與神遇是時雷電晦冥父太公往視則見交龍於上

巳而有娠遂產高祖為人隆準而龍顏美須髯左

股有七十二黑子寬仁愛人意豁如也常有大度不事

家人生產作業及壯試吏為泗上亭長廷中吏無所不

狎侮好酒及色常從王媼武負貰酒時飲醉臥武負王

媼見其上常有怪高祖每酤留飲酒讎數倍及見怪歲

竟此兩家常折券棄責高祖常繇咸陽縱觀秦皇帝喟

志審長樂宮　前簋巳二七　一　一　李澤

（明嘉靖間德藩最樂軒刊本）

書影十七：農書

穀譜集之三　　　　東魯　王禎　撰

蓏屬

甜瓜　黃瓜附

廣雅曰土芝瓜也其子燕切瓜切點爾雅曰瓝瓞以其綿綿
而生也為種不一而其用有二供果瓜為果瓜供菜為菜
瓜菜瓜則胡瓜越瓜是也附于后見果瓜品類甚多不可枚
舉以狀得名者則有龍肝虎掌兔頭貍頭蜜筩之稱以
色得名者則有烏瓜黃瓢白瓟小青大班之別然其味
不止乎甘香故不復具錄廣志以瓜之所出惟遼東廬
江燉煌者為勝然瓜州之大瓜陽城之御瓜蜀之溫食

書影十八：西湖遊覽志

西湖遊覽志第二卷　　錢唐田　汝成　輯撰

孤山三堤勝蹟

自斷橋西徑湖中迤邐望湖亭為孤山四賢堂林逋墓

放鶴亭瑪瑙坡尚書俞公祠西溪別墅近山書院六

一泉又北為西泠橋

斷橋本名寶祐橋自唐時呼為斷橋張祜詩云斷

橋荒蘚合是也豈以孤山之路至此而斷故名

之歟元時錢惟善竹枝詞有段家橋之名聞者

晒之以為杜撰然楊薩諸詩徃徃亦稱段橋未

（明萬曆二十五年杭州知府季魯東刊本）

書影十九：宋史全文續資治通鑑長篇

宋史全文續資治通鑑卷之一

宋太祖一

建隆元年春正月辛丑朔鎮定二州言契丹入寇此漢兵自土門東下與契丹合周帝命太祖頊宿衛諸將禦之太祖自殿前都虞候再遷都點檢掌軍政凡六年士卒服其恩威從征伐有勞立大功人望固已歸之於是主少國疑中外始有推戴之議壬寅翊前副都點檢慕容延釗削軍下驩言將士出軍之毀點檢為天子士民恐怖爭為逃匿者時都下知者不知笑卯大軍出蔥景門紀律嚴甚衆心稍安軍校南訓者號知天文見日下復有一日黑光久相磨盪指謂太祖親吏楚昭輔曰此天命也是次陳橋驛將士相與聚議曰主上幼弱我輩出死力破賊誰則知之不如先立點檢為天子然後北征未晚也都押衙右廂耘具以事白太祖弟匡義及掌書記趙普因共以事理曉譬之諸將相顧亦有稍引去者已而復聚謀曰策太尉未從則我輩亦安敢退大言曰軍中偶語則族今已定議太尉若不從則我輩亦安敢退而受禍普晉祭其勢不可遏遂與匡義同聲叱之曰策立大事也固宜

書影二十：五代史記

（明汪文盛刊本）

五代史記卷第一

梁本紀一

宋歐陽修撰　徐無黨注　明汪文盛高瀚傳汝舟校

本紀因舊史以為名　本原具所始起而紀次其事與時也　邸位以前
其事詳原本其所自來故曲而隱之見其起之有漸有暴也　邸位
以後其事略居尊任重所責者
大故所書者簡惟簡乃可立法

太祖神武元聖孝皇帝姓朱氏宋州碭山午溝里人也其
父誠以五經教授鄉里生三子曰全昱存溫　變諱某書名義……在輔王注中
誠卒三子貧不能為生與其母傭食蕭縣人劉崇家全昱
無他材能然為人頗長者存溫勇有力溫尤兇悍唐僖
宗乾符四年黃巢起曹濮存溫亡入賊中樂攻領南存戰
死巢陷京師以溫為東南面行營先鋒使攻鄰同州以為
同州防禦使是時天子在蜀諸鎮會兵討賊也唐謂節度使
所治軍州為藩鎮故　溫數為河中王重榮所敗屢遣閣溫兵於
有遣鎮移鎮之語

書影二十一：鹽鐵論

鹽鐵論卷第一

漢 桓　　寬　　撰

本議第一　　力耕第二　　通有第三

錯幣第四　　禁耕第五　　復古第六

本議第一

惟始元六年有詔書使丞相御史與所舉賢良文學
語問民間所疾苦文學對曰竊聞治人之道防淫佚
之原廣道德之端抑末利而開仁義毋示以利然後
教化可興而風俗可移也今郡國有鹽鐵酒榷均輸
與民爭利散敦厚之樸成貪鄙之化是以百姓就本

一

（明弘治十四年江陰涂禎刊本）

書影二十二之一：韓詩外傳

詩外傳卷第一

韓嬰

曾子仕於莒得粟三秉方是之時曾子重其
祿而輕其身親沒之後齊迎以相楚迎以令
尹晉迎以上卿方是之時曾子重其身而輕
其祿懷其寶而迷其國者不可與語仁窶其
身而約其親者不可與語孝任重道遠者不
擇地而息家貧親老者不擇官而仕故君子
橋褐趨時當務為急傳云不逢時而仕任事

書影二十二之二：韓詩外傳

（明嘉靖間吳郡沈辨之野竹齋刊本）

書影二十三：史記

殷本紀第三　　　　史記三

殷契　索隱曰：契始封商，其後裔盤庚遷殷，殷在鄴南，遂為天下號。殷是殷家始祖，故言殷契。○正義曰：括地志云：相州安陽本盤庚所都，即北蒙，殷墟南去朝歌城百四十六里。竹書紀年云：盤庚自奄遷於北蒙，曰殷墟，南去鄴四十里。是舊都城西南三十里有洹水，南岸三里有安陽城，西有城名殷墟即相州外城也。今按：洹水在相州北四里，安陽城即相州外城也。今按：洹水在相州北，家者也。

母曰簡狄　索隱曰：舊本作易，又作逷，音狄。○正義曰：按歷反。　有娀氏之女，為帝嚳次妃。三

人行浴，見玄鳥墮其卵，簡狄取吞之，因孕生契。索隱曰：燕，周云娀是國名，狄是女字。又云簡狄，帝嚳之子以其父微，故不妻。毋娀氏女，與宗婦三人浴于川，玄鳥遺卵，簡狄吞之則簡狄非帝嚳之妃，明也。

契長而佐禹治水有功。帝舜乃命

契曰：百姓不親，五品不訓，汝為司徒而敬敷五

（明嘉靖六年震澤王延喆覆宋刊本）

書影二十四：世說新語

世說新語卷上之上

宋　臨川王義慶　撰

梁　劉孝標　注

德行第一

陳仲舉言為士則行為世範登車攬轡有澄清天下之志〔汝南先賢傳曰陳蕃字仲舉汝南平輿人有室荒蕪不掃除曰大丈夫當為國家掃天下值漢桓之末閹竪用事外戚豪橫及拜太傅與大將軍竇武謀誅宦官反為所害海內先賢傳曰蕃為尚書以忠正忤貴戚不得在臺遷豫章太守〕為豫章太守至便問徐孺子所在欲先看之〔人謝承後漢書曰徐穉字孺子豫章南昌人清妙高時超世絕俗前後為諸公所辟雖不就及其死萬里赴弔常預炙雞一隻以綿漬清酒中暴乾以裹雞徑到所赴冢隧外以木漬綿斗米〕

（明嘉靖十四年吳郡袁氏嘉趣堂刊本）

書影二十五：河東先生集

河東先生集卷第一

雅詩歌曲

獻平淮夷雅表一首 按詩宣王能興袞撥亂命召公

平淮夷雅二首

平淮夷，東國在淮浦，而夷行也。元和十二年十月癸

西平吳元濟之在淮，蔡故曰淮夷與韓

蓋公擬江漢之詩而作也。先是淮西柳

文公長云韓元和聖德平淮西柳儒穆

伯、長云韓元和聖德平淮西柳儒穆

雅章之類皆辭嚴義偉制述如

經能幸然唐德於盛漢之表如

談藪云論柳文者皆以謂封建

論退之所無淮西雅不逮韓文不逮建

臣宗元言臣負罪竄伏違尚書牒奏十有四

書影二十六之一：昌黎先生集

昌黎先生遺文目錄

聯句

有所思

遣興

贈劍客李園

遺詩

同竇韋尋劉尊師不遇

春雪

贈族姪

書影二十六之二：昌黎先生集

（明萬曆間東吳徐氏東雅堂刊本）

書影二十七：元氏長慶集

元氏長慶集卷第五

古體詩

清都夜境 自此至秋夕七首並年十六至十八時作

夜久連觀靜斜月何晶熒寥天如碧玉歷歷綴華星樓
榭自陰映雲牖深冥冥纖埃悄不起玉砌寒光清栖鶴
露微影枯松多怪形南庶儼容衛音響如可聆啟聖發
空洞朝真趨廣庭開藥珠殿暗閣金字經屏氣動方
息凝神心自靈悠悠車上馬浩思安得寧

春晚寄楊十二兼呈趙八於趙氏 時楊生館

蒙蒙竹樹深簾牖多清陰避日坐林影餘花委芳襟傾

元集 卷五 二 一

（明萬曆三十二年松江馬調元刊本）

書影二十八：東萊先生隋書詳節

東萊先生隋書詳節卷之一

隋帝紀

高祖

高祖文皇帝　姓楊氏諱堅弘農華陰人也遝太尉震八代孫鉉仕慈

為此平太守鉉生元壽後鉉為武川鎮司馬子孫因而家焉皇考從

周太祖起義關西賜姓普六茹氏位至柱國太司空隋國公皇姚呂

氏以大統七年六月癸丑夜生高祖於馮翊般若寺紫氣充庭有尼

來自河東謂皇姚曰此兒所從來甚異不可於俗間處之尼將高祖

舍於別館躬自撫養皇姚嘗抱高祖忽見頭上角出徧體鱗起皇姚

大駭墜高祖於地尼自外入見曰巳驚我兒致令晚得天下為人龍

頭額上有五往入頂目光外射有文在手曰王沈深嚴重初入大學

雖至親昵不敢狎也（周太祖見而歎曰此兒風骨不似代間人帝常

（明正德間建安劉氏慎獨齋刊本）

書影二十九：毛詩註疏

毛詩註疏卷第一　之一

　漢鄭　氏箋
　唐孔穎達疏

毛詩國風

周南關雎詁訓傳第一

山之陽於漢屬扶風美陽縣南者言周之德化自北而南也漢廣序云化自岐亭又云邊

陽而先被南方故序云文王之道被於南國是也〇關雎七芧反依字或作鴡佳且音子餘反旁或作鳥故訓舊本多作故皆是古義所以詁音古又音故傳音直戀反案詁解而章句有故言故言曰景純注爾兩行然前儒多作詁解雅則作釋故孫等爾雅本皆為釋故今宜隨本不煩改字

陸德明奇義曰周南周者代名其地在禹貢雍州之域岐山之陽雍州之德化自岐

正義曰關雎者詩篇之名既以關雎為篇之名既又言

（明崇禎三年毛氏汲古閣刊本）

書影三十：梁書

帝紀第三

武帝下

普通元年春正月乙亥朔改元大赦天下賜文武勞位孝悌力田
爵一級尤貧之家勿收常調鰥寡孤獨不能自立加賑邮景子曰有蝕之
已卯以司徒臨川王宏為太尉揚州刺史安右將軍監揚州蕭景
為安西將軍郢州刺史尚書左僕射王瞻以母憂去職金紫光祿
大夫王份為尚書左僕射庚子扶南高麗國各遣使獻方物二月
壬子老人星見癸丑以高麗王世子安為寧東將軍高麗王三月
景戌滑國遣使獻方物夏四月甲午河南王遣使獻方物六月丁未
以護軍將軍章嶷為車騎將軍秋七月已卯江淮海並溢辛卯以
信威將軍邵陵王綸為江州刺史八月庚戌老人星見甲子新除

（明崇禎六年虞山毛氏汲古閣刊本）

明代刻書的特色

　　談到明代刻書，很容易令人聯想到清代學者常說的一句話：「明人刻書而書亡」。明人刻書確實有它顯著的缺點：第一是校勘不精審，錯誤遺漏相當多。明郎瑛《七修類稿》曾云：「世重宋版詩文，以其字不差謬，今刻不特謬，而且遺落多矣。」又云：「東坡跋和靖詩集『詩如東野不言寒，書似西台差少骨』，西台乃南唐李建中，今因不知李而改爲西施，謬解遠矣。」清顧炎武《日知錄》卷十八云：「萬曆間人，多好改竄古書，人心之邪，風氣之變，自此而始。」又云：「山東人刻《金石錄》，於李易安後序紹興二年玄黓歲壯月朔，不知壯月之出於《爾雅》，八月爲壯月，而改爲牡丹。萬曆以來所刻之書，多牡丹之類也。」此外，從清代的私家藏書志裡，也可以找到許多明刻本校勘不精審的證據。第二是書帕本的濫刻，明時官吏奉使出差，任滿回京，必刻一書，以一書一帕贈送長官及朋友，稱爲書帕本，此種書帕本多半採用巾箱小本，刊刻一般都很草率，頗爲後代藏書家所詬病。葉德輝《書林清話》卷七曾云：「按明時官出俸錢刻書，本緣宋漕司郡齋好事之習。然校勘不善，訛謬滋多，至今藏書家，均視當時書帕本比之經廠坊肆，名低價賤，殆有過之。然則昔人所謂刻一書而書亡者，明人固不得辭其咎矣。」第三是妄改書名及刪節內容，這是明刻本的最大缺點。《書林清話》卷七云：「明人刻書有一種惡習，往往刻一書而改頭換面，節刪易名。如唐劉肅《大唐新語》，馮夢禎刻本改爲《唐世說新語》；先少保公《巖下放言》，商維濬刻《稗海》本改爲鄭景望《蒙齋筆談》；郎奎金刻《釋名》，改作《逸雅》，以合五雅之目，全屬肊造，不知其意何居？」又如《格致叢書》、《寶顏堂秘笈》、《子彙》、《稗海》等等叢書中所收各書多半任意刪削，且改易卷第，致使古書失去原來面目。這些顯著

的缺點是後人把明刻本看作不如宋元刻本的最大原因。其實，明刻本也有它的優點，例如明初的黑口本，與宋元本並駕齊驅，甚爲名貴；又在明代官刻本中有一特別之點，即藩府刻本，藩府所刻的書多半以中央賞賜他們的宋元版作爲底本，所以比較精美。此外，明正德嘉靖年間，覆刻宋本之風頗盛，當時私家刻書，大都仿舊本精刻，如吳郡袁氏嘉趣堂刻《文選》，震澤王延喆刻《史記》，後人多誤認爲宋版。葉氏《書林清話》卷五有一節專列明人刻書之精品，數量亦不少。總而言之，明人刻書仍然是好處多於壞處，本文打算從另外一個角度來談明代的刻書，換句話說，是從印刷史的角度來分析明代刻書的特色以及它在印刷史上的貢獻。

明代刻書的特色，可以從版畫、套色印刷及銅活字印刷三方面來說明：

一、版　畫

中國自古以圖書並稱，《漢書藝文志》所載的兵書，很多都註有圖若干卷，《隋書經籍志》也載有《周官禮圖》、《山海經圖讚》等等，可見古書大都有附圖。書中附圖，不僅增加美觀，更能將文字的意義藉生動的畫面表達出來，給人以深刻的印象。到了唐代印刷術發明以後，書中插圖也用雕版印刷來代替筆繪。這種木刻水印的圖畫，我們就稱它爲「版畫」，所以版畫可以說是繪、刻、印三種藝術的結晶。

中國的版畫起源很早，唐懿宗咸通九年（868）雕印的《金剛經》，卷首就有一幅「祇樹給孤獨園」圖，這是現存的中國最早的一部雕版書，也是最早的版畫。從唐末到五代，我們所看到的版畫，都是宗教性的。宋代以後，版畫逐漸普遍，已不限於佛教的作品，其他書籍中也多附有插圖。換句話說，宋元時期的版畫，基本上擺脫了宗教的羈絆，開始爲廣大群眾所需要的文學作品或日用書籍而服務，因而給版畫的發展開闢了更爲廣闊的地盤，也使得版畫到了明代能大放異彩。

到了明代，版畫的發展已到了鼎盛的時期，它的成就，遠超過宋元，也是清代版畫所望塵莫及的。明代版畫之所以有輝煌的成就，是由於雕版印刷業的興盛。從雕版業的發達來說，當時的安徽、江蘇、浙江和福建，都曾盛極一時。再就書商而言，在整個商業中，也是最爲活躍的一行。徽州的書商，大都獲利致富，家產竟積至鉅萬。從書商的致富，可以想見當時書本推銷量的巨大，這固然是反映了明代商業的繁榮，但也使我們瞭解到雕版印刷的發

達與盛行。雕版印刷的盛行，在當時的情況來看，無疑地給版畫的發展提供了最有利的條件。使得明代版畫之所以有輝煌成就的，除了上面所述之外，那就是社會上對於各種書籍需要量的擴大，刺激了雕版印刷業者不得不提產量，更不得不提高品質，否則，就不能適應社會的這種需要。因此，使得明代的雕版印刷，更加的專業化，而各地的刻工，也就競相發展，竟相提高，以致形成了各地區有各地區的派別，在雕版藝術上，就出現了各種各樣的風格，因而使得明代這一時期的版畫，有了更有利的發展條件。還有，到了明代，大畫家出來爲雕版作畫的也不在少數，這對於版畫的發展與提高可以說是一個很好的條件。明代以前的版畫很少是出自於著名畫家之手的，可是到了明代便完全不同了，有名的吳派畫家唐寅，便曾爲《西廂記》作插圖，一位傑出的風俗畫家仇英，便曾爲《烈女傳》的插圖起了稿。明末的陳洪綬，更是一位對版畫有很大貢獻的畫家，他所畫的《離騷》的插圖，更是別開新徑，放射出異樣的光彩，至今仍爲世人所稱道。崇禎間所刻的《名山圖》，其中便出自鄭千里、趙文度、劉叔憲及藍田叔等名家之手。這些都足以說明當時畫家對於版畫創作的興趣與熱忱。當然，文學作品的繁榮，特別是傳奇戲曲的發達，爲版畫藝術的發展與繁榮，提供了更爲廣闊的天地。

在版畫的創作技術方面，明代的成就也是非常顯著的。從藝術的要求來看，一般的作品，在對人物的刻畫方面，都比宋元時代有了很大的進步。幾部比較有名的傳奇戲曲的插圖，沒有不爲古今讀者所讚賞的，如《西廂記》、《琵琶記》、《燕子箋》、《漢宮秋》、《玉玦記》、《拜月亭》、《金瓶梅》、《水滸傳》等書，都有代表性的插圖，這些作品都遠超過明代以前所繪刻的。

一般來說，明初版畫與宋元版畫沒有什麼太大的區別，換言之，明初仍沿襲宋元之風，一時還看不出有獨創的面貌。明代版畫的發展，到了嘉靖以後，便逐漸盛行，特別是在萬曆、天啓的五十多年間，大放異彩，呈現出十分蓬勃的氣象，成爲我國版畫史上的鼎盛時期。

明代版畫的性質，大體可以分爲兩大類：

（一）戲曲小說的插圖

明代的版畫，在戲曲小說的插圖上顯得特別的豐富。當戲曲小說興起時，便擴展了版畫創作的園地，也提供了版畫創作的新內容。換言之，木刻插圖的興起，木刻插圖在創作上的成就，也加強了戲曲小說在民間的影響。就明代來說，特別是到了中葉以後，坊間所出版的戲曲小說，幾乎沒有不加插圖

的，書商推銷書籍，也往往以有精美的插圖來做廣告，如弘治十一年（1498）刊本《奇妙全相西廂記》，書末有金台岳家書舖的出版說明：「……本坊謹依經書重寫繪圖，參訂編次大字本，唱與圖合，使寓于客邸，行于舟中，閑游坐客，得此一覽始終，歌唱了然，爽人心意。」可見木刻插圖是如何的備受廣大讀者的歡迎。從明代版畫的發展來看，戲曲小說的插圖印行的數量最多，而且銷路也特別大。有名的戲曲小說如《西廂記》、《水滸傳》、《琵琶記》、《牡丹亭》、《玉玦記》、《漢宮秋》、《拜月亭》、《荊釵記》、《金瓶梅》、《西遊記》、《燕子箋》、《四聲猿》等等，都有精美的木刻插圖。例如《西廂記》一書，附有木刻插圖的刊本就有十幾種之多。如果統計一下明代所刻的插圖，其數量之大，一定相當驚人。即就金陵富春堂所刻傳奇來說，約有十餘套，每套十種，這樣便有一百多種，一種傳奇，少則三四圖，多則三四十圖以至百餘圖，若平均每種有十圖，僅富春堂一家，他們的木刻插圖，便達千餘幅了。由此可見明代末期，戲曲小說的木刻插圖是何等的豐富。

這些豐富而多彩的戲曲小說的插圖，它們生動地反映了不少有關歷史的，或者是現實社會中種種有意義的生活面貌。人生的悲劇、喜劇，種種可歌可泣的以及悲歡離合的故事，都在木刻插圖中表露無遺。戲曲小說的插圖，不僅幫助了讀者理解這部原書的精神，並且加深了讀者對書中人物的瞭解及對原書的印象。下面簡略介紹幾種國立中央圖書館所藏附有木刻插圖的戲曲小說：

1. 牡丹亭還魂記（圖一）

明湯顯祖撰，萬曆四十五年刊本。書分上下二卷，凡五十五齣，演杜麗娘夢中與秀才柳夢梅相遇於牡丹亭，致罹疾而死。後麗娘得慶再生，卒與夢梅婚配，故事奇幻惋惻。全書凡附插圖四十幅，造境佈局高雅，人物意態輕盈，線條細挺而勻稱，堪稱明代版畫之絕作。

2. 青樓韻語廣集（圖二）

明方悟編，崇禎四年刊本。全書八卷，選輯元明兩代詞人所作有關青樓之南北散套及小令，依類編輯。每卷中各附雙幅插圖一幀，共八幀。係摘卷中文辭造意繪畫，佈局及格調，俱甚高雅，刻鏤精絕，為武林張幾繪圖，歙縣黃君倩鐫雕。其凡例云：「圖畫俱係名筆，倣古細摩辭意，數日始成一幅。後覓良工，精密雕鏤，神情綿邈，景物燦彰，與今時草草出相者迥別。」誠非誇大之詞。

3. 琵琶記（圖三）

題元高東嘉填詞，明末烏程閔氏朱墨套印本。是書為南曲名著，演趙伯喈、趙五娘故事。本文墨印，眉批圈點則印以朱色。全書四卷，共四十四折。卷前有插圖二十幅，署「吳門王文真繪」，雕繪俱佳，印以白棉紙，至為精絕。

4. 吳騷集（圖四）

明王穉登編，明末武林張琦校刊本。全書四卷，所錄皆明人所作小令，書中附刻雙頁插圖共二十九幅，皆自辭中摘句，揣摩其意而繪刻，氣韻生動，線條細緻勻稱。為黃端甫所繪，黃應光所鐫雕。

5. 四聲猿（圖五）

題天池生著，徵道人評。天池生即山陰徐渭文長。明末坊刊，書中附刻批點，批刻於書眉，每折後有總評。不分卷，全書雜劇四折。每折各附雙頁插圖一幅，題水月居繪，不署刻人，而鐫雕甚精。

6. 李卓吾先生批評浣紗記（圖六）

明梁辰魚撰，明末蘇州坊刊五種傳奇之一。是書演范蠡用謀，越王勾踐獻西施於吳，而復越亡吳。全書二卷，凡四十五齣，每卷前各列載其卷目，及雙頁插圖七幅，不署繪刻者姓氏。

7. 新刻魏仲雪先生批點西廂記（圖七）

元王實甫撰，關漢卿續，明上虞魏浣初仲雪父批評，李裔蕃九仙父註釋，明末存誠堂刊本。為南曲之祖。全書二卷，凡二十齣，演唐元稹《會真記》張生與鶯鶯故事。魏氏之批，刻於書眉，每齣後各有總批。卷前有雙頁插圖凡十幅，又刻有鶯鶯遺像一幅。

由此可見，明代版畫的輝煌燦爛，戲曲小說的插圖所放射出來的光芒是史無前例的。這些作品，不僅在中國版畫史上大放異彩，甚至在世界版畫史上，也有極大的貢獻。遺留至今的這麼豐富的木刻插圖，自然是我國一份極其寶貴的財產，值得珍惜與研究。

（二）畫　譜

除了戲曲小說的插圖，明代的版畫還有一種我們稱為「畫譜」。這種畫譜有專刻山水的，如《西湖遊覽志》、《海內奇觀》、《名山圖》等；有專刻人物的，如《人鏡陽秋》、《女範編》、《帝鑑圖說》等；有專刻翎毛花卉的，如《雪

齋竹譜》、《花鳥譜》、《十竹齋畫譜》等；有刻兵法武器的，如《神器譜》等；
有刻譜錄的，如《方氏墨譜》、《程氏墨苑》等；專摹刻前人名畫的，如《歷
代名家畫譜》、《唐六如畫譜》等。下面簡略介紹幾種國立中央圖書館所藏的
畫譜：

1. 雪齋竹譜（圖八）

明海陽程大憲敬敷撰，萬曆四十六年刊本。大憲以書篆詩畫聞名於當世，
而畫尤工於竹。此書即程氏所作畫竹之法，分上下兩卷。凡繪刻各式竹及楷
則七十二幅，而不著鐫雕人姓氏，是譜或用渲染，或用鈎勒，或縱橫錯綜，
或勁節挺然，疏密濃淡，悉有風致。

2. 程氏墨苑（圖九）

明程大約君房撰，萬曆間程氏滋蘭堂刊本。新安程氏家世以治墨爲業，
其所治墨，著稱於時，嘗進貢內廷。此書爲其編所製之墨爲圖譜，凡十二卷，
其譜分玄工、輿圖、人官、物華、儒藏、緇黃等六類，每類一卷，又析分上
下。其文之刻，多倩名家手書上版；其圖之繪，多由于雲鵬、吳佐千任之；
鐫工僅載黃鏻一人。其雕鏤之精，時稱佳構。

3. 五言唐詩畫譜（圖十）

明黃鳳池編，萬曆間集雅齋刊本。書凡一卷，爲唐詩畫譜之一。全譜凡
錄五言五十一首，七言四十九首，每詩一圖。詩率佳作，由名家手書上版，
圖係蔡元勛仿古繪製，造境高雅，格調絕佳。鏤雕不詳出自何人，而細膩精
絕。眞可謂「詩中有畫、畫中有詩」。

4. 唐解元仿古今畫譜（圖十一）

明黃鳳池編，清繪齋刊本。書僅一卷，凡圖四十五幅，係黃氏倩名家臨
摹唐寅之畫而上版，每畫後亦倩名家手書題詩，惟不著鐫雕者姓名。

5. 花鳥譜（圖十二）

明黃鳳池編，天啓元年集雅齋刊本。全書凡木本花鳥譜及草木花詩譜各
一卷，各有圖四十五幅。圖刻細膩，纖毫畢現。吳翰臣序云：「鳳池黃公遊于
虎林，縱覽名山，得覘三吳風致……採訪百家，旁搜諸品，按圖索驥，草木
二種，彙以成帙。而飛翔動植，花鳥翎毛，枝幹遒勁，鋪敍點綴，描畫工
緻。」

明代的許許多多畫譜，儘管它的刊印意圖各有不同，但其性質都是以木

版來刻印，並且有一定的藝術性，在版畫的發展上，它豐富了版畫的內容，使得明代的版畫更為多彩多姿。

二、套色印刷

明代印刷術的另一大發展是套印術的應用。套印版印刷方法有兩種：一種是將幾種顏色全塗在一塊版上，如書的正文塗墨，眉批塗朱，然後覆紙套印。印出的書就是兩色的，稱為「朱墨本」。一種是將幾種顏色分塗在大小相同的幾塊版上，然後依次逐色套印。全世界現存最早的木刻套印本，是國立中央圖書館所藏的元至正元年（1341）湖北資福寺刻印的《金剛般若波羅蜜經》，用的是前一種印刷方法。第二種套色印刷方法，要到明萬曆間才被廣泛應用。這和吳興（湖州）的凌氏、閔氏的努力是分不開的。吳興在嘉靖以後漸漸成為明代刻書業的中心。萬曆間閔齊伋、閔齊華、閔昭明等與同邑凌濛初、凌瀛初、凌汝亨等，都採用套印方法，刊刻了許多帶有批註評點的古書，據統計，他們所套印的圖書，不下三百種。閔凌二家印的套色書，開始是兩色，如國立故宮博物院所藏明閔齊伋朱墨套印本《東坡易傳》（圖十三）及明吳興凌氏刊朱墨套印本《李長吉歌詩》。後來發展為三色、四色、五色，如國立中央圖書館所藏明萬曆庚申（四十八年）閔齊伋刊朱墨藍三色套印本《楚辭》、明萬曆間吳興凌瀛初刊朱墨黃藍四色套印本《世說新語》、明吳興凌雲刊朱墨紫藍綠五色套印本《文心雕龍》（圖十四）。這些套色印刷的書籍，五色繽紛，光彩炫爛。他們的用意是為了便於學習，所以在書的內容上並沒有什麼特別價值，但是印刷技術卻因此大大的向前邁進了一步。

把套色印刷術和版畫技術結合起來，就成了彩色版畫印刷術，為中國雕版印刷術放射出極其輝煌燦爛的光彩，到這時候，木刻版畫已經不是書中插圖而是獨立的藝術了。明代套色版畫得到最高評價的就是十竹齋的畫譜與箋譜。

（一）胡正言與十竹齋

胡正言字曰從，明末徽州休寧人，僑居南京，十竹齋便是他的室名，「嘗種翠筠十餘竿於楯間，昕夕博古，對此自娛，因以十竹名齋。」（〈十竹齋箋譜敘〉，李克恭崇禎甲申）胡氏曾官至中書舍人（《上江兩縣志》卷十六），棄官之後，過著名士隱逸般的生活，並且從事藝術工作。李克恭說他「齋中所藏奇書鐫玩，種類非一。」崇禎甲申（1664）清秋，他的朋友李于堅到他的

十竹齋中，但見室內「綠玉沈窗，縹帙散榻」，胡氏便是「茗香靜對其間」（箋譜〈小引〉），所以王三德說他「蓋市而隱者也」（〈十竹齋書譜小引〉）。李于堅說他「其為人醇穆幽湛，研綜六書，若蒼籀鼎鐘之文，尤其戰勝者。故嘗作篆隸眞行，簡正矯逸，直邁前哲。」醒天居士也說他「清姿博學，尤擅眾巧。」（〈十竹箋畫譜小引〉）至于治印，更是著稱，同治《上江兩縣志》，著錄有《十竹齋印藪》等書行世。然而他畢生的精力，都放在經營套色版畫這一事業上面。

胡氏所交往的，都是當代的詩人畫家，如吳彬、文震亨、楊文聰等，這些人不僅是十竹齋的常客，對於畫譜及箋譜的完成，更是熱心的支持與積極的贊助者。促成十竹齋的套色版畫能有劃時代的輝煌成就，另一原因乃在於胡氏有條件地集中了當時比較優秀的刻印工人來協助製作。特別是徽州黃、汪兩姓，在明代萬曆天啓間是全國獨步一時的刻工，而且這些刻工，當時大都在南京工作。以胡氏當時的聲望及經濟能力當然能夠有條件地選雇他同鄉的刻工名手到他齋中工作。程家珏所著的《門外偶錄》一書中，有一段很重要的記載。說十竹齋經常雇有刻工「十數人」，胡正言對他們「不以工匠相稱」，並與他們「朝夕研討，十年如一日。」因此使得「諸良工技藝，亦日益加精」，當刻畫「落稿或付印」時，胡氏「還親加檢點」。由此可以看出十竹齋套色版畫的完成，畫家與刻印工人取得了最密切的合作，這也正是套色版畫創作得到提高的一個重要的關鍵。

十竹齋所完成的畫譜與箋譜，可以說是我國版畫史上寶貴的遺產，在世界版畫史和印刷史上，都是極重要的貢獻。

（二）十竹齋畫譜（圖十五）

根據其中題竹一圖的題辭「己未秋日錄于草草庵、海陽程勝」，己未是萬曆四十七年（1619），足證《十竹齋畫譜》繪刻的工作，在萬曆四十七年之前便開始了。《畫譜》的完成是在天啓七年（1627）秋多間，至崇禎六年（1633）再請醒天居士題畫冊小引。此書初印本傳世極罕，國立中央圖書館藏有一部。全書八冊，分為「書畫譜」、「墨華譜」、「果譜」、「翎毛譜」、「蘭譜」、「竹譜」、「梅譜」、「石譜」八種，每種十幅，一圖一文，互為輝映。全書採用餖版印刷術，精麗無比，融彩色套版印刷術於版畫中，使版畫成為一專門而獨立之藝術。作品有胡正言自己畫的，也有當代名家所畫。是譜寫形既妙，雕鏤亦巧，設色天工，若墨色之濃淡，著色之淺深，無不奇妙。其友人楊文聰於〈翎

毛譜〉前作小序言：「胡曰從巧心妙手，超越前代，以鐵筆作穎生，以梨棗代絹素。而其中皴染之法，及著色之輕重淺深，遠近離合，無不呈妍曲致，窮巧極工。即當行體作手視之，定以爲寫生妙品，不敢作刻畫觀。」並非過譽。此譜有清康熙芥子園的翻刻本及光緒五年（1879）校經山房的翻刻本。

（三）十竹齋箋譜（圖十六）

《十竹齋箋譜》乃是繼《畫譜》之後的又一部精心巨作。完成於崇禎甲申（十七年，1644）。此書共有四卷，計印畫頁二百八十九幅，每卷分若干類。所畫內容，有商鼎周彝、古陶漢玉等；或以山水畫古人詩意；此外，譜中還繪刻歷史故實。這些作品，只以極簡單的一二代表物來表達故事中的意義。這是一種「純以象徵之法，寫讀者熟知之故事或成語」，因爲這是一部箋譜，從性質來說，它是不同於畫譜的。所以，這些作品，從作風上來說，是具有一種圖案性質的繪畫，此書各圖，均彩色套印，採用「饾版」與「拱花」。「饾版」就是將畫稿按深淺濃淡各刻一版，依次套印，有至十多次者。「拱花」即現今印刷術中之凸版，將紙壓在版上，花紋就凸現在紙上，書中鳥類羽毛，流水行雲，多用此法。此書在印刷史上開一新紀元，影響深遠，出其他畫譜之上。

李克恭〈十竹齋箋譜敘〉云：「昭代（即明代的尊稱）自嘉隆以前，箋制樸拙，至萬曆中季，稍尚鮮華，然未盛也，至中晚而稱盛矣。歷天崇而愈盛矣！十竹諸箋，匯古今之名蹟，集藝苑之大成，化舊翻新，窮工極變，毋乃太盛乎？而猶有說也。蓋拱花、饾板之興，五色繽紛，非不爛然奪目，然一味濃裝，求其爲濃中之淡，淡中之濃，絕不可得，何也？饾板有三難，畫須大雅又入時眸，爲此中第一義；其次則鐫忌剽輕，尤嫌痴鈍，易失本槁之神；又次則印拘成濾，不悟心裁，恐損天然之韻，去其三疵，備乎眾美，而後大巧出焉。然虛衷靜氣，輕財任能，主人之精神獨有籠罩於三者之上，而瀰漫其間者。」此敘對於《十竹齋箋譜》可說十分推崇，從這段敘文中也可以看出十竹齋的套色印刷已經達到了高度的水平。

此譜有民國二十三年北平榮寶齋翻刻本，國立故宮博物院藏有一部。

十竹齋的套色版畫，是明代版畫的輝煌成就，也是版畫史上一個劃時代的創作，對中國的套色印刷來說，已經提高到前所未有的程度，它是明清以來爲國內外美術家們所一致頌揚讚美的版畫藝術，所以它的貢獻是極大的，它應該得到最高的評價。

三、銅活字印刷的應用

　　前面所談到的版畫及套色印刷，可以說是中國雕版印刷方法的改進，現在所要談到的銅活字印刷，則是印刷材料及技術方面的改良及革新。活字印刷是比雕版印刷更進一步的印刷術。活字印刷是我國北宋仁宗慶曆中（1041～1048）畢昇發明的，稱為膠泥活字版（詳沈括《夢溪筆談》卷十八）。這個發明，不但在國內流傳久遠，而且也影響了亞洲各國如韓國、日本、越南等，甚至歐洲。德國谷騰堡發明活字版，被譽為文藝復興時代最偉大的發明，但比起畢昇的發明落後了四百年。不過在我國整個印刷史上居於首要地位的，仍是雕版，而活字印刷只是與雕版印刷相輔而行，居於次要的地位。畢昇發明膠泥活字之後，我國又有瓦活字、錫活字、木活字的發明，這些都在宋元時代，製造活字的材料也僅限於泥、木、瓦、錫等。宋元用活字印刷的書籍，世已無存。有傳世印本可徵者，則始於明代弘治迄萬曆年間之銅活字本，其使用年代約當西元十五世紀末至十六世紀末，雖較朝鮮及歐洲之金屬活字版稍晚，但在中國印刷史上乃屬創舉。

　　明代自弘治以後，銅活字印刷非常盛行，而最著名的有錫山華燧、華煜之會通館，華堅、華鏡之蘭雪堂及安國之桂坡館。華燧會通館於弘治三年印《宋諸臣奏議》（圖十七），為現存最早的銅活字本，現藏國立中央圖書館。弘治五年印《錦繡萬花谷》，弘治八年印《容齋隨筆》，弘治十一年印《會通館集九經韻覽》。此外又印了《百川學海》、《記纂淵海》、《古今合璧事類前集》、《文苑英華纂要》、《文苑英華辨證》及《十七史節要》等。華燧印的書每頁版心下方都有「會通館活字銅版印」字樣。根據《康熙無錫縣志》卷二十二記載華珵「又多聚書，所製活板甚精密，每得秘書，不數日而印本出矣。」可見華珵也印了不少活字版的書，但今日所見華珵印的書，只有弘治十五年銅活字印本的《渭南文集》（圖十八）。華堅蘭雪堂有正德八年印《白氏長慶集》及《元氏長慶集》，正德十年印《蔡中郎文集》及《藝文類聚》，正德十一年印《春秋繁露》（圖十九）。華堅印書多有「錫山蘭雪堂華堅允剛活字銅板印行」牌子，或刊語，又有「錫山」兩字圓印及「蘭雪堂華堅活字銅板印」篆文小印。與華家同樣著名的，又有安家，安國桂坡館印書多在嘉靖年間，嘉靖三年印《吳中水利通志》，有「嘉靖甲申錫山安國活字銅板刊行」牌子（圖二十），其他如《古今合璧事類備要》、《顏魯公文集》、《重校鶴山先生大全文集》，雖無確切年代，大約均成於嘉靖十三年安國去世之前。此外尚有弘治十

六年金蘭館印的《石湖居士集》及《西庵集》，每葉版心上方均有「弘治癸亥金蘭館刻」八小字（圖二十一）；五雲溪館印《玉台新詠》，版心上方有「五雲溪館活字」二行；五川精舍印《王岐公宮詞》，每葉版心下方有「五川精舍活字印行」小字一行；建業張氏印《開元天寶遺事》，卷上首葉有「建業張氏銅板印行」一行；嘉靖三十一年芝城印《墨子》，卷八末葉中間有「嘉靖三十一年歲次壬子季夏之吉芝城銅板活字」一行；隆慶間閩人饒氏等印《太平御覽》。又明代銅活字本種數最多者有唐人集，約近百家，然未知印於何處何家，今尚傳世者有《陳子昂集》及《岑嘉州集》。由以上資料，可見明代銅活字印刷之盛行。

明代銅活字印刷的淵源，由於史料缺乏，無從詳考。惟朝鮮於十三世紀即開始用銅活字印書，至十五世紀初乃大規模鑄造。明永樂元年癸未（1403）鑄字數十萬，稱癸未字。其後不斷改良，中國開始使用銅活字之時，朝鮮已鑄造不下十次。當十五世紀前後，中朝關係密切，使節往來頻繁，令人不免懷疑朝鮮之銅活字版與無錫華氏或中朝使節有關。

明代銅活字的製造及使用方法，至今仍是一個難以解答的問題。明代的銅活字是雕刻的，還是用字模鑄造的，或者兩者俱有，文獻上都沒有詳細的記載，而且四五百年來，銅活字都已損毀無存，沒有實物可以參考或化驗。據推測，銅活字的製造，應是先刻本字，製成泥範，再鎔銅注入，待堅固後取出，加以修整，方能使用。朝鮮成俔《慵齋叢話》云：「大抵鑄字洸，先用黃楊木刻諸字，以海浦軟泥平舖印板，印著木刻字於泥中，則所印處凹而成字，於是合兩印板，鎔銅，從一穴瀉下，流液分入凹處，一一成字，遂刻剔重複而整之。」中國銅字如係鑄造，其方法應大致與此相似。

從版畫、套色印刷及銅活字印刷的應用，可以很明顯地看出明代刻書有它獨特的一面，在印刷技術方面，有了極重要的新發展，尤其到了明代後期，這種發展更是輝煌燦爛。明代在印刷史上的成就與貢獻，我們不僅要給予最高的評價，對於明代所流傳下來的這些偉大的作品，我們更要珍惜它、研究它，讓這些寶貴的文化遺產，永垂不朽。

（本文原載《鄭因百先生八十壽慶論文集》，臺北：商務印書館，1985 年 6 月）

圖一之一：牡丹亭還魂記——寫真第十四齣插圖

圖一之二：珍崇第十八齣插圖

（明萬曆四十五年刊本）

圖二之一：青樓韻語廣集——卷三插圖

圖二之二：梧影過銀床乍回眸驚見檀郎

（明崇禎四年刊本）

圖三之一：琵琶記

歸夢杳浣屏山烟樹那是家鄉

圖三之二：琵琶記

（明烏程閔氏刊朱墨套印本）

圖四之一：吳騷集

相思搏濃梅花枝上
雪初融

圖四之二：吳騷集

（明武林張琦校刊本）

圖五之一：四聲猿──第三折「雌木蘭替父從軍」插圖

圖五之二：四聲猿──第三折「雌木蘭替父從軍」插圖

（明末刊本）

圖六：李卓吾先生批評浣紗記

（明刊本）

圖七之一：新刻魏仲雪先生批點會真記

圖七之二：新刻魏仲雪先生批點會真記

（明末存誠堂刊本）

圖八之一：雪齋竹譜

圖八之二：雪齋竹譜

（明萬曆四十六年重刊本）

圖九之一：程氏墨苑

圖九之二：程氏墨苑

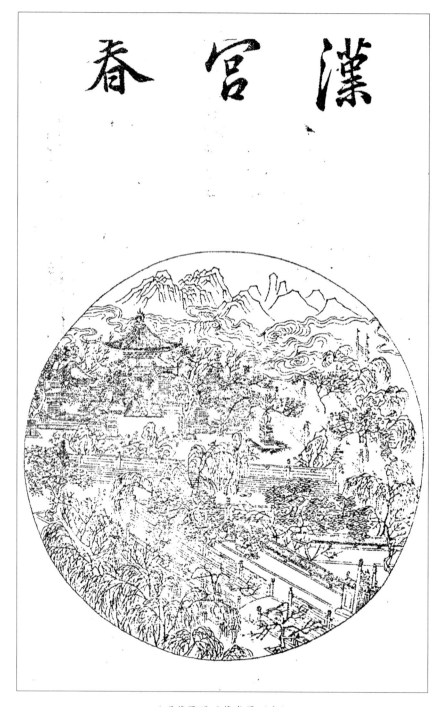

（明萬曆間滋蘭堂原刊本）

圖十之一：五言唐詩書譜

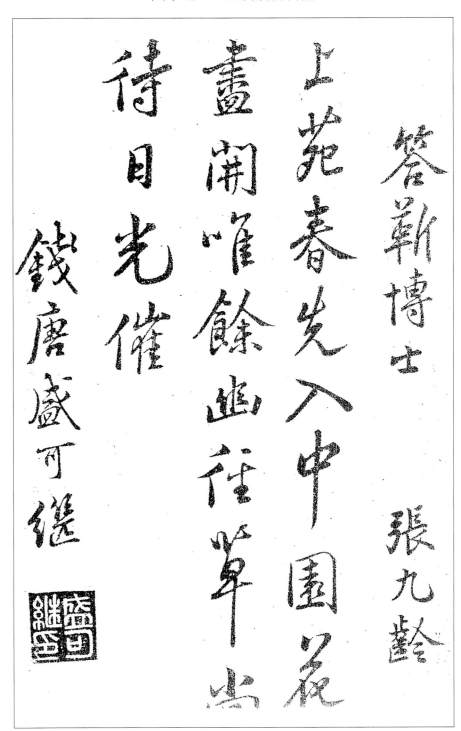

圖十之二：五言唐詩書譜

（明萬曆間集雅齋刊本）

圖十一之一：唐解元仿古今畫譜

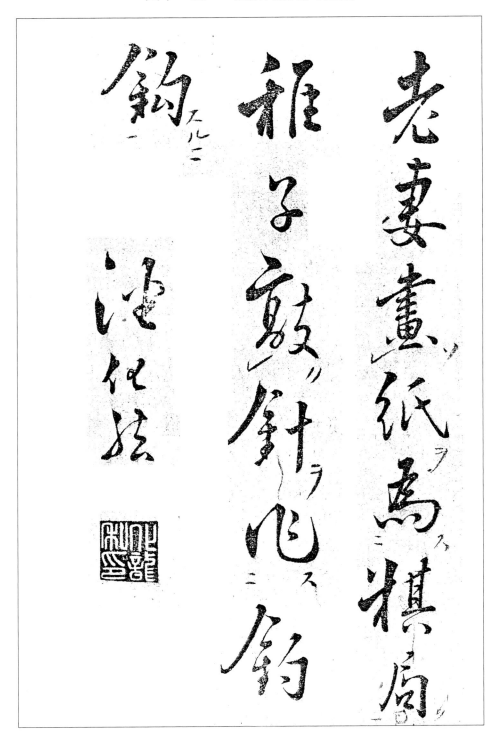

圖十一之二：唐解元仿古今畫譜

（明萬曆間清繪齋刊本）

圖十二之一：花鳥譜

圖十二之二：花鳥譜

（明天啓間集雅齋刊本）

圖十三：東坡易傳

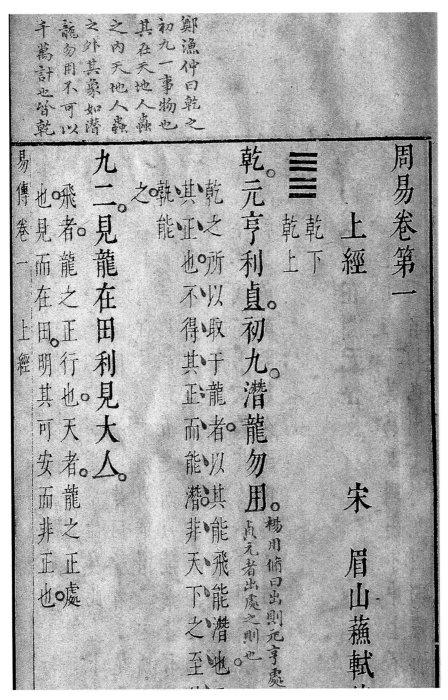

（明閔齊伋朱墨套印本）

圖十四：文心雕龍

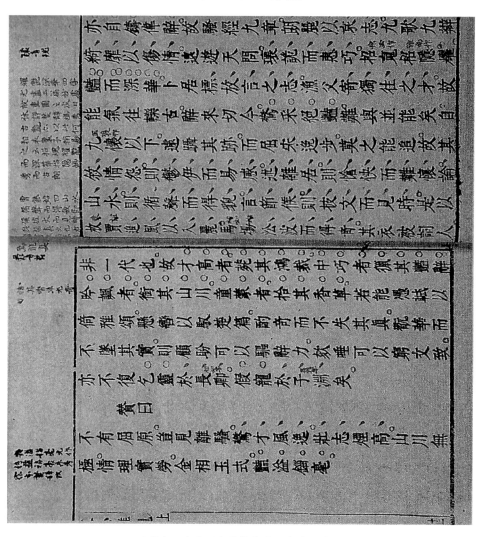

（明吳興凌雲刊朱墨紫藍綠五色套印本）

圖十五：十竹齋畫譜

（明萬曆天啓間刊彩色套印本）

圖十六：十竹齋箋譜

（明崇禎刻彩色套印本）